Pippo Battaglia / Leoluca Orlando

Leoluca Orlando erzählt die Mafia

Pippo Battaglia / Leoluca Orlando

Leoluca Orlando erzählt die Mafia

Aus dem Italienischen von Udo Richter

HERDER

FREIBURG · BASEL · WIEN

Titel der Originalausgabe:
Leoluca Orlando racconta la mafia
ISBN 978-88-02-07776-5
© 2007 UTET S.p.A.

Für die deutschsprachige Ausgabe:
© Verlag Herder GmbH, Freiburg im Breisgau 2008
Alle Rechte vorbehalten
www.herder.de

Nachwort zur deutschen Ausgabe: © Leoluca Orlando

Satz: Barbara Herrmann, Freiburg
Herstellung: fgb · freiburger graphische betriebe
www.fgb.de

Gedruckt auf umweltfreundlichem, chlorfrei gebleichtem Papier
Printed in Germany

ISBN 978-3-451-29881-3

Den vielen – unbekannten, aber großen – Helden, die Gewalt, Demütigungen und Tod erlitten haben und die in diesem Buch nicht erwähnt sind.

Inhalt

Vorwort

Ein gewaltiges Krachen. Anders als das Donnern eines Gewitters oder ein Feuerwerk, in seiner Intensität wie in seinem Klang. Es drang in meinen Kopf ein. Es schmetterte mich nieder. Und es blieb in mein Gedächtnis eingegraben. Es übertönte das leise Geräusch des morgendlichen Verkehrs und löschte es aus. Es überfiel mich auf der Straße, mitten unter den Leuten, die eilig auf dem Weg zur Arbeit waren. Ich sah angsterfüllte Blicke und erschreckte Gesichter, die erbleichten. Und ich las in diesen Gesichtern tausend Fragen.

Nach der Explosion setzte eine unwirkliche Stille ein, beinahe wie im Traum. Sie dauerte eine Ewigkeit. Immer lautere Schreie holten mich in die Wirklichkeit zurück. Und dann auf einmal das typische Sirenengeräusch der Polizeiautos und Rettungswagen und das Geräusch von Schritten – den Schritten der Menschen, die dorthin liefen, woher das Krachen gekommen war, und mir dadurch die Richtung wiesen. Ich weiß weder, wie lange ich dagestanden habe, regungslos, noch wie es schließlich dazu kam, dass ich mich plötzlich im Pulk auf den Ort der Explosion zubewegte. Schließlich kamen wir in der Via Giuseppe Pipitone Federico an. Dort wehte mir Staub entgegen und ein scharfer, Übelkeit erregender Gestank, wie ich noch nie zuvor einen gerochen hatte. Von den Fassaden einiger Häuser waren ganze Stücke abgebrochen; an manchen Geschäften waren die Rollläden verformt und aus ihrer Führung gesprungen. Wo bis vor Kurzem noch das Eingangstor des Hauses mit der Nummer 59 war, hatte sich eine so große Menschentraube gebildet, dass die Straße nicht mehr zu sehen war. Ich weiß nicht, warum ich den Wunsch hatte, näher heranzutreten. Als Ursache für dieses Inferno nahm ich ein Leck in einer Gasleitung an, das dann zu einer Explosion geführt haben musste. Als ich endlich mehr sehen konnte, dauerte es einige Zeit, bis ich begriff. Was sich dann vor meinen Augen abspielte, war furchtbar: eine Szene, weitaus schlimmer als im Horrorfilm; unbeschreiblich. Es löste in mir eine Welle von bisher nie gekannten Gefühlen aus: allen voran Verachtung und Wut, gemischt mit Mitleid; Mitleid mit dem, was als unkenntliche Fetzen von menschlichen Körpern übrig geblieben war. Vor dem Eingangstor klaffte ein großer Krater. Man hatte ein mit Sprengstoff gefülltes Auto in die Luft gehen lassen, um Richter Rocco Chinnici zu töten. Mit ihm waren auch der Maresciallo der Carabinieri Mario Trapassi, der Obergefreite Salvatore Barlotta und der Portier des Hauses, Stefano Li Sacchi, umgekommen. Zum ersten Mal hatte die Mafia die typische Methode der Terroristen angewandt und eine Autobombe gezündet. Dies war der Morgen des 29. Juli 1983.

Die Szene stand mir wieder lebendig vor Augen, als ich zum ersten Mal mit Frédéric Ieva vom Verlag Utet über das Projekt des vorliegenden Buches gesprochen habe. Ich hatte seit Jahren nicht mehr daran gedacht: daran, dass ich zum Zeitpunkt der Explosion selbst fast in der Via Giuseppe Pipitone Federico gewesen wäre. Noch kurz vor dem Attentat war ich durch diese Straße gegangen. Im Geiste ging ich dieses Erlebnis noch einmal durch – und stellte mit Erstaunen fest, dass die Erinnerungen, wenngleich ich sie in einem entlegenen Winkel meines Gedächtnisses vergraben hatte, noch immer sehr intensiv waren; dass sie in der Zwischenzeit kein bisschen verblasst waren. Und so zog ich den Vorschlag Ievas, ein ganz besonderes Buch über die Mafia zu schreiben, ernster in Betracht.

Wir Palermitaner vergessen die Mafia oft; und doch ist sie immer präsent. Es gibt in Palermo zahlreiche Orte, wo brutale Morde an mehr oder weniger bekannten Persönlichkeiten verübt wurden. Viele Straßen und Plätze erinnern uns täglich daran, weil sie die Namen von Opfern der Mafia tragen. Die Straßen und Namenstafeln zeigen auf die Wunden, die die Mafia den ehrlichen Palermitanern zugefügt hat.

Von all diesen Namenshinweisen hat besonders einer schon immer meine Aufmerksamkeit erregt: ein weißes Plakat, auf dem mit Filzstift geschrieben steht: „Libero Grassi, ermordet von der Mafia und der Omertà …“ Es wurde von liebevollen Händen an der Mauer hinter dem Bürgersteig aufgehängt und zwar genau an der Stelle, an der Libero Grassi am 29. August 1991 ermordet worden ist. Wie durch eine übernatürliche Kraft sieht es seitdem stets so aus, als hinge das Plakat erst seit wenigen Stunden, der Schriftzug wird immer wieder aufgefrischt und verblasst nie. Ich weiß nicht, wer sich darum kümmert. Für mich – und vielleicht für viele andere Palermitaner auch – bedeutet diese stets frische Schrift, dass Libero Grassi immer noch unter uns ist, wie leider auch das verhasste Schutzgeld, gegen das er gekämpft hat und das auch der Grund für seinen Tod war; dieses Schutzgeld, das die Mafia von Unternehmern, Kaufleuten und Handwerkern noch immer verlangt. Die Mafia verhindert so nicht nur, dass kleinere Familienbetriebe und oft auch größere Firmen sich entwickeln können, sondern auch, dass neue Arbeitsplätze entstehen.

Es gab Zeiten in Palermo, als die Mafia fast täglich jemanden tötete und die Stadt unter dem Schutz der Armee stand. Bei jemandem wie mir, der nie einen Krieg erlebt hat, hinterließ es einen ganz eigenartigen Eindruck, überall bewaffnete Soldaten durch die Straßen von Palermo patrouillieren zu sehen. Auch weil ich von diesen Erfahrungen und von diesen Zeiten, die meine Stadt durchgemacht hat, würde erzählen können, hat mich die Idee zu diesem Buch fasziniert: die Idee der Niederschrift eines ausführlichen, informellen Gesprächs zwischen zwei Palermitanern über die Mafia, einer Art Interviewgespräch. Es ist die ungewöhnliche Art, ein so oft besprochenes und diskutiertes Thema zu behandeln, die mich schließlich dieses Buch hat schreiben lassen.

Als Wissenschaftsredakteur schreibe ich normalerweise vor allem über Astrophysik; ich habe einige Zeit gebraucht, um über die Mafia so nachzudenken, als wäre sie ein beliebiges wissenschaftliches Thema. Tatsächlich sind viele Aspekte der Lebens- und Handlungsweise eines Mafioso Gegenstand soziologischer, psychologischer und auch ethnologischer Forschung; ethnologisch deswegen, weil die Mafia – verstanden als organisierte Kriminalität, die ihre eigenen Regeln hat und sich den Gesetzen der jeweiligen Gemeinschaft entgegenstellt – sich in allen ethnischen Gruppen wiederfindet. Rituale und Methoden variieren, die Ziele indes sind immer dieselben: Macht und Reichtum.

Bevor ich zugesagt habe, dieses Buch zu schreiben, habe ich lange über den Umfang der zu behandelnden Thematik nachgedacht. Die Idee, ein Interviewbuch mit jemandem zu machen, der mit der Mafia seine Erfahrungen gemacht und ihr widerstanden hatte, faszinierte mich. Zugleich würde ich mich kundig machen und eine gewaltige Menge von Quellen konsultieren müssen, die mich bislang nicht interessiert hatten; und ich wusste auch noch nicht, mit wem ich über die Mafia würde diskutieren können. Meine Zusage war also ein Sprung ins Ungewisse.

Mein kritisches Interesse an der *Cosa Nostra* wurde vor allem durch meine Neugier beflügelt. Die Neugier ist die Grundlage der wissenschaftlichen Forschung. Und wer fast sein ganzes Leben lang mit naturwissenschaftlichen Themen zu tun hat, kann gar nicht anders, als neugierig zu sein. Meine Neugier auf die Mafia wurde noch dadurch verstärkt, dass ich mir nun zum ersten Mal bewusst machte, dass wir Palermitaner im Grunde unser ganzes Leben lang im Einflussbereich der

Mafia leben: Wir haben Politiker, die unzweifelhaft Verbindungen zur Mafia haben, wir machen Geschäfte mit „seriösen" Unternehmern, die sich dann als Mitglieder der Mafia und als Rädchen in ihrem Getriebe herausstellen, wir haben mafiöse Bürgermeister wie z. B. Ciancimino, der sich ein riesiges Privatvermögen verschafft hat, indem er eine ganze Stadt ausraubte. Die Mafia agiert heimlich und unmerklich, manchmal jahrzehntelang.

Erst wenn die Mafiakriege wieder ausbrechen, erinnern wir uns daran, dass es die Mafia gibt und welch schreckliche Bedrohung sie für die Gesellschaft darstellt. Diese zeigt sich immer erst dann, wenn Gräueltaten geschehen, welche selbst die Fantasie von Drehbuchautoren von Filmen wie *Der Pate* oder für Fernsehserien wie *La Piovra* („Der Polyp") bei Weitem übersteigen: Erst Falcone und dann Borsellini wurden auf solch bestialische Weise getötet, wie sie nur perverse Paranoiker sich ausdenken und durchführen können; kein gesunder Mensch, und sei er noch so fantasiebegabt, denkt sich so etwas aus.

Filme wie *Der Pate* mythologisieren die Mafia in gewisser Weise. Wen vermochte die Saga von den Corleone nicht zu faszinieren? Aber das ist nicht die wirkliche Mafia – oder jedenfalls nicht die wirkliche sizilianische Mafia. In allen drei Kinofilmen führen die Corleone, anders als die Mafiosi in Palermo, ein Leben in Luxus. Vielleicht haben der Regisseur und der Autor der Buchvorlage die sizilianisch-amerikanischen Mafiafamilien porträtiert; Bernardo Provenzano jedoch hat in Sizilien dreißig Jahre lang in ganz erbärmlichen Verhältnissen gelebt. Ich glaube, dass niemand fast sein ganzes Leben so im Untergrund verbringen möchte; und an Geld fehlte es Provenzano sicherlich nicht. Seine Lebensweise ist für mich der eindeutige Beweis dafür, dass für den echten sizilianischen Mafioso das Geld nicht das eigentliche Ziel ist. Für ihn zählen vor allem die Macht und das Befehlenkönnen.

Aufgrund dieser und anderer Überlegungen entschloss ich mich, einmal nicht über Forscher, innovative Universitätslabors und neue Entdeckungen zu schreiben. Ich wollte nur für dieses eine Mal dem Wissenschaftsjournalismus den Rücken kehren und mich mit der Mafia befassen. Ich habe dieses Buch vor allem als Bürger von Palermo geschrieben. Es mag dazu beitragen, das Bewusstsein für die Existenz der Mafia wachzuhalten, gerade heute, wo sie sich von Neuem auf meisterhafte Weise „eingegraben" hat. Die Mafia operiert seit mehr als einem Jahrzehnt im Stillen, ohne dass sich jemand so für sie interessiert wie zum Beispiel damals, als Provenzano verhaftet wurde: Nur bei solchen Ereignissen spricht man wieder von der Gefahr, die von der Mafia ausgeht; sobald der außergewöhnliche Augenblick aber vorbei ist, schwindet auch das Interesse wieder. Die Nachrichten und Ereignisse des Tages gewinnen die Oberhand, und über die Mafia spricht man nur am Rande. Dann scheint es, als wäre sie besiegt. Dabei wissen alle, dass sie lebendig und vital ist und weiterhin im Stillen operiert.

Meine Zusage zu diesem ungewöhnlichen Buch bedeutete auch, dass ich unter meinen Mitbürgern in Palermo jemanden suchen musste, mit dem ich über die Mafia reden konnte. Nun sah ich zufällig eine Werbung für ein klassisches Konzert im Teatro Massimo in Palermo, die mich an die absurde Geschichte seiner Restaurierung erinnerte.

Das Teatro Massimo ist eines der schönsten Theater in der ganzen Welt. Nach der Opéra in Paris und der Wiener Staatsoper ist es das drittgrößte in Europa. Obwohl auf dem Gebiet der klassischen Musik sehr bedeutend, fanden dort fast drei Jahrzehnte lang keine Aufführungen statt: Wegen Instandhaltungsarbeiten wurde das Teatro 1974 geschlossen und öffnete seine Tore erst am 12. Mai 1997 wieder. Die Arbeiten waren zwar noch immer nicht abgeschlossen, aber das Parkett und die ersten beiden Reihen der Loge waren benutzbar. An diesem

Tag – ein Jahrhundert nach seiner feierlichen Eröffnung und 23 Jahre nach seiner Schließung – fand dort wieder eine Aufführung statt und zwar ein Konzert des Orchesters und des Chores der von Franco Mannino geleiteten Stiftung und der Berliner Philharmoniker unter der Leitung von Claudio Abbado; dann wurde das Theater erneut für mehr als ein Jahr geschlossen. Insgesamt gab es dort also fast 25 Jahre weder Opern noch Konzerte. So konnte eine ganze Generation von Palermitanern eines der schönsten und prächtigsten Theater der Welt erst besuchen, als sie schon über zwanzig Jahre alt waren. In dieser langen Zeitspanne folgten zahlreiche Bürgermeister aufeinander; Leoluca Orlando war derjenige, der der Stadt das Theater zurückgegeben hat. Als ich am Abend der Wiedereröffnung wieder dorthin kam, staunte ich, wie das Theater jetzt aussah, das ich von klein auf immer wieder besucht hatte. Ich erinnere mich auch daran, dass der Vorhang, ein riesiger, prächtiger Gobelin, an diesem Abend wieder an seinem Platz hing. (Heute wird er sorgfältig verwahrt, damit er nicht beschädigt wird.) Bei dieser Gelegenheit lernte ich Leoluca Orlando kennen. Und ich traf ihn einige Jahre später wieder, an einem Nachmittag im November 1997, im Auditorium maximum des *CNR* in Palermo.

Als Präsident des wissenschaftlichen Komitees der *Targa Giuseppe Piazzi* hatte ich ihn eingeladen, am Abschlussvortrag unseres 7. Kongresses teilzunehmen und die Auszeichnung für astronomische Forschungen an Jocelin Bell zu übergeben. (Die englische Astrophysikerin hat die Pulsare entdeckt, eine besondere Klasse von Sternen.) Dieses Mal fand ich die Zeit, mit Orlando auch über die unfassbare Geschichte des Teatro Massimo zu sprechen, das er nach den 25 Jahren der Schließung wieder eröffnet hatte.

Fast zehn Jahre später, gegen Ende des Sommers 2006, traf ich ihn bei einer Buchpräsentation wieder und sprach erstmals die Idee eines Buches über die Mafia an. Er war derjenige, mit dem ich über die Mafia würde sprechen können: In seiner Zeit als Bürgermeister von Palermo setzte er sich gegen die Mafia ein – sicher hatte er auch Auseinandersetzungen mit der Mafia gehabt. Für mich war er der ideale Gesprächspartner; als Politiker würde er wohl so manche „merkwürdige" Geschichte zu erzählen haben ... Ich sollte mich nicht in ihm täuschen: „Merkwürdige" Geschichten hat er mir jede Menge erzählt.

Einige dieser Geschichten sind schon Teil verschiedener, seit dem Jahr 2000 im Ausland (auf Englisch, Spanisch, Deutsch und Arabisch), aber nie in Italien erschienener Publikationen. Sie haben diesen Politiker außerhalb unserer nationalen Grenzen zu einem Bestsellerautor gemacht.

Dieses Buch ist mehr als ein Text, der Daten, Namen von Mafiosi und furchtbare Massaker aufzählt; es behandelt das Thema Mafia in einer durchaus originellen Weise. Es beruht auf einem langen Interviewgespräch zwischen zwei Palermitanern, die auch dort geboren sind, aber keine Richter oder Staatsanwälte und auch keine sogenannten „Mafiaexperten" sind; zwei Palermitaner, die sich normalerweise mit ganz anderen Dingen des gesellschaftlichen Lebens beschäftigen. In diesem Buch diskutieren wir Kapitel für Kapitel über bemerkenswerte Ereignisse des letzten Jahrhunderts – Ereignisse, von denen manche weltweite Resonanz ausgelöst haben – und dies genau so, wie es auch zwei Freunde im Café tun könnten.

Obwohl wir in Palermo geboren sind und den größten Teil unserer Zeit in dieser so „glücklichen" Stadt leben (Palermo wurde in der Antike als *felicissima*, die „sehr Glückliche", bezeichnet), gehören wir zwei verschiedenen Welten an: Leoluca Orlando der Welt der Politik und ich derjenigen des Wissenschaftsjournalismus und der Popularisierung der Wissenschaft. Kurz: Obwohl wir in derselben Stadt wohnen, leben wir gewissermaßen auf zwei verschiedenen Planeten. Wir kannten uns vom Sehen, hatten aber nie persönlich miteinander zu tun gehabt. Vielleicht hat auch dieser Aspekt meine Überzeugung gestärkt, dass wir gut würden zusammenarbeiten können. Mit ganz unterschiedlichen Vorstellungen haben wir uns mit den vielen tragischen, von der Mafia verursachten Ereignissen auseinandergesetzt, die in unserem Leben ihre Spuren hinterlassen haben.

Es verging einige Zeit, bis Orlando Ja sagte. Dann, an einem warmen Morgen Ende August 2006, rief er mich an und fragte mich, wann wir anfangen könnten, über die Mafia und die Mafiosi zu diskutieren und unsere Eindrücke aufzuschreiben. Das vorliegende Buch enthält unsere Diskussionen über die Welt der Mafia, eine Welt, die dem Kopf eines fantasiebegabten Schriftstellers entsprungen zu sein scheint. Doch die Welt der Mafia ist leider real und tragischerweise Teil unserer Gesellschaft.

Palermo, im September 2007   *Pippo Battaglia*

Ich weiß es. Aber ich habe keine Beweise dafür. Ich habe nicht einmal Indizien.

Ich weiß es, weil ich ein Intellektueller bin, ein Schriftsteller, der versucht, alles zu verfolgen, was geschieht, alles zu kennen, was darüber geschrieben wird, sich alles vorzustellen, was man nicht weiß oder worüber geschwiegen wird; einer, der auch weit voneinander entfernte Tatsachen miteinander in Verbindung bringt, der die ungeordneten und fragmentarischen Stücke eines ganzen, zusammenhängenden politischen Gemäldes zusammensetzt, der die Logik dort wiederherstellt, wo Willkür, Wahnsinn und Geheimnis zu herrschen scheinen.

Pier Paolo Pasolini, *Was ist dieser Putsch? Ich weiß es*
Corriere della Sera vom 14. November 1974

1. Die Anfänge der Mafia und der Republik

Die Ursprünge der Mafia gehen auf das frühe 19. Jahrhundert zurück. Erstmals in Erscheinung trat sie in den ländlichen Gebieten Westsiziliens, wo die sozio-ökonomischen Bedingungen für ihre Entstehung ideal waren. Die Mafia entwickelte sich in den für den Großgrundbesitz typischen sozialen und ökonomischen Verhältnissen, die auf den sizilianischen Latifundien nach dem Untergang des feudalen Herrschaftssystems beinahe unverändert blieben. Zuerst trat sie in der Gegend von Palermo, Trapani und Agrigento auf, später breitete sie sich dann über ganz Sizilien aus und in den folgenden Jahrzehnten auch auf dem italienischen Festland und in den Vereinigten Staaten.

Im Jahre 1812 verzichteten die sizilianischen Barone pro forma auf ihre feudalen Herrschaftsrechte, übten diese jedoch bis zur Einigung Italiens weiterhin aus. Als es dann formelle Gesetze gab, wurde es vor allem in Sizilien für die herrschende Klasse immer wichtiger, ihre frühere soziale Stellung und ihre Herrschaft über Personen und Sachen aufrechtzuerhalten, zumal sich das Land in einem sozio-ökonomischem Wandel befand und die politischen Bezugsgrößen sich ständig änderten. Entscheidend für die sizilianischen Barone war nun, den strukturellen Reformen, die mit den sozialen Veränderungen heranreiften, zuvorzukommen und sich gegen sie zu behaupten. Dazu mussten sie sich der Exekutive bemächtigen, was leicht gelang: Mithilfe von Sympathisanten in der Politik erreichte man, dass die öffentliche Gewalt in Sizilien keinerlei Kontrolle ausübte. So blieb die feudale Struktur erhalten, auf die die Mafia dann aufbaute – eine Struktur, die auf Einschüchterung und Gewalt beruhte. Auch tötet die Mafia oft. Dennoch ist der Mord niemals das letzte Ziel der Mafia gewesen und er ist es auch heute nicht; er gilt den Mafiosi vielmehr als notwendiges Übel: ein Mittel, auf das sie zurückgreifen, wenn sie keinen anderen Weg sehen, um ihren eigenen Gesetzen Geltung zu verschaffen. Dieser Aspekt des „Mafiakodex" besteht heute noch genauso wie im 19. Jahrhundert. Damals bedienten sich die Barone privater Milizen, die organisiert und bewaffnet waren – der sogenannten *compagnie d'armi* –, um die Landbevölkerung ihren „Gesetzen" zu unterwerfen. Mit der Zeit verschwand diese Art von Söldnertruppe und wurde schließlich für illegal erklärt. Aber auch ohne ihren bewaffneten Arm war die Herrschaft der Barone noch nicht am Ende, denn an ihre Stelle trat innerhalb weniger Jahre ein anderer Organisationstyp. Diese hierarchische Stufenordnung feudaler Herkunft gründete im Wesentlichen auf den Figuren des „Pächters" *(gabellotto)*, des *soprastante* und des *campiere*.

Der *gabellotto* war der Pächter des gesamten Landguts. Der Grundherr verlangte von ihm einen bestimmten festgelegten Ertrag, gewährte ihm dafür aber Schutz und überließ ihm die Kontrolle über das Landgut. Der *gabellotto* hatte dem Gutsherrn überdies den Pachtzins zu zahlen und die *soprastanti* und *campieri* zu besolden, die unmittelbar mit den mager bezahlten Landarbeitern zu tun hatten sowie mit den Unterpächtern, deren Abgabenlast wiederum erdrückend war. Es wurde weniger physische Gewalt ausgeübt als mit der Angst der Landbevölkerung operiert, keine Arbeit zu haben. Die Macht der Herren beruhte auf der ökonomischen Versklavung der Landarbeiter: Ungebildete Landbewohner wurden auf dem Landgut geboren, verbrachten dort ihr Leben und starben auch dort; und glaubten so auch, dort ihre einzige Aussicht auf Arbeit zu haben. Dank eines kriminellen Systems, das auf Intrigen und einem geheimen Einverständnis mit der Politik beruhte, hielten sich diese Verhältnisse in Sizilien lange Zeit und ließen diese Gesellschaftsordnung überleben.

Es gab also in Sizilien schon vor der Einigung Italiens ein klar definiertes und organisiertes kriminelles System, das nicht nur das Überleben der feudalen Herrschaft sicherte, sondern die Gesellschaft durchdrang. Als Italien sich vereinigte, regelten anstelle von staatlichen Organen Träger eben dieses Systems private Streitigkeiten und öffentliche Konflikte – und entfalteten mancherlei Aktivitäten, um ihre wirtschaftliche Macht zu erweitern. Außerdem legten sie der Landbevölkerung monatliche Zahlungen auf (ein Vorläufer des Schutzgeldes) und zwangen sie, die Ernte zu bewachen. Und mit dem Viehdiebstahl schließlich begann eine Verbrechensindustrie im eigentlichen Sinne.

Die Eingliederung Siziliens in das Königreich Italien brachte der Insel keineswegs die Rechtsstaatlichkeit – im Gegenteil: Die italienische Regierung begünstigte regelrecht dieses kriminelle System und damit ein Herrschaftssystem, das auf dem Verbrechen gründete. Doch nicht nur unternahm der Staat nichts, um die noch bestehende feudale Struktur zu beseitigen – ebenfalls tat er nichts, um eine (nicht besonders stillschweigende) Übereinkunft zwischen dem sizilianischen Grundbesitzeradel und der norditalienischen Bourgeoisie aufzuhalten, was jegliche wirtschaftliche Entwicklung im modernen Sinne verhinderte. Die Einigung Italiens war erreicht, aber nur auf dem Papier. In Sizilien zeigte sich die Präsenz des Staates lediglich in repressiven Eingriffen; beispielsweise stellte er sich auf die Seite der Grundbesitzer, wenn die Landbevölkerung Forderungen an sie stellte. So schürte der Staat die feindselige Haltung der Landarbeiter gegenüber den Grundeigentümern und half zugleich, die Herrschaft der Großgrundbesitzer aufrechtzuerhalten.

Mit dem Aufkommen des demokratischen Staates wurde der *gabellotto* zu einer politischen Größe, weil er einem Kandidaten Stimmen verschaffen konnte. Politiker bedienten sich der *gabellotti* und der *campieri*, um gewählt zu werden und revanchierten sich, indem sie ihnen Straflosigkeit versprachen und Polizei und Gerichte von einem Eingreifen abzuhalten versuchten. Die *ascari* der Ära Giolitti waren fast alle mit den Stimmen der Mafia gewählte Abgeordnete – um sich die Gunst der Herrschenden zu sichern, unterstützten sie widerstandslos deren Politik. Im Laufe der Zeit und im Zuge der nicht abreißenden Migrationsströme vom Land in die großen Städte wanderten auch die Mafiosi in die bevölkerungsreichen Zentren ab. Die Mafia erfand für sich neue „Aktivitäten" und „spezialisierte" sich in verschiedenen Bereichen des Handels, mit denen sie vorher nie etwas zu tun gehabt hatte; auch die modernen Märkte und die entstehenden Industrieunternehmen konnten sich ihrer Kontrolle nicht entziehen: Die einzelnen Mafiagruppen spezialisierten sich nun auf eine oder mehrere Handelsfirmen und teilten die Kontrolle über Handel und Fabriken unter sich auf, ohne sich gegenseitig in die Quere zu kommen. Die Händler wurden gezwungen, Schutzgeld zu bezahlen, und es gelang der Mafia ebenfalls, die gewöhnliche Kriminalität unter ihre Kontrolle zu bringen.

Mit dem Faschismus etablierte sich ein Verhältnis zwischen Mafiosi und Faschisten, das bis heute nicht präzise zu bestimmen ist. Fest steht, dass einige Mafiosi den Faschismus unterstützten, weil er eine konservative Diktatur war und es viele gemeinsame Interessen gab. Während des faschistischen Regimes büßte die Mafia scheinbar einiges an Macht ein: Die Parlamentswahlen waren abgeschafft worden, so dass die Mafia nicht mehr mittels korrupter Politiker auf die Gesetzgebung einzuwirken vermochte; doch lebte sie im Verborgenen weiter.

Als Cesare Mori Präfekt wurde, schien die Mafia bereits geschwächt; seine radikalen Maßnahmen in Sizilien beseitigten auch noch den Rest der alten Garde. Vielleicht tat er den neuen

Mächtigen der Mafia damit sogar einen Gefallen, die ja den Eindruck zu erwecken suchten, die Mafiaclans seien vollständig verschwunden. Natürlich konnte davon keine Rede sein; als die Alliierten in Sizilien landeten, war die Mafia wieder da.

Den „verbrecherischen Bündnissen", die die Geburt und das weitere Leben unserer Republik begleitet haben, ist im Übrigen der Epilog am Ende dieses Buches gewidmet.

Wie konnte das von den Baronen geschaffene, auf Blutsbanden beruhende System der Grundherrschaft bis heute Modell und Grundlage der Mafia bleiben?
Die plausibelste These führt den Ursprung der Mafia auf zwei Faktoren zurück, die in der italienischen Gesellschaft gleichzeitig am Werk waren und soziale Verhältnisse haben entstehen lassen, in denen die Mafia sich erst etablieren und ihre Macht mehr als nur behaupten konnte: zum einen das totale Fehlen des Rechtsstaates in Sizilien seit der Einigung Italiens, zum andern die Tatsache, dass kein freier Markt eingeführt wurde. In unserer Region hatte die Politik nie über eine wirksame Autorität verfügt; ebenso wenig hat die nationale Regierung kohärent und kontinuierlich gehandelt und so dazu beigetragen, dass sich bei den reichen sizilianischen Großgrundbesitzern ein freier Markt durchgesetzt hätte, der in anderen Ländern, vor allem im Norden, den Kapitalismus hervorgebracht hat: Dort haben die Präsenz des Staates und der freie Markt zu einem Aufschwung geführt und so eine ganz wesentliche Modernisierung jener Länder bewirkt. Beide Bedingungen – Staat und freier Markt – waren fundamental und haben die Entwicklung und Modernisierung in allen europäischen Staaten begünstigt; und sie haben die soziale Entwicklung in diesen Ländern bestimmt. In Sizilien aber stabilisierten sich stattdessen die überkommenen sozialen und ökonomischen Beziehungen.

Die Abwesenheit des Staates und des freien Marktes schuf ein Vakuum, das sehr bald von der Mafia ausgefüllt wurde, die obendrein eine „juristische" Instanz (natürlich in Anführungszeichen) wurde und Modellcharakter behielt hinsichtlich ihrer Hegemonie und Ökonomie.

All das geschah nach der Einigung Italiens. Aber die Herrschaft der Großgrundbesitzer reicht weiter zurück. Wie und wann ist sie entstanden?
Im Jahre 1812 gab es in Sizilien die erste Verfassung, die auf italienischem Boden Verbreitung fand. Der Jurist Balsamo hatte sie unter der Leitung der Engländer verfasst. Am 12. Januar 1848 brachen in Palermo revolutionäre Unruhen aus, sie führten dazu, dass eine erste Verfassungscharta realisiert wurde – und vollendeten die Stabilisierung der neuen/alten Ordnung. Nun wurden zwar die Feudalrechte abgeschafft, was die Lage der Barone jedoch alles andere als verschlechterte; aus Feudalherren wurden nun Großgrundbesitzer, eine aus ökonomischer Sicht äußerst günstige Veränderung. Statt Lehnsherren, also Leuten, denen fremdes Land anvertraut wurde, wurden sie nun zu Eigentümern dieses Landes. So wurde eine Klasse von Landadeligen, die auf moderne ökonomische Unternehmungen überhaupt nicht vorbereitet waren, noch reicher. Mit diesen Ereignissen begann für sie nicht etwa eine neue Ära, in der sie ihren ererbten Besitz und die Erträge, die er abwarf, nach modernen wirtschaftlichen Erwägungen eingesetzt hätten; aus ihnen wurden keine Unternehmer: Sie waren und blieben kulturell nicht darauf vorbereitet, Unternehmen und Industrien zu schaffen, sondern blieben passiv und warteten, dass andere aus diesen Reichtümern ökonomischen Gewinn erzielen würden. Sie blieben in ihre riesigen, prächtigen Palästen aus dem 17. Jahrhundert eingeschlossen und überließen die Sorge um das Land den Pächtern. Sie ernteten, d. h. sie lie-

ßen andere für sich ernten, und gaben ihr Geld in der Stadt aus, auch durch einen zügellosen Lebensstil.

Das heißt, hier wurde wörtlich umgesetzt, was Giuseppe Tomasi di Lampedusa schreibt: „Wir machen es so, dass sich alles ändert, damit sich nichts ändert"?
Ganz genau! Und in der Tat änderte sich außer der Bezeichnung nichts: Aus Lehnsherren wurden Großgrundbesitzer, wobei die Großgrundbesitzer sich weiterhin wie Lehnsherren verhielten. Wenn also jemand behauptet, die Mafia habe sich durchgesetzt, weil es an der Präsenz des Staates gefehlt habe, so sagt er damit in gewisser Weise genau die Wahrheit. Ich sage „in gewisser Weise", weil tatsächlich zusätzlich auch das völlige Fehlen einer noch so primitiven autochthonen Wirtschaft erheblich dazu beitrug, dass sich die Mafia entwickeln konnte. Im übrigen Italien und in Europa führte der Übergang vom Lehnswesen zum Unternehmertum zu einem ganz wesentlichen sozialen Wandel. Die großen Grundherren der Vergangenheit verfolgten nun ganz andere Ziele. Die aristokratischen Familien, vor allem in Norditalien, wurden zu Unternehmern und nutzten ihren ererbten Besitz unternehmerisch, indem sie nämlich jene Werkstätten gründeten, aus denen dann zu Beginn des folgenden Jahrhunderts mehr oder weniger große Industriebetriebe werden sollten.
In Sizilien fand diese Entwicklung nicht statt.

Und in gewisser Weise wurde unser Land „kolonisiert".
In der Tat wurde Sizilien wirtschaftlich von Unternehmern erobert, deren Vorbild die britische Welt (der angelsächsische Kapitalismus) und das Freimaurertum waren. Sie kamen nach Palermo, gründeten Fabriken und brachten diese zum Laufen. Den Whitakers, den Florios, den Woodhouses oder den Inghams, um einige Familien beim Namen zu nennen, gelang

es, Industrien und Fabriken zu etablieren und den Handel mit Produkten einzuführen, die mit den typischen Erzeugnissen des Landes nichts zu tun hatten. Anstatt Orangen-, Zitronen- oder Olivenhaine zu bewirtschaften, stellten sie Konsumgüter her; nichts verband diese Unternehmer mit den ländlichen Gegenden. Diese Unternehmer ließen sich auch nicht in der Altstadt nieder oder ahmten den Stil der Häuser und Gebäude nach, die es schon gab. Sie waren die Ersten, die auch außerhalb der alten Stadtmauern anfingen zu bauen, welche Palermo teilweise noch heute umschließen.

Vorbild in architektonischer Hinsicht waren vielmehr die Städte des Rheinlandes. Sie bauten jenseits der Mauern neue Wohnhäuser und eine Reihe von Gebäuden nach rheinländischem Vorbild und so ist ihnen auch die städtebauliche Modernisierung Palermos zu verdanken. Es entstanden auch neue Palazzi, die die soziale Stellung ihrer Bewohner widerspiegelten.

Innerhalb der Stadtmauern standen ärmliche Häuschen und Adelspaläste nebeneinander. Die Wohnhäuser der Adligen bestanden üblicherweise aus drei, höchstens vier Stockwerken. Die Wohnungen waren auf die verschiedenen Stockwerke verteilt und zwar je nach Vermögen und Abstammung der Bewohner und den Aufgaben, die sie im Haus jeweils hatten: Im Erdgeschoss lebte das Proletariat, der erste Stock, der sogenannte *piano nobile*, wurde von den Eigentümern in Anspruch genommen und in den oberen Stockwerken und Zwischengeschossen wohnten die Dienerschaft und die Kleinbürger, die mit der adligen Familie in irgendeiner Beziehung standen.

Diese Wohnweise war also „klassenübergreifend", da sie sich in die Struktur der Stadt einfügte, aber sie war auch „klassenbezogen", was die sozialen Rollen betraf: Wie auf den Gutshöfen auf dem Land machten sich die Großgrundbesitzer ihre Lederstiefel mit demselben Schlamm schmutzig wie die Tagelöhner ihre nackten Füße.

Da das moderne Unternehmertum, Industrielle aus anderen Nationen oder aus anderen italienischen Städten, nicht im historischen Zentrum von Palermo und damit auch nicht im Schatten der Großgrundbesitzer lebte, konnte es seinen neuen Status – in voller Autonomie und ohne Auseinandersetzungen fürchten zu müssen – zur Schau stellen.

Die neuen Wohnhäuser (Palazzi im gemeinsamen Besitz oder Villen) spiegelten so auch den sozialen Status ihrer Bewohner wider: Familien der gleichen Vermögensklasse und des gleichen sozialen Ranges besaßen und bewohnten Palazzi gemeinsam. Manche Unternehmer ließen sich aber auch Villen im Grünen errichten; viele waren von großen Architekten der Liberty-Epoche entworfen.

Und interessierte sich die Mafia für ihre Geschäfte? Forderte sie Geld von ihnen?
Nein! Es ist bemerkenswert, dass die Mafia sich damals überhaupt nicht um die Gewinne und die Tätigkeit der Unternehmer kümmerte. Obwohl hier sehr viel Geld erwirtschaftet wurde und Tausende von Menschen eingestellt wurden, finden sich keinerlei Hinweise, dass die Mafia hier Druck ausgeübt hätte. Offenbar wagte sich die damalige Mafia, die starke Bindungen zu einer landwirtschaftlich-feudalen Kultur und Wirtschaftsweise hatte, nicht in die entstehende frühkapitalistische Welt der Industrie und der Finanzgeschäfte hinein. Sie war ihr zu fremd.

Dies bestätigt auch meine These, dass ein System des freien Marktes an der Wende vom 19. zum 20. Jahrhundert in Sizilien in gewisser Weise als Gegenmittel gewirkt hätte gegen die kriminellen Bestrebungen der Mafia.

Seit der Einigung Italiens gilt dasselbe Straf- und Zivilrecht auf dem gesamten nationalen Territorium. Ist die Mafia in dieser Zeit zu einer

Art Gegenstaat mit eigenen Gesetzen geworden, der sich dann in eine erklärte Gegnerschaft zum italienischen Staat begab?

In der Tat missachteten die Großgrundbesitzer die Gesetze des italienischen Staates. Nur so konnten sie auch die Wirtschaftsweise aufrechterhalten, die ihnen bisher ihren Reichtum gesichert hatte. Bei Konflikten und Streitfragen griffen sie vielmehr auf die Gesetze der Landgüter oder auf die Gesetze der Mafia zurück, die sich als stärker erwiesen. Man kann sagen, dass die herrschende Klasse den italienischen Staat grundsätzlich ablehnte. Diese absolute Abneigung der Großgrundbesitzer gegen die *Piemontesi* zusammen mit dem Schutz der eigenen ökonomischen Interessen und der fehlenden Neigung zu einem modernen Unternehmertum ergab so ein explosives Gemisch gegen die neue einheitliche Ordnung, gegen jede Art von piemontesischer Rechtsstaatlichkeit.

Dabei ist das Schicksal von zwei Aristokraten besonders interessant: Di Rudinì und Notarbartolo. Di Rudinì war 1864 der erste Bürgermeister von Palermo. Außerordentlich loyal gegenüber dem Staat, ging er mithilfe der italienischen Armee gegen einige Revolten vor. Weil Di Rudinì die staatliche Ordnung mithilfe der Armee aufrechterhalten wollte, bekam er die Rache der Mafia zu spüren: Sein Palast wurde in Brand gesteckt, woraufhin seine Frau vor Schmerz und Angst wahnsinnig wurde. Di Rudinì verließ Palermo und ließ sich in Rom nieder, wo er Minister wurde und schließlich zwei Mal, nämlich 1891/92 und 1896–1898, als Ministerpräsident die Regierung führte.

Emanuele Notarbartolo, sein Freund, wollte dagegen unbedingt in Palermo bleiben. Gestützt auf seine adlige Herkunft – er war Marchese von San Giovanni – wollte er das Bankensystem in einem moralischen Sinne reformieren, bezahlte die Entschiedenheit, mit der er den Rechtsstaat durch das Gesetz stärken wollte, jedoch mit dem Leben. Er war der erste „prominente Tote" in der Geschichte der Mafia, die bis dahin niemals Menschen umgebracht hatte, die in der Politik eine herausragende Stellung innehatten. Notarbartolo war in den Jahren 1873 bis 1876 Bürgermeister von Palermo. Möglicherweise hat er sich die Mafia während seiner Amtszeit, in der er unter anderem gegen die Korruption beim Zoll vorging, zur Feindin gemacht. 1876 wurde er zum Direktor der Bank von Sizilien ernannt. Er blieb bis 1890 in diesem Amt und zeichnete sich durch hohe moralische Integrität und großes administratives Geschick aus. Genau diese Eigenschaften trugen ihm auch den Hass der Mafiosi ein und so wurde er am 1. Februar 1893 ermordet.

Es lohnt sich auch, die Geschichte der Ermittlungen zu erzählen, die zur Verhaftung seines Mörders führten, auch, weil sie so aktuell wirken. Raffaele Palizzolo, führender Vertreter des Landadels, wohlhabender Grundbesitzer und Mitglied des Verwaltungsrates der Bank von Sizilien, hatte sich unter anderem durch Börsenspekulationen bereichert; er wurde verdächtigt, der Auftraggeber des Mordes zu sein. Notarbartolo und Palizzolo waren auch schon mehrfach heftig aneinandergeraten, unter anderem weil Notarbartolo mehrfach versucht hatte, Palizzolos skrupellose Finanzgeschäfte zu vereiteln.

Palizzolo stand in stillem Einverständnis mit der Mafia und hatte zugleich beste Kontakte zu Polizei und Gerichten sowie zu Vertretern der Politik. Wer auf einen Gefallen angewiesen war und sich an Palizzolo wandte, wurde allmorgendlich in seinem Haus in Palermo empfangen. Oft waren die Bitten, die man morgens an ihn herangetragen hatte, am Nachmittag schon erfüllt. Heute würden wir ihn wohl als einen „Boss" bezeichnen.

Die Polizei hatte eine gewaltige Menge an Indizien dafür gesammelt, dass die Mörder Notarbartolos mit Polizzolo in Verbindung standen. Die Ermittlungen wurden jedoch behindert und schleppten sich über viele Jahre hin. Wäre die Familie Notarbartolo nicht so hartnäckig gewesen, die ganze Angelegenheit wäre wohl schon damals in Vergessenheit geraten. Polizzolo wurde in zahlreichen Prozessen angeklagt, bis er 1901 schließlich vom Schwurgericht Bologna schuldig gesprochen und verurteilt wurde. 1905, also vier Jahre später, erreichte er eine Wiederaufnahme des Verfahrens und wurde schließlich aus Mangel an Beweisen freigesprochen. Diese Geschichte könnte sich gestern abgespielt haben, aber sie ist mehr als hundert Jahre alt.

Der Sohn von Emanuele Notarbartolo hat ein sehr schönes kleines Buch geschrieben, in dem er erzählt, was erst sein Vater und dann die Familie erleiden musste, die doch nur Wahrheit und Gerechtigkeit suchte. Der Titel des Buches, das über Jahrzehnte hinweg von Mächtigen und Verlegern angefeindet worden ist, lautet: *La città cannibale* („Die menschenfressende Stadt"). Das unter dem *Geniò*, dem Wahrzeichen Palermos, eingravierte Motto verkündete damals und verkündet noch heute auf Latein: „Sie [die Stadt] verschlingt die Ihrigen und füttert die Fremden."

Zwanzig Jahre lang stand Italien unter der Diktatur Mussolinis. In der Zeit des Faschismus wurde die Mafia heftig bekämpft. Mit welchem Ergebnis?
Bis zum Ersten Weltkrieg gab es im italienischen Staat zwei entgegengesetzte Strömungen: Die eine strebte danach, das ökonomische System zu rationalisieren und zu modernisieren – mit dem Ziel, es auf das Niveau der anderen europäischen Staaten zu heben, und zwar durch eine Verbreitung der Industrie über das ganze Land. Die andere Strömung, die etwas später einsetzte, versuchte umgekehrt, den Fortschritt der Nation zu bremsen. Bei Letzterer gab der Adel den Ton an: Den eigenen Machterhalt im Auge, wollte er nicht, dass

sich in Italien irgendetwas änderte. Vor allem im Süden wollte er seine Privilegien nicht verlieren, die sich aus der Bewirtschaftung riesiger Latifundien herleiteten. Der Ausbruch des Ersten Weltkriegs bewirkte im Süden und im Norden des Landes eine sehr unterschiedliche Entwicklung bzw. führte dazu, dass vor allem der Süden bald der Modernisierung hinterherhinkte; aus Gründen der militärischen Logistik wurden viele Unternehmen in den Norden des Landes verlegt. Sie hatten vornehmlich militärische Güter für die Verteidigung der nördlichen Staatsgrenzen herzustellen. Die Regionen des Südens indes, die weit von der Front entfernt waren, wurden zu Produzenten von Nahrungsmitteln.

Auch mit der Machtübernahme durch den Faschismus erfolgte keine gleichmäßige Verteilung der Industrie über das ganze Land: Sie blieb im Norden und die Wirtschaft des Südens blieb weiterhin auf die Erzeugnisse der Landwirtschaft beschränkt. Das in der Mitte des 19. Jahrhunderts in Sizilien entstandene unternehmerische Modell verlor seine Bedeutung seit dem Ersten Weltkrieg, was sich mit dem Faschismus fortsetzte. So gewannen der Landadel und die Mafia erneut die Vorherrschaft.

Ist die Mafia in der Zeit des Faschismus verschwunden oder hat sie sich nur „eingegraben"?
Wenn jemand behauptet, mit der Machtübernahme durch den Faschismus sei die Mafia verschwunden, so ist dies einerseits zwar richtig, andererseits aber auch wieder nicht. Der Faschismus ging tatsächlich gegen die Mafia vor, was nicht überraschend ist, schließlich akzeptiert kein Diktator eine im Verborgenen agierende Organisation mit einer autoritären Machtstruktur. Um die Mafia zu bekämpfen, schickte der Duce Mussolini den Präfekten Mori – man nannte ihn auch den eisernen Präfekten – nach Sizilien, der einen der erbitterts-

ten Kämpfe gegen die sizilianische Mafia führte. Aber auch er stieß an dem Punkt, wo er im inneren Bereich der Politik ermitteln musste, an eine Grenze. Zwischen Faschismus und Mafia kam ein Kompromiss zustande und zwar in dem Sinne, dass diejenigen Mafiosi, die sich dem Faschismus nicht unterwerfen wollten, „eingeladen" wurden, das Land zu verlassen. Die Bosse gingen in die Vereinigten Staaten, doch es blieben auch in Sizilien Mafiosi übrig, die sich nun der faschistischen Staatsgewalt unterordneten. Die Repression der faschistischen Zeit wirkte sich nicht auf den ererbten und mit der Zeit angehäuften Reichtum der führenden Mafiosi aus und ebenso wenig beschnitt sie ihren ökonomischen Einfluss: Die Mafia übte weiterhin die Kontrolle über die Latifundien aus, konnte ihren Machtbereich aber nicht darüber hinaus ausdehnen; es gab eine Art ungeschriebenen „Vertrag", der eine unauffällige Koexistenz vorsah.

Man erzählt sich, ein der Mafia angehörender Bürgermeister habe Mussolini mitteilen lassen, er könne auf den Schutz der staatlichen Ordnungskräfte verzichten, weil er selbst für seine persönliche Sicherheit sorgen könne. Einige Tage später habe Mussolini die kleinen Mafiosi, die den Bürgermeister schützten, verhaften lassen. Mit dieser Anekdote will ich verdeutlichen, dass Staat und Mafia während des Faschismus koexistierten und jede Seite ihre genau bestimmte Rolle hatte, über die die Mafia nicht hinausgehen durfte. Es war jedenfalls klar, dass die Mafia weiter existierte, politisch aber die Vorherrschaft des Faschismus akzeptierte.

Auch die Regierung der Vereinigten Staaten wusste, dass es in Sizilien die Mafia gab. Während des Zweiten Weltkriegs nahmen die US-Geheimdienste bei der Vorbereitung der Landung in Sizilien die Hilfe einiger Mafiabosse in Anspruch, die in amerikanischen Gefängnissen saßen. Also war die Mafia tatsächlich nicht verschwunden; es schien lediglich so und wurde behauptet.

Mit Sicherheit! Die Mafia war durch das Regime in gewisser Weise „besänftigt" worden und hatte sich zurückgezogen, während sie weiterhin eine diffuse und gleichsam vielfach aufgesplitterte Kontrolle über die sizilianische Gesellschaft ausübte. Eine Bestätigung dafür, dass die Mafia voller Kraft und Leben war, gab es im Sommer 1943. Es genügt dazu, an die Landung der Alliierten in Sizilien zu denken; die Amerikaner planten, die Mafia zur Eroberung Europas zu nutzen, angefangen mit Sizilien.

Die Landung in Sizilien beweist, dass es ein „verbrecherisches Bündnis" zwischen den US-Behörden und der Mafia gab?
Die amerikanischen Behörden wussten, dass die Mafia in Sizilien mächtig war und dass es sie auch in den USA gab. Schon Anfang des 20. Jahrhunderts kam ein amerikanischer Polizist, Joe Petrosino, nach Palermo, um auch zu den mafiösen Verbindungen zwischen Sizilien und den USA zu ermitteln; er wurde auf einem der Plätze in der Altstadt von Palermo ermordet.

Eine Zusammenarbeit zwischen den US-Behörden und der Mafia fand dann im Zweiten Weltkrieg statt. Während des Krieges liefen in New York täglich Dutzende von Schiffen aus, die England, das Bollwerk gegen die Achse Deutschland – Italien – Japan, mit Waffen und Nahrungsmitteln versorgen sollten. Sehr viele dieser Schiffe wurden von U-Booten geortet und versenkt und zwar aufgrund von Informationen, die von deutschen Geheimagenten stammten, die sich in New York als Hafenarbeiter verdingt hatten.

Nun wurden die Brüder Anastasia, die den Hafenbereich beherrschten, von den US-Behörden mit dem Ziel kontaktiert, diesem Informationsfluss und damit den dadurch verursachten Verlusten ein Ende zu setzen; just währenddessen zerstörte ein mysteriöser Brand im Hafen von New York den Ozeandampfer Lafayette, der für den Transport von 15.000 amerikanischen Soldaten umgebaut worden war. Es wird behauptet, dieser Brand könnte eine Warnung der Mafia gewesen sein, mit der sie sozusagen den Abschluss einer Vereinbarung anmahnen wollte.

Jedenfalls wurde auch Lucky Luciano eingeschaltet, der damals gerade im Gefängnis war. Innerhalb kurzer Zeit kam es zu einer Einigung mit den Spitzen des US-Militärs, bei der die Brüder Anastasia, die zu Lucianos Leuten gehörten, eine bedeutende Rolle spielten. Durch ein weiteres „frevelhaftes Bündnis" zwischen der US-Regierung und der Mafia gelang es also, das Durchsickern geheimer Informationen zu stoppen. Von da an wurden keine Nachschubschiffe auf dem Weg nach England mehr versenkt.

Kommen wir auf die Landung in Sizilien zurück.
Die Agenten der Geheimdienste (die heute zur CIA gehören) nahmen Kontakt auf zu einigen mächtigen Bossen der italo-amerikanischen Mafia, die damals in US-Gefängnissen saßen, und schlossen mit ihnen ein Bündnis. Gegen eine „ungestörte" Landung der Truppen in Sizilien boten sie ihnen die Freiheit an – wenn auch in Form ihrer „Ausweisung" nach Italien. Wie allgemein bekannt ist, verlief die Landung reibungslos, und zwar wegen der Unterstützung und der Hilfestellungen, die die sizilianische Mafia den Alliierten zukommen ließ. Nach Ende des Krieges wurden in den USA zahlreiche Mafiosi aus dem Gefängnis entlassen und als „unerwünschte Personen" ausgewiesen. Tatsächlich wurde so nur der Vertrag erfüllt, der die Rückkehr von in Amerika inhaftierten Mafiabossen nach Sizilien vorsah.

Lucky Luciano und Vito Genovese waren die bekanntesten Bosse, die wieder in Freiheit kamen. Genovese ließ sich nach seiner Freilassung sogar in Nola nieder, wo die Alliierten ihr Hauptquartier hatten. Die Kommandeure der alliierten Truppen vertrauten einige Ämter in der provisorischen Regierung Siziliens prominenten Mafiosi an; auch viele von den alliierten Kommandeuren ernannte Bürgermeister waren notorische Mafiosi. Das Netzwerk der Mafia war also in ganz Sizilien unzerstört geblieben, auch unter dem Faschismus. Hier entstanden besondere Verhältnisse, die den Mafiosi eine neue und vergrößerte Macht sowie formale Autorität verschafften. So konnten sie sich nicht nur bereichern, sondern auch die politischen und ökonomischen Geschicke der Region bestimmen.

Das faschistische Regime hat also in Sizilien nichts verändert?
Nein, ganz so ist es nicht. In der Zeit des Faschismus hat der Staat die ihm zukommende Rolle in gewisser Weise tatsächlich übernommen.

Wurde er dabei durch die Tatsache begünstigt, dass es zwanzig Jahre lang keine Wahlen gab?
Das ist ein wesentlicher Punkt, der ganz klar sein muss! Ohne Demokratie kann die Mafia nicht existieren. In einem totalitären Staat gibt es nur *einen* politischen Machthaber. Und dieser kann nicht dulden, dass es neben ihm noch andere gibt, die über Entscheidungsgewalt verfügen. Um es etwas beschönigend zu sagen: In einem totalitären Regime ist das Staatsoberhaupt gewissermaßen gleichzeitig Chef der Mafia.

Die Mafia übte ganz wesentlichen Einfluss auf die Wahl vom 18. Juni 1948 aus. Sie hatte beschlossen, die Democrazia Cristiana (DC) *von Don Sturzo zu unterstützen, worauf sich der Stimmenanteil dieser neuen Partei um 156 % erhöhte, eine Zahl, die jede Logik übersteigt. Wieso wurde diese Wahl nicht für ungültig erklärt?*
Die *Democrazia Cristiana* entstand 1943 aus früheren Vertretern der Volkspartei *(Partito Popolare)*, antifaschistischen katholischen Gruppen und jungen Mitgliedern der Katholischen Ak-

tion (*Azione Cattolica*). Die Partei Don Sturzos stellte sich als etwas Neues dar, hatte tatsächlich aber erst durch die militärische Befreiung Siziliens und die damit verknüpfte fundamentale Rolle der Mafia entstehen können. In Italien hat der Partisanenkampf den Aktionsradius der Mafia in gewisser Weise auf den Süden beschränkt. Man kann sagen, dass der wirkliche Krieg für die amerikanischen Soldaten in unserem Land in Montecassino begann. Hätte es den Partisanenkampf zwischen Montecassino und dem äußersten Norden nicht gegeben, hätte die Mafia in ganz Italien die Bedeutung erlangt, die sie in Sizilien hatte. Die Partisanen verhinderten, dass die Mafia eine antifaschistische Größe und ein Faktor der Befreiung wurde.

Nach der Befreiung wurde dann natürlich alles nicht mehr so genau genommen. Wenn die führenden Politiker der *Democrazia Cristiana* sich mit anderen politischen Vertretern aus dem Norden oder dem Süden in Rom trafen, wussten sie ganz genau: Dieser (aus dem Norden) hat den Partisanenkampf unterstützt oder daran teilgenommen, während jener (aus dem Süden) die Hilfe der Mafiosi hingenommen hat oder sogar selbst Mafioso war. Das waren dann nicht zwei Politiker, die einander entgegenstanden, sondern es waren in Wirklichkeit zwei Seiten derselben Medaille. Gerade in dieser Zeit weitete sich also die für Süditalien typische Verflechtung von Mafia und Politik so aus, dass sie jetzt auch die Politik auf nationaler Ebene durchdrang.

Manchmal erscheint die Mafia wie eine kriminelle Organisation und manchmal scheint es, als wäre sie aus dem Staat selbst hervorgegangen. Man könnte sie fast für eine insgeheim anerkannte Form des Staates innerhalb des Rechtsstaates halten. Es ist auf jeden Fall allgemein bekannt, wenn auch nicht bewiesen, dass der italienische Staat sich in den Jahren zwischen 1945 und 1950 der Mafiosi bedient hat, um Unruhen auf dem Land niederzuschlagen. Das beklagens-

werteste Ereignis dieser Art war das Massaker von Portella della Gine-
stra, das auf das Konto von Salvatore Giuliano geht. Müssen wir an
dieser Stelle noch genauer klären, was die Mafia eigentlich ist?

Sizilien war die erste Region überhaupt, in der der Zweite
Weltkrieg zu Ende war, gut zwei Jahre, bevor er für den Rest
der Welt zu Ende ging. Wir haben dort also für zwei Jahre ein
formelles, legitimes und international anerkanntes Herrschaftssystem gehabt, das militärisch und mafiös war. Der ope-
rative Arm der alliierten Militärregierung (*AMGOT*) waren die
Mafiosi. Viele Bürgermeister in den sizilianischen Dörfern waren Mafiabosse. Sie waren nicht vom Volk gewählt, sondern
von den Alliierten in ihr Amt eingesetzt worden. Dies bestätigt
auch noch einmal, dass das Mafianetz in Sizilien während des
Faschismus unzerstört geblieben ist, übrigens gerade weil die
Mafia sich dem Regime unterwerfen musste. Im Jahre 1943 begann sich also ein mafiöses politisches Herrschaftssystem zu
etablieren, in dem die Mafia wieder eine neue, bisher unbe-
kannte institutionelle Rolle übernahm, die zeitlich mit dem
Anbruch der Freiheit und der Demokratie zusammenfiel.

Es ist normal, diese beiden Aspekte der Mafia zu verwechseln. Einerseits ist sie eine kriminelle Organisation und andererseits geht sie aus den staatlichen Strukturen hervor. Und ich
bleibe dabei: Wenn die Spitzen der *Democrazia Cristiana* nach
dem Krieg führende Politiker aus dem Norden oder aus dem
Süden trafen, so fragten sie die einen nach ihrer Beziehung
zu den Widerstandskämpfern und die anderen, wie es um
ihre Beziehungen zur Mafia stand.

Allerdings gab es einen wesentlichen Unterschied, denn die
Widerstandsbewegung legte mit dem Ende des Krieges ihre
Waffen nieder, die Mafia dagegen, eine kriminelle Bewegung,
die an der Befreiung mitgewirkt hatte, blieb weiter aktiv. Die *Democrazia Cristiana* war also in gewisser Weise dazu gezwungen,
sich mit einem mafiösen System einzulassen, auch wenn es

zwischen Wählern und Mafiosi keinerlei direkte Beziehung gab. Und viele Kandidaten wurden von der Mafia unterstützt, auch wenn sie ihr nicht angehörten oder sich sogar als Gegner bekannten. Die internationale politische – institutionelle – Übereinkunft fand auf einer höheren Ebene und an höherer Stelle statt.

An welcher Stelle?
Es ging darum, die Kommunisten in Italien von der Regierung fernzuhalten. Dies führte dazu, dass es Kandidaten der *Democrazia Cristiana* gab, die ohne ihr Wissen von der Mafia in das Amt eines Gemeinderats oder Abgeordneten gewählt worden sind. Dies ist möglich, weil die Übereinkunft zwischen Mafia und *Democrazia Cristiana* nicht zwischen den einzelnen Kandidaten ausgehandelt wurde, sondern auf der übergeordneten Ebene des Systems. Als die verschiedenen Strömungen innerhalb der *Democrazia Cristiana* entstanden, nahmen die Kandidaten mit den Mafiabossen Kontakt auf. Unterstützte ein Mafiaboss eine bestimmte Strömung, so ergab sich daraus für ihn eine Reihe von Verflechtungen. Die Bosse erklärten es zur Pflicht, die *Democrazia Cristiana* zu wählen. Dabei interessierte es sie natürlich gar nicht, wer die Kandidaten waren. Denn für die Übereinkunft einstehen mussten ja nicht Kandidaten, sondern höhergestellte Politiker.

Was genau meinst du mit „höhergestellt"?
Ich meine damit, dass die Übereinkunft die höheren Ebenen der *Democrazia Cristiana* betraf; sie betraf die italienische Regierung und die der Vereinigten Staaten.

Macht es dann überhaupt Sinn zu fragen, wer Salvatore Giuliano getötet hat?
„Sicher ist hier nur, dass er tot ist." Das war der dramatische

und bestürzende spontane Kommentar in der Presse nach seiner Ermordung. Sicher wurde Giuliano von jemandem aus seiner engsten Umgebung verraten – aber wurde er von ihm auch erschossen bei einem Schusswechsel mit den Carabinieri? Es war zweifellos ein Mafiamord, gleichzeitig aber auch ein politisch motivierter Mord – gewollt von der Regierung und der Mafia. Freilich haben sich im Laufe der Jahre die Beziehungen zwischen Regierung und Mafia gewandelt. Die normale Logik der Demokratie, die Organisation der christdemokratischen Partei unter Fanfani, die eine Partei und verschiedene Flügel vorsah, veränderte das Verhältnis zwischen Mafia und Politik auf radikale Weise. Im neuen System war es allein Sache des Politikers, sich so zu organisieren, dass er gewählt wurde. Und damit begann ein Wettlauf der Politiker darum, wer die mächtigsten Mafiosi auf seiner Seite hatte – mit der schlimmen Folge, dass die Parteiflügel und einzelne Mafiaclans sich immer stärker überschnitten.

In den 50er Jahren wurde die Mafia vom italienischen Staat zum nationalen Übel erklärt. Heißt das, dass die Institutionen begonnen hatten, sie zu bekämpfen?
Es gab in Sizilien immer eine gewisse Zahl von Leuten, die sich öffentlich zu Gegnern der Mafia erklären mussten, auch wenn sie eigentlich gar nicht gegen sie waren, und zwar aufgrund ihrer Ideologie und ihrer Mitgliedschaft in der kommunistischen Partei. Wer einer der kommunistischen Organisationen beitrat, erklärte damit offen seine Gegnerschaft zur Mafia.

Auch der Kampf der Landbevölkerung unter Führung der Kommunisten richtete sich gegen die Mafia. Doch nicht die Kommunisten führten die Landreform durch, sondern die *Democrazia Cristiana:* Ein Gesetz zugunsten der Rechte der Landarbeiter wurde verabschiedet, das den alten Landadel in eine Krise brachte. Dieser war in den 50er Jahren nämlich der gemeinsame Feind der Mafia und des Kommunismus, stand er doch für ein Herrschaftssystem, das einerseits die Landarbeiter unterdrückte und andererseits die Mafia daran hinderte, eine mächtigere Rolle in der Gesellschaft zu erlangen.

Die Machtzentren der Mafia waren bis in die 50er Jahre hinein verstreut und fielen mit den Dörfern und Städten zusammen, in denen die Bosse saßen. Als diese beschlossen, ihre Kräfte zu bündeln und einvernehmlich zu agieren, wurde schließlich ein gemeinsamer Ort bestimmt, an dem man zusammenkommen, diskutieren und Entscheidungen fällen konnte. Man entschied sich für Palermo: Als Hauptstadt der neu gegründeten autonomen Region Sizilien bot dieser Ort die besten institutionellen und politischen Möglichkeiten. Palermo wurde so zum politischen und geschäftlichen Zentrum, ja zur Hauptstadt der Mafia. Hier fand Anfang der 50er Jahre im Hotel delle Palme in Palermo auch der Gipfel der sizilianischen Bosse statt. Von da an stellte die Mafia ihre Tätigkeiten radikal um, stieg in den äußerst lukrativen Drogenhandel ein und verwandelte sich von einem kriminellen System, das an den Großgrundbesitz gebunden war, in eine kriminelle Vereinigung im eigentlichen Sinne, die Wirtschaftsunternehmen zu organisieren und Städte zu beherrschen vermochte. Typisch dafür ist die Figur des Bürgermeisters Ciancimino, der die sogenannte „architektonische Verwüstung" Palermos ins Werk gesetzt hat.

2. Die Plünderung Palermos

In den Jahren nach dem Zweiten Weltkrieg etablierte sich ein dichtes Netz illegaler Transaktionen zwischen der Mafia in den Vereinigten Staaten und der in Sizilien. Der illegale Geschäftsverkehr wurde dadurch begünstigt, dass die Mafiosi während der Landung in Sizilien von den US-Behörden geduldet wurden. In diesen Jahren kam für den Apparat der Mafia eine neue Bezeichnung auf: *Cosa Nostra*. Die Ursprünge dieses Namens sind wahrscheinlich in Amerika zu suchen.

Damals, Anfang der 50er Jahre, verwandelte sich die alte Mafia des Großgrundbesitzes: Palermo wurde zum zu erobernden Land und die Mafia stürzte sich ins internationale Geschäft des Drogenhandels.

Oft wird in diesem Zusammenhang auch von einer „Fortentwicklung" der Mafia gesprochen. Dieser Deutung zufolge wandelt und modernisiert sich die Mafia und passt sich dadurch der sich entwickelnden bürgerlichen Gesellschaft an. Diese Interpretation widerspricht jedoch ganz klar der Vorstellung, die die Mafia mit den rückständigsten – ungebildeten und „rohen" – Schichten der Gesellschaft in Verbindung bringt und nach der die Mafia nicht mehr existieren dürfte, sobald sich eine immer modernere und kulturell weiterentwickelte Gesellschaft etabliert hätte. Dass dem nicht so ist, liegt auf der Hand. In Wirklichkeit versucht jede Form von organisierter Kriminalität, mit dem Wachstum von Wirtschaft und Handel sich auch selbst zu entwickeln und stärker zu werden. Um die Mitte des 20. Jahrhunderts verschwand die Mafia der Latifundien nicht etwa, sondern modernisierte sich zu einer (groß)städtischen Mafia, die stärker und besser organisiert war.

Diese Anpassung der Mafia an eine sich modernisierende Gesellschaft gelang in erster Linie aufgrund ihrer Verzweigtheit: Es gab die Mafia der Latifundien, die der Schwefelgruben und die der (Obst-)Gärten.

Die „Mafia der Gärten" war sehr ausgeprägt in der Peripherie von Palermo, einem landwirtschaftlich reichen Gebiet. Über legale und illegale Warenströme, Viehdiebstahl und Schmuggel erlangte sie die Kontrolle der Ländereien. Die aufsehenerregendsten Verbrechen aus dem 19. Jahrhundert gehen auf sie zurück, so die bereits erwähnte Ermordung des ehemaligen Bürgermeisters von Palermo, Emanuele Notarbartolo. Die „Mafia der Gärten" unterhielt durchaus auch Verbindungen zur Mafia der Latifundien – die Mafiafamilien der Vororte sind immer eng mit der Stadt und den dort bestehenden Machtstrukturen verbunden gewesen, haben aber stets Verbindung zur Mafia der Latifundien gehalten.

Um die Mitte des 20. Jahrhunderts lenkten die Auflösung der großen Grundvermögen und der Kampf der bäuerlichen Bevölkerung um Land die Aufmerksamkeit der Juristen, der öffentlichen Meinung, der Geschäftemacher, der Politiker und der Mafiosi auf die Latifundien. Calogero Vizzini, ein bekannter Mafiaboss, gründete mehrere Genossenschaften zur Verpachtung und Aufteilung der von ihm selbst gegründeten Latifundien und wurde sehr mächtig; ein reger Geldfluss folgte und Vizzini begann, an der Börse zu spekulieren. Er schuf sich außerdem eine Menge „Anhänger", die er bei der Neuverteilung der Ländereien begünstigt hatte. Schließlich wurde seine Tätigkeit auch politisch, konnte er doch durch sie auch dauerhafte Beziehungen zur *Democrazia Cristiana* knüpfen; diese Möglichkeit der Einflussnahme nutzte auch die „Mafia der Gärten". Da die städtebauliche Erweiterung Palermos sich seit den 50er Jahren in der städtischen Peripherie vollzog, gerade also auf dem Boden, den sie traditionell kontrollierte, waren die Voraussetzungen für sie besonders günstig.

Eine der ziemlich bekannten Familien, die aus der „Verwüstung Palermos" Profit zogen, ist die Familie Greco aus dem Vorort Ciaculli. Schon seit vielen Jahrzehnten war sie in der palermitanischen Mafia sehr aktiv; die Gerichtschroniken der Jahre 1950–1980 dokumentieren immer wieder, dass sie an den Schalthebeln der *Cosa Nostra* saß. Am Anfang kontrollierten die Grecos den Handel mit Zitrusfrüchten im Vorort Ciaculli, später waren sie Zwischenhändler im Handel mit Waren und Geld und auch im internationalen Handel mit Tabak und Rauschgift. Besonders Michele Greco unterhielt rege Beziehungen zu Politikern, Unternehmern und Vertretern der Justiz. Berühmt waren die mondänen Zusammenkünfte auf seinem Jagdgut Favarella, das zum Treffpunkt des sogenannten besseren Palermo wurde. Während der Jagdpartien schuf Michele Greco die nötigen Kontakte, die er benötigte, um Aufträge an Land zu ziehen, die öffentliche Bautätigkeit zu kontrollieren und schließlich sicherzustellen, dass die Presse dazu schwieg. Er war der Prototyp einer neuen Art von Mafiosi, die in den 50er und 60er Jahren alle neuen Gewinnmöglichkeiten auszuschöpfen wussten.

Aber nicht nur die Grecos, auch andere „Unternehmer" aus den Reihen der Mafia, bedienten sich geschickt solcher Beziehungen. Wie Pilze schossen Bauunternehmen aus dem Boden, deren Aufstieg durch die guten Kontakte ihrer Inhaber zu den Mafiaclans und zu den Angehörigen der „oberen Gesellschaftsschichten" von Palermo erleichtert wurden, die damals in Politik und Geschäftsleben über ein gewisses Gewicht verfügten. So etablierte sich während der 50er Jahre ein dichtes Netz heimlicher Komplizenschaften mit verschiedenen Teilen des Staatsapparats, worauf die Mafia sich nicht etwa ihrem Wesen nach änderte, sondern vielmehr ihre Vorgehensweise deutlich wandelte; besonders betraf dies die Duldung von Mafiosi, die in die Stadtverwaltung von Palermo und der Region Sizilien eingeschleust worden waren. Ein gutes Beispiel für diesen Wandel ist die Bildung der großen Vermögen der Finanzgesellschaften der Steuereinnehmer, nämlich der Vettern Salvo.

Obwohl in Palermo schon länger „Gerüchte" über die Grecos, die La Barberas und die Salvos im Umlauf waren, nahm die Justiz erst am 30. Juni 1963 erstmals ernsthaft die Mafia ins Visier. Davor hatte es nur wenige Mafiaprozesse gegeben, in denen es meist lediglich um Vergehen einzelner Mafiosi ging und nicht darum, die gesamte mafiöse Organisation zu treffen – diese war meist viel zu raffiniert und komplex, als dass das Strafgesetzbuch hierfür Lösungen bot. Damals galt noch der Artikel 416; erst 1982 trat statt seiner der Artikel 416a in Kraft, der besser geeignet war, die Organisation der Mafia tatsächlich zu treffen. Zwischenzeitlich ereigneten sich zahlreiche Morde, bei denen es allesamt um Machtpositionen innerhalb der Mafia ging – einer Mafia, die durch Immobilienspekulation und durch den Handel mit Tabak und Drogen reich geworden war. Ihren Höhepunkt erreichte diese Mordserie mit dem unerwarteten Blutbad von Ciaculli.

Aus welchem Motiv heraus haben die Mafiosi dieses Massaker gewollt?
Das Blutbad von Ciaculli, das die beiden wahrscheinlich im Heroinhandel rivalisierenden Mafiaclans Greco und La Barbera zu verantworten hatten, war der traurige und brutale Höhepunkt des ersten der sogenannten Mafiakriege, die sich bis in die 80er Jahre hinzogen. Es kam für alle überraschend, war in seiner außerordentlichen Brutalität jedoch typisch für den Ersten Mafiakrieg. Nach diesem sinnlosen Gemetzel wich die ländlich geprägte Mafia der 40er und 50er Jahre einer Mafia städtischen Typs, die – wie bereits ausgeführt – in der Immobilienspekulation aktiv war und damit schon auf die Geschäfte der Hochfinanz hinzielte, welche schon damals ihre Perspekti-

ve für die Zukunft waren und diese Mafia noch heute wesentlich ausmachen.

Am frühen Morgen des 30. Juni 1963 klingelte im Polizeipräsidium von Palermo das Telefon: Ein anonymer Anrufer hatte in der Gegend von Ciaculli auf freiem Feld ein verlassenes Auto gesehen; die Polizei fand eine Giulietta mit offenen Türen und platten Reifen, vermutete sofort eine Autobombe und ließ den Wagen von Sprengstoffexperten untersuchen. Tatsächlich wurde im Innern des Wagens eine Gasflasche gefunden, die mit einer am Ende leicht angebrannten Zündschnur verbunden war – ein relativ primitiver Sprengkörper, der leicht entschärft werden konnte. Als die Experten den Wagen jedoch näher inspizieren und der Oberleutnant Mario Malausa den Kofferraum öffnete, kam es zu einer gewaltigen Explosion, die ein Blutbad anrichtete: Der Oberleutnant starb ebenso wie sechs Carabinieri.

Diese Explosion auf dem von den Grecos kontrollierten Territorium war ein schwerer Schlag sowohl für den Staat als auch für die Grecos und half dem Clan La Barbera, seine Machtposition auszubauen. Mit dieser Tragödie ging der Erste Mafiakrieg zu Ende.

Verschiedene führende Mafiosi wurden für dieses Verbrechen verantwortlich gemacht, unter ihnen Tommaso Buscetta. Doch leider blieb es bei einer Anklage – er wurde freigesprochen.

Wer war Tommaso Buscetta denn damals?
Tommaso Buscetta stammte aus Agrigent, lebte aber schon lange in Palermo. Er hatte schon mit sechzehn Jahren geheiratet und angefangen, auf dem Schwarzmarkt Geschäfte zu machen – ganz einfach um sich über Wasser zu halten, vor allem während des Krieges. In den 40er Jahren hatte er bereits zwei Kinder und auf der Suche nach Arbeit ging er nach Buenos Aires, wo er eine Glashütte gründete. Diese Tätigkeit war

jedoch nicht den erwarteten Gewinn ab und so kehrte er 1957 enttäuscht nach Palermo zurück, entschlossen, nun mit anderen und zwar illegalen Mitteln zum Erfolg zu kommen. Im Drogenhandel und im Baugewerbe gelang es Buscetta, leicht Geld zu verdienen, und er verschaffte sich auch Zugang zu Aktivitäten, die von dem Mafiaboss La Barbera kontrolliert wurden. Buscetta fing im La-Barbera-Clan als Tabakschmuggler an, erledigte aber bald immer wichtigere Aufgaben. An der Spitze der Mafia stand damals der Boss Salvatore Greco (genannt Cicchiteddu), doch La Barbera beherrschte die ganze Stadt. 1961 brach dann der Erste Mafiakrieg aus, in den vor allem die Familien Greco und La Barbera, aber auch andere, kleinere verwickelt waren, die das Territorium Palermos unter sich aufgeteilt hatten. Irgendwann wurde die Situation auch für Buscetta gefährlich und er beschloss, für einige Zeit zu verschwinden. Insgesamt blieb Buscetta dann gut zehn Jahre untergetaucht, nämlich von 1962 bis zum 2. November 1972.

Damals war Vito Ciancimino als Dezernent in der Stadtverwaltung für die öffentliche Bautätigkeit zuständig. Er blieb viele Jahre in diesem Amt. Wer war Vito Ciancimino?
Machen wir uns erst einmal klar, welche Rolle Ciancimino im politischen Panorama Palermos spielte. Er war kein Politiker, der ein Freund der Mafiosi war, sondern ein Mafioso, der beschlossen hatte, auch höchstpersönlich Politik zu machen. Er förderte die „Plünderung Palermos" nicht etwa, um irgendeinem Boss einen Gefallen zu tun. Er hatte ganz einfach beschlossen, sich zu bereichern und schmutziges Geld wieder in Umlauf zu bringen, und zwar durch eine Bautätigkeit, die sich jeder Kontrolle entzog. Ciancimino war keinesfalls ein Politiker, der – wie viele andere auch – in korrupte Machenschaften verwickelt war; politische und kriminelle Aktivitäten gingen bei ihm vielmehr Hand in Hand und repräsentieren so bei-

spielhaft die Gesellschaft Palermos jener Jahre. Der Kriminelle Ciancimino bediente sich des Politikers Ciancimino und umgekehrt, wenn es nötig war, und das um eines einzigen Zieles willen: im öffentlichen wie im kriminellen Sektor Profit zu machen. In diesen Jahren wuchs auf der politischen Bühne Palermos auch der Einfluss von Salvo Lima, langjähriger Bürgermeister, später Abgeordneter im italienischen und auch im Europaparlament.

Wie nahm die „Plünderung Palermos" ihren Anfang?
Die Immobilienspekulation, die üblicherweise als „Plünderung Palermos" bezeichnet wird, begann mit dem Drogenhandel. Als die Mafia in dieses neue Geschäft einstieg, machte sie einen radikalen Wandel durch. Der Drogenhandel eröffnete den Mafiabossen finanzielle Möglichkeiten, die man sich bis dahin gar nicht hatte vorstellen können und deren Unverhältnismäßigkeit gerade in einer agrarisch geprägten Wirtschaft besonders augenfällig war. Der enorme Überschuss an „schmutzigem" Geld, das man reinvestieren bzw. „waschen" musste, zwang die Mafiosi auf dem Land, ihr Interesse auch auf Palermo zu richten. Ciancimino ist der Prototyp des ländlichen Mafioso, der nach Palermo geht, um dort sein Geld zu investieren. Und um besonders frei agieren und dabei seine Investitionen unter Kontrolle halten zu können, wurde er Politiker.

Von 1959 bis 1964 war Ciancimino als Stadtdezernent für die öffentliche Bautätigkeit zuständig und besetzte so volle fünf Jahre lang eine der Schlüsselpositionen in der Stadtregierung von Palermo. Schließlich wurde er auch Bürgermeister. Die von Ciancimino betriebene Bauspekulation zeigt, wie wenig er von der jahrtausendealten Geschichte Palermos wusste. So wurden durch sein Betreiben nahezu alle Villen und Palazzi aus der Epoche des Liberty-Stils zerstört. Natürlich lag dies daran, dass diese ländlichen Mafiosi kein Verhältnis zur Liberty-

Epoche in Palermo hatten – genau dieselben „Ciancimino" vom Land hätten es in ihren Dörfern nämlich niemals zugelassen, dass an der Stelle eines alten, geschichtsträchtigen Gutshofes ein neues Gebäude errichtet wird, zudem noch illegal.

Für die Mafiosi vom Land war Palermo ein Niemandsland, das zur Eroberung freistand. Sie hatten zu Palermo genau dieselbe Einstellung, die alle Sizilianer zu den Küsten haben. Da politische Feinde Sizilien früher über die Küsten eroberten, galten sie lange als unsicher; „Mamma, li turchi" („Mama, die Türken") ist ein alter und ganz typischer Ausspruch der Sizilianer. Die Leute lebten lieber im Inneren Siziliens als in den Küstengegenden. Und so ist es „normal", dass ein Dorfbewohner aus Innersizilien, der vor seiner Umgebung durchaus Respekt hat und dort nie illegal bauen würde, die Küsten als Niemandsland ansieht. Und so wird auch verständlich, warum ohne Bedenken fast direkt am Meer Villen und Häuser gebaut wurden. So kam es, dass die neuen „Türken" nicht die Küsten verwüsteten, sondern die Stadt.

Ciancimino baute ja nicht auf freiem und unbebautem Grund, er ließ auch historische Villen und Häuser abreißen, um dort neue Palazzi hochzuziehen. Wie kam es, dass sich niemand dagegen wehrte?
Man darf nicht vergessen, dass diese Gebäude vor einem halben Jahrhundert noch nicht als Allgemeingut angesehen wurden. Die Eigentümer konnten mit ihnen tun, was sie wollten. Da Adel und Bürgertum sich in einer tiefen Krise befanden, verkauften die Eigentümer, die Geld brauchten, Häuser und Villen. Das Zentrum Palermos war von dieser Entwicklung kaum betroffen: Die Verhältnisse waren hier zwar ähnlich wie in der Peripherie, weil das Zentrum aber derart reich an Geschichte war, war der Gedanke, Häuser oder Kirchen abzureißen, auch für jene abschreckend, die sich diesem kulturellen Reichtum nur wenig verbunden fühlten. Die sogenannten *vid-*

dani („Leute vom Dorf") hatten damals offenbar noch eine Art Respekt vor der Geschichte, eine Ehrfurcht gegenüber der Landaristokratie, deren Macht von alters her an die Latifundien des Landesinneren gebunden war, aus dem sie kamen. Offenbar wollten sie die Symbole ihrer Herren zu diesem Zeitpunkt noch nicht abreißen.

Im Jahr 1980 – so wird das Ende der „Plünderung Palermos" datiert – brachten Prozessakten jedoch ans Licht, dass für die Zeit nach Abschluss der Immobilienspekulation außerhalb der Stadtmauern eine zweite Phase geplant war, nämlich: der systematische Abriss der Häuser im historischen Zentrum von Palermo sowie die Errichtung großer, anonymer Palazzi an ihrer Stelle.

Auf wessen Veranlassung hin?

Auf Veranlassung einer Gruppe mächtiger Leute aus Politik und Mafia, die Fachleute – Architekten, Geometer und Ingenieure – gefunden hatten, die bereit waren mitzumachen. Es ist interessant, dass im Bebauungsplan von 1956, der dann 1962 in Kraft trat, an einer Stelle mit Bezug auf das historische Zentrum steht, dass „diese scheußlichen Gebäude der Vergangenheit beseitigt werden" müssten, womit geschichtsträchtige Denkmäler, Kirchen, Palazzi und Plätze gemeint waren. Um ihr Vorhaben zu rechtfertigen, beriefen sich bekannte und anerkannte Fachleute aus Palermo auf den Abriss zahlreicher Viertel in Paris unter Haussmann. Dieser leitete von 1853 bis 1869 im Auftrag Napoleons III. ein gewaltiges, politisch motiviertes Projekt, bei dem die gesamte Stadtstruktur verändert werden sollte: Ärmere Stadtviertel aus dem Mittelalter, in denen oppositionelle Gruppen ihre Basis hatten, sollten abgerissen und breite Boulevards angelegt werden, die kein so großes Hindernis für die Polizei bedeuteten. Dem historischen Zentrum von Palermo drohte ein ähnliches Schicksal wie Paris, mit dem Unterschied, dass Napoleon III. hier Vito Ciancimino hieß.

Die systematische Zerstörung des historischen Palermo sollte in zwei Phasen stattfinden, wobei lediglich die erste Phase realisiert wurde: Durch ihre Bautätigkeit zerstörten die Mafiosi systematisch das gesamte Gebiet, das sich nach Norden hin an die Stadtmauer anschloss. Es wurden nicht nur Villen und Häuser von erheblichem historischem Wert zerstört, sondern auch Orangenpflanzungen und Pflanzungen anderer Zitrusfrüchte. So kam es, dass ein Gebiet voller alter Villen, die inmitten von großen Orangen- und Zitronenhainen lagen, unsinnig zugebaut und buchstäblich in einen Betondschungel verwandelt wurde. Die Ausdehnung der Stadt Richtung Norden rechtfertigte auch den Standort des neuen Flughafens ca. 30 km von Palermo entfernt. Für die zweite Phase, die nicht realisiert wurde, war der Abriss sämtlicher Gebäude im historischen Zentrum vorgesehen.

Natürlich hüteten sich die Mafiosi tunlichst davor, dieselben Methoden auch am südlichen Ende der Stadt anzuwenden, wo ihre eigenen Häuser und Zitruspflanzungen lagen, die größtenteils noch heute intakt sind. Das Gebiet im Norden Palermos war für die Mafiosi, darunter die Grecos aus Ciaculli, ein Niemandsland, während ihr eigenes Territorium für sie heilig war. Vielleicht sind die in der ganzen Welt berühmten Villen von Bagheria deshalb erhalten geblieben, während die Villen der anderen Seite von Palermo entweder in den Betonvierteln untergegangen sind oder zerstört wurden.

Als Mitglied der Democrazia Cristiana *wurde Ciancimino 1964 auch zum Bürgermeister von Palermo gewählt (und 1970 im Amt bestätigt). Gemeinsam mit Salvo Lima führte er in Sizilien die politische Bewegung „Primavera" („Frühling") an, deren nationaler Chef Giulio Andreotti war. Hatte Andreotti deiner Meinung nach*

von den Geschäften Limas und Cianciminos keine Ahnung? Hat er
nie erfahren, dass sie der Cosa Nostra *angehörten?*

Andreotti, Lima, Ciancimino: Das sind drei Politiker, die sich
auf jeweils ganz unterschiedliche Art und Weise mit der Mafia
arrangierten. Jedem dieser drei Stile ließen sich wieder Hunderte anderer Namen, anderer Biografien und anderer Politiker
zuordnen. Ich erzähle nun nur von diesen drei Einzelper-
sonen, doch dieser Hinweis erscheint mir wichtig.

Andreotti wäre nicht Andreotti, hätte er nicht gewusst, wer
Lima und Ciancimino waren; dies zu behaupten hieße, ihn maß-
los zu unterschätzen. Als Experte für die Funktionsweise des Systems und der militärischen und zivilen Geheimdienste wäre es
auch für ihn selbst wenig glaubwürdig gewesen zu behaupten,
er kenne die Aktivitäten der Leute nicht, mit denen er sich um-
gab. Nein, wir müssen die Frage anders angehen. Giulio Andreotti ist die Politikerpersönlichkeit, die sich die typische Einstellung des nationalen Politikers der Nachkriegszeit am längsten
bewahrt hat, nämlich die Ansicht, dass für die Entstehung und
Festigung der Demokratie im Norden der Partisanenkampf und
im Süden die Mafia grundlegend gewesen seien. Während im
Laufe der Jahre alle anderen Politiker dieses Schema hinter sich
gelassen haben, hat Andreotti sich als Letzter von dieser Vorstellung verabschiedet und offen gegen die Mafia Partei ergriffen.

Und das erklärt und rechtfertigt, warum Andreotti Lima und Cianci-
mino nie als gefährliche Mafiosi gebrandmarkt hat?

Kein christdemokratischer Politiker hätte sie als solche gebrandmarkt. Sie waren alle davon überzeugt, dass die Mafia
bei der Konstitution eines demokratischen Italien eine wichtige Rolle gespielt, ja einen wichtigen „positiven" Beitrag dazu
geleistet habe. Anders als andere Politiker, die nicht aus Sizilien stammten und deshalb bereits bei ihrer Ankunft in Sizilien ein definiertes Verhältnis zur Mafia hatten, erhob Andreot-

ti diese Einstellung zum System. Andere Politiker wussten, dass es in Sizilien Mafiosi gab, doch sie waren ebenso überzeugt davon, dass sie mit ihnen nichts zu tun haben dürften; Andreotti dagegen wählte sie zu seinen politischen Mitstreitern. Dies war nur deshalb möglich, weil es in Italien lange Zeit einen diffusen Konsens bezüglich der Mafia gab: Sie hatte zum Sieg über den Faschismus beigetragen, sie hatte ermöglicht, dass sich die Demokratie durchsetzte, und sie hatte den Kommunismus von der Regierung ferngehalten.

Die Nachrichten aus dieser Zeit zeigen die Familie Greco stets an den Schalthebeln der Cosa Nostra. *Wir gehen davon aus, dass Michele Greco ein notorischer Mafioso war. In diesem Fall ist es doch immerhin „merkwürdig", dass alle Mitglieder der wohlhabenden Familien Palermos oder der Familien, die damals das Sagen hatten, mit ihm in Kontakt standen.*

Michele Greco war in der palermitanischen Wirklichkeit jener Zeit ein besonderer Fall. Er war Grundeigentümer und pflegte einen aristokratischen Lebensstil. Als langjähriger Chef des Bezirks Croceverde-Giardini in der Peripherie Palermos war er seinem Vater Giuseppe (bekannt als *„Piddu u tenenti"*) nachgefolgt. Im Grunde war er ein mächtiger *gabellotto*, der schon als junger Mann Grundeigentümer wurde und typische Mafiamethoden anwandte, nämlich Drohungen und Erpressung. Ungeachtet seiner bescheidenen sozialen Herkunft besuchte er gern die Salons des wohlhabenden Palermo und so wurde auch die Favarella, sein bekanntes Landgut in Ciaculli, bald zum Treffpunkt für Politiker, Bankiers, Akademiker aller Art sowie Adlige (verarmte und nicht verarmte). Alle, ohne Rücksicht auf ihre soziale Stellung, gingen dorthin, sei es nun für eine Jagdpartie oder zu einem Abendessen.

Beispielhaft dafür, wie arrogant Greco war und wie wenig ihn mögliche juristische Folgen schreckten, ist sicher, dass er am selben Ort, an dem er die Honoratioren Palermos und Siziliens empfing, sichere Verstecke für untergetauchte Mafiosi hatte einrichten lassen. Zwar wussten die meisten seiner Gäste nichts von diesen Verstecken, doch es ist anzunehmen, dass Michele Greco sein Vergnügen daran hatte (und von den anderen Mafiosi dafür geschätzt wurde), einen Richter oder einen anderen Vertreter des Gesetzes nur wenige hundert Meter von den Waffenlagern und Verstecken der Mafia auf die Jagd gehen zu sehen.

Es war Greco dank seiner feinen Manieren gelungen, gewinnbringende Beziehungen zu einigen Adelsfamilien zu knüpfen. Das erklärt auch, wieso in seinem Salon Adlige und Vertreter des Staates verkehrten. Und so ist es auch kein Zufall, dass die Corleonesi, obwohl sie den Mafiakrieg gewonnen und das Kommando über die sizilianische Mafia an sich gerissen hatten, Michele Greco noch immer viele Jahre lang als den Boss der Bosse akzeptierten: Sie waren der Ansicht, sie seien noch nicht so weit, tatsächlichen Einfluss und formale Stellung zusammenfallen zu lassen. Sie wussten, dass an ihren Stiefeln noch der Lehm und an ihren Händen Blut klebte. Sie scheuten davor zurück, die Salons der Aristokratie Palermos zu betreten, wo damals über das Schicksal Siziliens, und nicht nur Siziliens, entschieden wurde. Die Corleonesi wussten, dass ihnen die Manieren fehlten, um in Palermo zu operieren, und deshalb wählten sie Michele Greco. Sie benutzten ihn, um Kontakte zu knüpfen und sich zu Freunden derjenigen zu machen, auf die es ankam. Und solange sie nicht sicher sein konnten, auch alleine handeln zu können, akzeptierten sie ihn als Boss der Bosse. Später kamen sie dann zu der Überzeugung, dass er ihnen nicht mehr nützlich sei; dass auch Greco beim sogenannten Maxiprozess „verbrannt" worden sei.

Es wäre wohl etwas überspitzt, zu behaupten, dass sie ihn mitten auf dem flachen Land bei Caccamo aussetzten, um ihn festnehmen zu lassen. Richtig ist aber zweifellos, dass sie wenig oder gar nichts taten, um seine Verhaftung zu verhindern. Im Vorfeld des Maxiprozesses von Palermo geriet auch Michele Greco ins Visier der Ermittler. Man nahm an, Greco und sein Bruder Salvatore hätten den Mord an dem Untersuchungsrichter Rocco Chinnici in Auftrag gegeben. Er wurde am 20. Februar 1986 verhaftet, im März 1991 jedoch schon wieder aus dem Gefängnis entlassen, nachdem er gegen das Urteil im Maxiprozess Berufung eingelegt hatte; seine Freilassung war auf einen bedauerlichen Beschluss des Kassationshofes zurückzuführen. Ein Regierungsdekret, das auf die Initiative von Giovanni Falcone zurückging, stellte den Haftbefehl gegen die auf freien Fuß gesetzten Bosse jedoch wieder her und Michele Greco musste schon nach wenigen Tagen wieder ins Gefängnis.

Aufgrund dessen, was du sagst, muss ich annehmen, dass die Aristokratie Palermos, und nicht nur sie, mit der Mafia unter einer Decke steckte. Denn es ist ja undenkbar, dass keiner von denen, die auf die Favarella kamen, gewusst hätte, wer Michele Greco war.

Für den Adel Palermos war es etwas ganz Alltägliches geworden, Greco auf seinem Landgut zu besuchen – so ähnlich, wie wenn man Karten spielte oder eine außereheliche Beziehung hatte. Das erregte keinen Anstoß. Dieser Zusammenschluss war ein Machtsystem, aber vor allem zeigt es auch die wirtschaftliche Trägheit der sizilianischen Aristokratie, die, anstatt in unternehmerische Aktivitäten zu investieren, in der Stadt ihre inzwischen tatsächlich nicht mehr üppigen Erträge verzehrte. Es war eine Aristokratie, die man nicht als unmoralisch, sondern als amoralisch beschreiben kann. Das ist der schlimmste Zug an ihr. Und genau dies brauchte die Mafia: Sie ist von Natur aus unmoralisch und um existieren zu können, muss sie sich mit amoralischen Leuten umgeben. Ich werde niemals vergessen, was ein palermitanischer Aristokrat einmal zu mir sagte, ein Mann, der jegliche Beziehungen zu mir abgebrochen und mich für völlig verrückt gehalten hatte. Vor einigen Jahren trafen wir uns auf der Straße, er hielt mich an und sagte: „Viele Jahre lang habe ich so manches über dich erzählt. Aber jetzt muss ich mich bei dir bedanken, weil du uns von unseren *campieri* befreit hast. Wir hielten uns für die Herren, aber in Wirklichkeit waren wir zu Marionetten der Mafiosi geworden."

In dieser Zeit hörte man auch immer öfter den Namen der Vettern Salvo. Welche Rolle spielten sie innerhalb der Cosa Nostra?
Die moderne, also die städtische Mafia hatte mehrere Zweige: Der politische konnte auf Ciancimino und Lima zählen, derjenige der organisierten Kriminalität und der Gewalttaten unterstand Michele Greco und der rein ökonomische bediente sich der Vettern Salvo. Doch ihre außergewöhnliche ökonomische Macht erlangten sie nur aufgrund der Unterstützung einiger einflussreicher Politiker auf nationaler Ebene. Noch heute erregt es Aufsehen, welche „Provisionen" und unvorstellbaren Begünstigungsklauseln die Salvos dem Staat als Bedingungen dafür abhandelten, dass sie in Sizilien die Steuern einziehen durften. Bosse auf Rechnung des Verbrechens und Steuereinzieher auf Rechnung des Staates!

Wer setzte diese „Provisionen" fest?
Die den Vettern Salvo zugedachten Abgaben wurden direkt von der nationalen Regierung festgesetzt: gesetzlich festgelegte vergünstigte Bedingungen für die Steuereinzieher in Sizilien. Dabei kommt es jetzt weniger darauf an, auszumachen, wie oft sich Andreotti und die Salvos getroffen haben könnten; aber es ist jedenfalls lächerlich, zu behaupten, Andreotti habe von den außergewöhnlich günstigen Konditionen nichts gewusst.

Die Salvos waren die reichsten und mächtigsten Unterstützer von Andreottis politischer Strömung in Sizilien; und der sizilianische Teil dieser Bewegung war der bedeutendste in ganz Italien.

Gab es jemanden, der noch höher stand als Michele Greco und über eine noch größere Entscheidungsgewalt verfügte? Zweifellos. Wie oben schon angedeutet, muss man in Sizilien drei verschiedene Betätigungsfelder der Mafia unterscheiden: das politische (Lima), das kriminelle (die Grecos) und das unternehmerische (die Salvos). Und Ciancimino war höchstpersönlich auf allen drei Feldern präsent. Dieses ganze Räderwerk hätte aber nicht so perfekt funktionieren können, wenn es nicht eine mächtige Protektion seitens der Regierung in Rom gegeben hätte.

Und wer in Rom hielt seine schützende Hand über die Mafiosi? Die *Democrazia Cristiana.* Und innerhalb der Partei war der wesentliche Garant dieser Unterstützung Giulio Andreotti, und zwar mit der „ausdrücklich stillschweigenden" Zustimmung anderer Politiker und anderer kleinerer Parteien.

Wusste Andreotti, was er tat, auch wenn er heute behauptet, er wisse gar nichts? Andreotti mag unendlich viele Male freigesprochen werden. Das ist richtig, denn das ist die Vorgehensweise eines Rechtsstaates. Und es ist richtig, dass er auf diese Weise funktioniert. Andreotti kann sich darauf berufen, dass die Verbrechen, für die man ihn verantwortlich macht, verjährt sind und es ist in Ordnung, wenn er dies tut, denn der Rechtsstaat erlaubt es. Nachdem ich das vorausgeschickt habe, kann ich sagen: Selbst die Steine wissen in Sizilien, dass Andreotti der Garant eines politisch-kriminell-mafiösen Systems war. Dies lässt sich ganz unabhängig von der Frage festhalten, ob seine Handlungen strafrechtliche Relevanz haben oder nicht. Unsere Aufgabe ist nicht die eines Staatsanwalts, wir müssen politische Urteile abgeben und in diesem Fall lautet es: Ohne einen politisch so mächtigen Ansprechpartner wie Andreotti hätte das politisch-kriminell-mafiöse System in Sizilien von der Regierung in Rom keinen so großen Schutz erhalten.

Bestehst du tatsächlich hartnäckig darauf, nicht über das System sprechen zu wollen? Willst du tatsächlich nur ethische Urteile abgeben?
Ich nehme für mich das Recht bzw. die Pflicht in Anspruch, die Arbeit der Gerichte zu respektieren, und gleichermaßen nehme ich für mich das Recht bzw. die Pflicht in Anspruch, ethische Bewertungen abzugeben, und zwar unabhängig vom Ausgang von Prozessen.

Ich nehme für mich das Recht bzw. die Pflicht in Anspruch, ein positives ethisches Urteil abzugeben über jemanden, der zu einer jahrzehntelangen Gefängnisstrafe verurteilt wurde, so wie Nelson Mandela, oder über jemanden, der von den außerordentlich rechtsstaatlichen britischen Gerichten zu acht Jahren Gefängnis verurteilt wurde, wie Gandhi.

Die für mein persönliches Leben wichtigste Person ist vor zweitausend Jahren ebenfalls verurteilt worden!

Kann ich in ethischer Perspektive gut über Verurteilte wie Nelson Mandela und Gandhi sprechen? Kann ich über Jesus Christus gut sprechen?

Ich denke, niemand kann mir das verwehren. Und wenn ich über Verurteilte gut sprechen kann, dann wird es mir auch erlaubt sein, Personen, die freigesprochen worden sind, in ethischer Hinsicht negativ zu beurteilen.

Was Andreotti betrifft, will ich mich darauf beschränken, aus dem Urteil des Kassationshofes zu zitieren:

Das zuständige Gericht hat festgestellt, dass Senator Andreotti sich dessen bewusst war, dass seine sizilianischen Kontaktpersonen (Lima, Salvo und dann auch Ciancimino) freundschaftliche Beziehungen zu einigen Mafiabossen unterhielten und dass er daher auch seinerseits freundschaftliche Beziehungen zu denselben Bossen gepflegt hat; dass er denselben eine Disponibilität zu verstehen gegeben hat, die nicht notwendig von konkreten, fassbaren legislativen Interventionen begleitet war; dass er ihnen Anweisungen im Hinblick auf das Verhalten gegeben hat, das sie bezüglich der äußerst heiklen Angelegenheit Mattarella zeigen sollten, wenn auch möglicherweise ohne dass er letzten Endes erreicht hätte, dass diese Anweisungen auch befolgt wurden; dass er in einem solchen Maße ihr Vertrauen erlangt hatte, dass sie miteinander auch über Angelegenheiten von größter Bedeutung (wie eben die Ermordung Mattarellas) ihre Gedanken austauschen konnten, und zwar in dem sicheren Wissen, dass keine Gefahr bestand, dass sie angezeigt würden; dass er es versäumt hatte, ihre Verfehlungen anzuzeigen.[1]

Das Urteil will ich nicht kommentieren ... Ich beschränke mich darauf, ganz deutlich zu sagen: „Ein Freispruch ist das nicht!!"

Lima gehörte diesem politisch-kriminell-mafiösen System an. Wie konnte es sein, dass er von der Mafia ermordet wurde?

Die Ermordung Limas wurde als eine Warnung für Andreotti angesehen. Es ist kein Zufall, dass das Todesurteil gegen Lima am Tag nach dem 31. Januar 1992 fiel, also am Tag, nachdem der Kassationshof die Urteile des Maxiprozesses gegen die Mafiabosse bestätigt hatte. Diese machten lediglich die Mafiachefs zu Verantwortlichen der skrupellosen Verbrechen und folgten damit der Theorie, dass einzig die führenden sizilianischen Bosse gegen den Staat handelten. Diese Theorie war schwer zu widerlegen, da bis zum Blutbad von Capaci 1992 niemand, auch

---

1   Segno 262 (2005), 95.

Buscetta nicht, es gewagt hatte, auch die Namen der Politiker zu nennen, die sich in geheimem Einvernehmen mit der Mafia befanden. 1992 wurde dann ein Urteil gesprochen, das eigentlich schon viel früher, nämlich im Prozess von Catanzaro 1968, hätte gefällt werden sollen; in jenem Prozess hatten die Richter lediglich sehr milde Haftstrafen verhängt und zahlreiche Angeklagte freigesprochen. 1992 waren die Beschuldigten dieselben, kamen diesmal aber nicht ungeschoren davon. Die Vorwürfe der Anklage gegen sie wurden nun durch die Bekenntnisse der *pentiti* (der reuigen Mafiosi) bestätigt. Diese benannten genau, wer für welche Verbrechen die Verantwortung trug, und beschrieben auch das System und die Organisation der Mafia; die Bosse hatten dagegen ein weiteres Mal mit einem Freispruch gerechnet.

Um es noch klarer zu machen: Die Ermordung Limas war also vor allem eine Botschaft. Die Mafia ermordete einige Politiker, um dadurch Signale an höherrangige Politiker zu senden. Der Tod Limas war eine klare Warnung an die Adresse Andreottis. Um das deutlicher zu machen, müssen wir in der Zeit ein Stück zurückgehen. Am 9. März 1979 tötete die Mafia den Provinzsekretär der *Democrazia Cristiana*, Michele Riina – auch eine Warnung an Lima. Dieser begriff und kandidierte für das Europäische Parlament, was scheinbar unverständlich ist, hatte er sich für die Probleme des vereinigten Europa doch nie interessiert. Durch diese Kandidatur gab er den Spitzen der *Cosa Nostra* zu verstehen, dass er verstanden hatte, er sollte sie in Palermo nicht mehr stören, und entzog sich so der Politik, die die Interessen Palermos betraf. Infolge der Allianz Salvo – Ciancimino – Greco war Palermo in jenen Jahren zu einer Zone *off limits* geworden.

In welchem Sinne?
In dem Sinne, dass, wer sich in Palermo einmischte, sterben musste. Piersanti Mattarella starb, weil er sich in Palermo ein-

gemischt hatte. Als Mattarella in Gela oder in Syrakus Ermittlungen einleitete, meinte er, das durchaus tun zu dürfen, und als pflichtbewusster Politiker war er der Ansicht, es auch in Palermo tun zu müssen. Er nahm für sich das Recht und die Pflicht in Anspruch, die Vergabe von Aufträgen in Messina oder in Catania oder eben auch in Palermo zu überprüfen. Natürlich missfiel dies der Mafia und um ihn zu stoppen, brachte sie ihn um. Die Botschaft, die in Mattarellas Tod liegt, ist kurz und schrecklich: Palermo hat außerhalb der Kontrolle jeglicher staatlicher Institutionen zu bleiben.

Über die Ermordung Mattarellas werden wir später noch zu sprechen haben. Kehren wir jetzt zu Giulio Andreotti zurück. Im Prozess in Perugia war er zusammen mit Tano Badalamenti der Ermordung des Journalisten Mino Pecorelli angeklagt. Die Justiz hat die Unschuld Andreottis festgestellt. Was denkst du darüber?
Wenn man bei dem bleibt, was im Urteil steht, war Andreotti an dem Mord nicht schuldig. Also sage ich, dass er nicht schuldig war, weil das Gesetz ihn für nicht schuldig erklärt hat, aber mit gleicher Überzeugung sage ich, dass das politische Urteil über zwielichtige Kontakte eine ganz andere Sache ist.

Am 31. Januar 1992 erfolgte die Verurteilung der im Maxiprozess angeklagten Bosse. Was hatte sich geändert im Verhältnis zwischen Mafia und Politik?
Als die Mafia, wie ich eben gesagt habe, begriff, dass sich in dem sensiblen Gleichgewicht mit der Politik etwas verändert hatte, ermordete sie den Untersuchungsrichter Scopelliti, in der Hoffnung, dass im Maxiprozess ein „weicherer" Anklagevertreter an seine Stelle treten würde. In den Tagen nach dem Attentat habe ich gemeinsam mit anderen Parlamentariern gefordert, dass der Oberste Richterrat eingreifen möge. Er kann erwirken, dass der Vorsitz der Senate des Kassationshofes

nach dem Rotationsprinzip vergeben wird. Der Oberste Richterrat gab dieser Forderung statt und leitete Maßnahmen zum Umbau der zuständigen Abteilung ein.

Am 31. Januar wurden die Bosse verurteilt. Um wirklich zu verstehen, was dieses Urteil bedeutet, muss man sich für einen Augenblick an die Stelle der Mafiosi versetzen, die die Politiker ein weiteres Mal gedeckt und deren Namen nicht genannt haben. Als der Untersuchungsrichter Falcone Buscetta aufforderte, ihm die Namen der Politiker zu nennen, die mit der Mafia gemeinsame Sache machten, antwortete Buscetta: „Herr Richter, darüber möchte ich lieber nicht sprechen." Aber Falcone ließ nicht locker – bis Buscetta eines Tages sagte: „Ich nenne die Namen der Politiker nicht, weil das politische System, so wie wir es kennen, dann komplett in die Luft gehen würde. Die Folgen einer solchen Enthüllung könnten wir nicht mehr kontrollieren." Also hat auch Buscetta, obwohl er von all denen, die mit der Justiz zusammengearbeitet haben, der Glaubwürdigste war, sich dem „Mannschaftsspiel" untergeordnet, das vorsah, die Politik auf keinen Fall mit hineinzuziehen. Durch die Ermordung Scopellitis, seine Ersetzung durch Carnevale (einen vorsitzenden Richter, der wegen seiner juristischen Einstellung in der Presse als der „Urteilstöter" bezeichnet wurde) sowie durch das Urteil vom 31. Januar 1992 wurden die Spielregeln schließlich doch übertreten.

Lima war ein Garant dieses Spiels, doch er wurde ermordet. Es ist anzunehmen, dass Giulio Andreotti von da an begriffen hat, dass die Zeit der doppelten Wahrheit – des „nichts sehen, nichts merken, nichts sagen" – vorbei war, und er wurde zu einem Politiker, der sich im Kampf gegen die Mafia stark engagierte.

Warum?

Er begriff, dass es keine Möglichkeit mehr gab, zu vermitteln. Die Gerichte haben uns bestätigt – und es steht auch in einigen Urteilen –, dass Andreotti bis zu einem gewissen Zeitpunkt Beziehungen zur Mafia hatte. Nach dem Tod Limas änderte sich das radikal. Ich muss zugestehen und ich bin bereit, das überall zu wiederholen, dass ich nur wenige Politiker kenne, die so unerbittliche Maßnahmen gegen die Mafia ergriffen haben wie die, die Andreotti damals gefordert hat.

Der Mord an Pecorelli wurde außer Andreotti auch Tano Badalamenti zur Last gelegt. Wer war das?
Tano Badalamenti war einer der letzten großen Bosse der italoamerikanischen Mafia. Er gehörte noch zu der Generation von Mafiosi, die für ein – wie ich es nenne – monogenerationales Modell standen, in dem der Sohn eines Mafioso nicht unbedingt auch selbst Mafioso werden musste. Badalamenti beging Verbrechen und häufte Reichtümer an mit dem Ziel, aus allem Illegalen etwas Legales zu machen, eben um seinen Kindern eine gesellschaftlich akzeptierte Zukunft zu sichern. Tano Badalamenti war das anerkannte Oberhaupt der Mafia, bis die Corleonesi ihm das Kommando über die Mafia und die Leitung ihrer Geschäfte aus der Hand nahmen. Buscetta leistete Widerstand gegen die Übernahme der Macht durch die Corleonesi und wandte dabei eine ziemlich einzigartige Methode an: Er arbeitete mit der Justiz zusammen und zeigte die Corleonesi an. Buscetta benutzte also den Staat, um andere Mafiosi zu bekämpfen. Natürlich antworteten die Corleonesi: Sie brachten zahlreiche seiner Verwandten um und schufen um ihn herum verbrannte Erde. Als die Corleonesi ein Abkommen mit Badalamenti schlossen, in dem dieser sich verpflichtete, Buscetta nicht zu verteidigen, hörte dieses Blutvergießen auf. Badalamenti überließ Buscetta seinem Schicksal: dem Schicksal eines Mafioso, der zu überleben versuchte, indem er der Justiz anbot, mit ihr zusammenzuarbeiten; der Maxiprozess hätte ohne die Bekenntnisse Buscettas nicht geführt werden können.

Die Corleonesi, die eine Art Frustration gegenüber den Stadtmafiosi (von denen sie als *viddani,* „Leute vom Dorf", bezeichnet wurden) empfanden, starteten freilich keinen Frontalangriff auf Badalamenti, sondern gingen mit List vor. Sie fürchteten, der alte Boss könnte einen eventuellen Mafiakrieg gewinnen, und so schlossen sie eine Art Abkommen mit ihm, in dem sie sich verpflichteten, ihm eine angemessene „Pension" zu sichern. Diese „Pension" bestand darin, dass er die Kontrolle über das Gebiet zwischen Carini und Terrasini behalten durfte, aus dem er auch stammte. Dies war insofern ein enormes Zugeständnis, als der Flughafen Punta Raisi auf diesem Territorium lag, so dass der Clan Badalamentis weite Teile des Drogenhandels kontrollieren konnte. Gleichzeitig isolierten die Corleonesi durch diesen Schachzug Buscetta. Sie hofften, die Richter würden ihn für verrückt halten und seinen Geisteszustand bei der Gewichtung seiner Aussagen im Maxiprozess entsprechend anders bewerten. Jahre zuvor war dies bei dem *pentito* Vitale schon einmal der Fall gewesen: Für geisteskrank erklärt, war er ins Elend geraten und von der Mafia ermordet worden.

Das waren die ersten Vorboten dessen, was sich später zu einem regelrechten Krieg der Corleonesi gegen die Institutionen auswachsen sollte. So vollzog sich der Übergang von den Mafiakriegen zum Krieg der Mafia gegen den Staat.

3. Verbrechen an Italien

Die Geschichte der Mafia in den letzten fünfzig Jahren ist auch die Geschichte der Corleonesi, wie sie zu Macht kamen und wie sie die sizilianische und teilweise auch die italienische Politik massiv beeinflusst haben. Es ist eine Geschichte, in der nicht nur Sizilien, sondern auch der italienische Staat und schließlich auch der Vatikan eine Rolle spielen. Es geht um Erpressung, Mord und furchtbare Mafiakriege.

Samstag, 27. Oktober 1962, 18.57 Uhr und zehn Sekunden. Der Kontrollturm des Mailänder Flughafens Linate verliert den Funkkontakt zu einer Morane Saulnier, einem zweistrahligen Kleinflugzeug der staatlichen italienischen Ölgesellschaft *ENI*, registriert unter der Sigle „I – Snap". Dies ist das Ende von Enrico Mattei, des Piloten Irnerio Bertuzzi sowie des englischen Journalisten William McHale, der sich ebenfalls an Bord des Flugzeugs befindet. Trümmer der Maschine werden wenige Kilometer vom Flughafen Linate gefunden, auf einer Anhöhe in der Nähe von Bascapè, einem Ortsteil von Landriano in der Provinz Pavia. Von den drei Insassen des Flugzeugs finden sich nur Überreste. Mario Ronchi, der Eigentümer des Geländes, auf das die Trümmer „heruntergeregnet" waren, vermutet in einem Interview, das Flugzeug sei wahrscheinlich in der Luft explodiert. Er widerruft diese Aussage später zwar mehrmals, bestätigt aber schließlich doch, dass er es im Flug habe explodieren sehen. Mattei, der gerade von einem Kurzbesuch im Süden Siziliens kam, war um 16.57 Uhr auf dem Flughafen von Catania gestartet. Am 6. November desselben Jahres hätte er sich nach Algerien begeben sollen, um einen Vertrag für die Förderung von Öl auszuhandeln. Für die multinationalen Ölgesellschaften, die man auch die „sieben Schwestern" nennt, hätte dieser Vertragsschluss erhebliche Einbußen bedeutet.

Acht Jahre später. Palermo, Mittwoch, den 16. September 1970. Es ist ca. 21.10 Uhr. Die Ehefrau des Reporters Mauro De Mauro, Elda De Mauro, ruft in der Redaktion der Tageszeitung *L'Ora* an und möchte ihren Mann sprechen. Man sagt ihr, er sei schon gegangen und müsse eigentlich gleich zu Hause sein. Doch De Mauro lässt weiter auf sich warten. Seine Frau macht sich immer größere Sorgen und schaltet die Polizei ein, die schon am nächsten Morgen Mauros BMW am anderen Ende der Stadt findet – mit steckendem Schlüssel. De Mauro hatte sein Auto offenbar fluchtartig verlassen und so wurde die Vermutung, dass er entführt worden sei, beinahe zur Gewissheit. Die Ermittlungen richteten sich auf die Recherchen des Journalisten und die Ermittler stießen bald auf Notizen, die sich auf Immobilienspekulationen bezogen. De Mauro war offensichtlich dabei gewesen, die letzten Lebenstage von Enrico Mattei, dem Präsidenten der *ENI*, zu rekonstruieren, und zwar im Auftrag des Regisseurs Francesco Rosi, der gerade am Drehbuch seines Films *Il caso Mattei* („Der Fall Mattei") arbeitete. Er hatte daraus auch kein Geheimnis gemacht, sondern mit mehreren Personen darüber gesprochen.

An der Aufklärung von De Mauros Verschwinden arbeiteten drei Ermittler: der Kommissar des mobilen Einsatzkommandos Boris Giuliano, der Hauptmann der Carabinieri Giuseppe Russo und der Brigadekommandeur der Carabinieri Carlo Alberto Dalla Chiesa; alle drei wurden von der Mafia ermordet. Allerdings verfolgten die drei Ermittler unterschiedliche Fährten. Die Carabinieri glaubten, De Mauro sei einem internationalen Drogengeschäft auf die Spur gekommen. Diese Hypothese wurde Jahre später von dem *pentito* Gaspare Mutolo untermauert. Um die Glaubwürdigkeit seiner Version zu erhohen, erzählte er außerdem, Stefano Bontate, der Chef der „unterlegenen Mafia" (*mafia perdente*), habe den Mord an De Mauro in Auftrag gegeben und ihn erdrosseln lassen. Die Polizei verfolgte dagegen die Fährte Mattei und stellte bei einer Durchsuchung seines Redaktionsbüros bei *L'Ora* fest, dass eine Schublade in seinem Schreibtisch aufgebrochen war: Es fehlten einige Tonbänder sowie zwei Seiten aus seinem Notizbuch; man fand keinerlei Notizen für das Drehbuch zu *Il caso Mattei*. Jahre vergingen und der „Fall De Mauro" blieb ungelöst. Der bekannte reuige Mafioso Tommaso Buscetta erklärte dem Untersuchungsrichter Giovanni Falcone, er wisse nichts über das Verschwinden De Mauros. Bis heute ist es weder gelungen, die Motive für seine Entführung befriedigend aufzuklären, noch, die Aussagen der *pentiti* über den Fall De Mauro durch sichere Beweise zu bestätigen.

Drei Monate nach dem Verschwinden De Mauros, in der Nacht vom 7. auf den 8. Dezember 1970, kam es zu einem eigenartigen Staatsstreich, der später als „Borghese-Putsch" bekannt geworden ist. Offiziell hieß es später, der Umsturzversuch sei von einer Gruppe von nostalgischen Verrückten verübt worden – die Wirklichkeit sah allerdings anders aus. Es ist möglich, dass der Putsch ein Versuch der Restauration war. Es ist nie bis ins Detail geklärt worden, weshalb er fehlschlug und wer dafür verantwortlich war. Noch heute gehört er zu den dunklen Punkten der Geschichte Italiens.

Das Ganze begann am Abend des 7. Dezembers. Gegen 22 Uhr sammelten sich an verschiedenen Stellen der Hauptstadt Anhänger der extremen Rechten, an den Toren Roms sammelte sich eine Kolonne bewaffneter Waldhüter (*Guardie forestali*). Gleichzeitig drang eine Gruppe von Neofaschisten in die Waffenkammer des Innenministeriums ein. Die Köpfe des Putsches hatten sich ins Stadtviertel Nomentano begeben. Zu ihnen gehörten Fürst Junio Valerio Borghese, der frühere Kommandeur der Spezialeinheit X Mas und Anführer des Komplotts, der General der Luftwaffe i. R. Giuseppe Casero und der Polizeimajor Salvatore Pecorella.

Der Staatsstreich war seit mehreren Jahren bis ins kleinste Detail vorbereitet worden. Schon 1969 waren geheime bewaffnete Gruppen geschaffen worden, die enge Beziehungen zu den Streitkräften unterhielten. Die Eroberung der Macht musste rasch erfolgen. Der Plan sah gleichzeitig die totale Mobilmachung der Armee vor, die Besetzung der Telefon- und Telekommunikationsanlagen sowie des Verteidigungs- und des Innenministeriums und des Sitzes der staatlichen Rundfunk- und Fernsehgesellschaft RAI, von wo aus Borghese eine Proklamation an die Nation verlesen wollte. In der Nacht vom 7. auf den 8. Dezember 1970 war in Rom und in anderen italienischen Städten alles für die Durchführung des Putsches bereit. Sogar die Listen der Politiker und Gewerkschafter, die verhaftet werden sollten, lagen schon vor. Trotz alledem wurde der von Borghese angeführte Putsch gestoppt; er gab sogar selbst die Anweisung, ihn abzublasen. Die Gründe dafür bleiben im Dunkeln.

Am 5. September 1974 übergab Giulio Andreotti, damals Verteidigungsminister, den römischen Justizbehörden umfangreiche Tonbandaufzeichnungen, aus denen hervorging, dass die Geheimdienste von dem Putsch wussten. Sie waren auch von mehreren Politikern informiert worden. Von da an wurde innerhalb kürzester Zeit alles unternommen, um den Staatsstreichversuch wie eine Farce aussehen zu lassen. Erst viele Jahre später, 1991, kam heraus, dass die Tonbandaufzeichnungen Andreottis manipuliert bzw. gekürzt worden waren. Andreotti hat später erklärt, er habe einige Passagen gelöscht, die mit dem laufenden Prozess nichts zu tun gehabt hätten und den dort zitierten Personen „unnötig Schaden" hätten zufügen können. Manche vermuten, in den gelöschten Passagen sei es um Licio Gelli und die Freimaurerloge P2 gegangen, die den Präsidenten der Republik, Giuseppe Saragat, habe entführen sollen. Die Passagen enthielten – so vermutete man weiter – außerdem Enthüllungen über ein „Abkommen" Borgheses mit führenden Mafiosi, den Polizeichef Angelo Vicari zu ermorden; die mit dem Mord beauftragten Killer hielten sich in der Nacht vom 7. auf den 8. Dezember 1970 tatsächlich in Rom auf, eine solche Vereinbarung ist später von verschiedenen *pentiti* bestätigt worden, u. a. von Tommaso Buscetta. Gibt es einen Zusammenhang zwischen dem Borghese-Putsch, dem Fall Mattei und dem Tod De Mauros? Zuletzt hat der *pentito* Gioacchino Pennino noch einmal eine völlig neue Version vom Verschwinden De Mauros geliefert: Sein Tod sei von den Steuereinziehern Nino und Ignazio Salvo gewollt und von Stefano Bontate begangen worden. Pennino behauptet: „Nino Salvo hat mir gesagt, dass De Mauro mit seinen Recherchen über Enrico Mattei viele störte. In seinem Rechercheeifer hat er Geheimnisse der Salvos aufgedeckt und die Salvos waren in die Ermordung De Mauros verwickelt."

In vielen, auch in Justizkreisen fragt man sich, inwiefern Penninos Aussagen ausschließen, dass De Mauro wegen seines Wissens über die Vorbereitungen zum Borghese-Putsch ermordet wurde. Es ist davon auszugehen, dass nicht nur die *Cosa Nostra* ein Interesse an seinem Tod hatte. Auch abgespaltene Freimaurerzellen und andere korrupte Machtgruppen hätten seinen Tod gewollt. So ist der Tod De Mauros vielleicht nicht nur ein Mafiaverbrechen. Nach fast vierzig Jahren ist sein Verschwinden noch immer nicht aufgedeckt.

In den 60er und 70er Jahren ereignen sich in Italien ziemlich „merkwürdige" Dinge, die bis heute noch nicht geklärt sind. War der Tod Matteis deiner Meinung nach ein tragischer Unfall oder ein sorgfältig geplanter Mord, wie es im Prozess in Pavia deutlich geworden ist?
Der Fall Mattei ist charakteristisch, und er hat zwei Aspekte. Den einen davon kann man mit dem damaligen System in Ita-

lien in Verbindung bringen. Mattei war ein untypischer Vertreter des italienischen Staates, da er über sehr viel Macht verfügte: Seine Entscheidungsbefugnisse machten ihn zu einem wichtigen und bedeutenden Mann der Regierung; unstrittig war Mattei der Chef eines Machtsystems innerhalb des italienischen Staates. Und obwohl er auf Rechnung des italienischen Staates handelte und niemand an seiner Ehrenhaftigkeit zweifeln kann, stand er doch auch in einem Gegensatz zum Staat, insofern er diesen benutzte und zugleich kontrollierte. Er war also in jenen Jahren auch der „Motor" der italienischen Politik.

Der andere, bedeutsamere Aspekt ist seine Rolle als Chef der *ENI*. Dynamisch und mithilfe seiner unternehmerischen Fähigkeiten verfolgte Mattei den Traum, aus der *ENI* eine Alternative zum Kartell der multinationalen Ölkonzerne, der sogenannten „sieben Schwestern" zu machen. Die ökonomische Situation Italiens in diesen Jahren brachte einen ziemlich hohen Bedarf an Öl mit sich. Die Beziehungen zu den amerikanischen Ölgesellschaften hatten sich verschlechtert; das importierte Rohöl war teuer und nicht immer von guter Qualität. Mattei glaubte, die *ENI* könne sich unabhängig bewegen und neue Verträge und neue Handelsallianzen suchen, um Italien von der wirtschaftlichen „Erpressung" durch das Ausland zu befreien. So beschloss er, neue Versorgungsquellen zu erschließen.

Mattei suchte sich ärmere Länder als Verhandlungspartner, bereitete sorgfältig das Terrain für das Abenteuer auf der anderen Seite des Mittelmeeres und profitierte dabei von den immer deutlicheren Zeichen einer Öffnung der Länder Afrikas und des Nahen Ostens gegenüber Italien. Mit viel Geduld knüpfte er wieder Beziehungen zu Persien, Libyen, Ägypten, Jordanien, Algerien, Tunesien, dem Libanon und Marokko und erhielt schließlich persische Ölförderkonzessionen. Sie waren zwar von geringem technischem Wert, da ihre Nutzung mit Sicherheit unwirtschaftlich war, doch es waren immerhin die ersten Förderkonzessionen an ein Unternehmen, das sich den „sieben Schwestern" nicht unterordnete. Damit wurde die *ENI* zur Gegenspielerin und direkten Konkurrentin der weltgrößten Ölgesellschaften und Mattei brachte den Weltmarkt für Öl von Grund auf ins Wanken. Dieser unternehmerische Ehrgeiz könnte ein Schlüssel zum Verständnis seines Todes sein.

Manche meinen, die CIA habe Mattei beseitigt, doch sein Tod könnte ebenso von der Mafia beschlossen worden sein. Die „sieben Schwestern" brachten diesem Machtsystem, das mit der Macht des Dollars die politische Hegemonie der USA sicherstellt, gewaltige Gewinne ein. Ich nenne dieses System auch gerne die „Partei des (amerikanischen) Dollars". Die amerikanische Mafia hat dieses System immer unterstützt und unterstützt es noch. Mattei versuchte, aus der *ENI* eine international agierende Konkurrentin zu machen: Sie sollte sich den mächtigen Ölkonzernen der Welt entgegenstellen, die in Teilen des Mittelmeerraums und des Nahen Ostens nicht gern gesehen waren. Mattei versuchte auch, Sizilien zu einem Ölproduzenten zu machen. So wurde er für viele zu einer Gefahr, auch deshalb, weil er erheblichen Einfluss auf die italienische Politik sowie nationale und internationale Entscheidungen hatte. Matteis Handeln hätte dem Machtsystem der weltgrößten Ölkonzerne, das den amerikanischen und sizilianischen Mafiabossen so am Herzen lag, enormen Schaden zugefügt. Wir dürfen nicht vergessen, dass die Idee, Sizilien zu einem Staat der USA zu machen, nach dem Krieg auch von der Mafia unterstützt wurde, ebenso wie die Unabhängigkeitsbewegung. Noch heute argumentieren Menschen in diesem sicherlich nicht zeitgemäßen Sinne und betonen, dass Sizilien eine eigene Geschichte und eine eigene Sprache habe, dass es ein vollständig unabhängiger Staat sein könnte. Das Einzige, was bei

Matteis Geschichte sicher ist: Sein Flugzeug ist auf dem Flughafen von Catania gestartet und dann nie wieder gelandet.

Wer hatte ein Interesse daran, Mattei zu beseitigen?

Es gab viele, die sich seinen Tod wünschten, und ich schließe, wie gesagt, nicht aus, dass darunter auch die Mafiabosse waren: Mafiabosse, die gemeinsame Interessen hatten mit multinationalen Konzernen, mit Geheimdiensten und mit Politikern auf beiden Seiten des Atlantiks.

Am Abend des 16. September 1970 verschwand der Journalist Mauro De Mauro. Manche glauben, seine Entführung stehe in Verbindung zum Fall Mattei. Fest steht, dass er vor seiner Verschleppung Recherchen über die Ermordung Matteis angestellt hatte. Steht seine Entführung deiner Meinung nach in einem Zusammenhang mit dem Fall Mattei und wurde sie von der Mafia verübt?

Auch bei dem Versuch, Licht in den Fall De Mauro zu bringen, müssen wir auf die wahrscheinlichsten Vermutungen zurückgreifen. Wahrscheinlich wurde De Mauro umgebracht, weil er die Gründe für den Tod Matteis herausgefunden hatte. Es hinterlässt immer einen bitteren Nachgeschmack, wenn man den gewaltsamen Tod eines Menschen nicht abschließend aufklären kann, wenn man sich auf Hypothesen beschränken muss – mögen sie noch so wahrscheinlich sein. Wir müssen in diesem Fall einfach von der plausibelsten Erklärung ausgehen. Ich persönlich bin vollkommen überzeugt davon, dass der Tod De Mauros mit der Mafia in Verbindung steht, mit einer Mafia, die mit außer Kontrolle geratenen Geheimdiensten zusammengearbeitet hat.

Es würde mich wundern, wenn die Justiz eines Tages allein die Mafia als Auftraggeber der Ermordung Matteis verantwortlich machen würde. Viel wahrscheinlicher ist in meinen Augen, dass Mafia, Politiker und Geschäftsleute für den Mord belangt werden. Ohne Rückhalt bei Politikern und Geschäftsleuten hätte ein Mafioso allein sich niemals erlaubt, Mattei umzubringen. Das ist meine Sicht der Dinge.

Drei Monate nach dem Tod De Mauros, im Dezember 1970, scheiterte der Borghese-Putsch. Wie der Mafiaboss Luciano Liggio (oder Leggio) 1987 während des ersten Maxiprozesses aussagte, hatte Borghese ihn aufgefordert, für den Putsch auch die Mafia zu mobilisieren. Liggio lehnte ab, weil er auch die Liste seiner Leute offenlegen sollte. Seine Aussage hatte das Ziel, Tommaso Buscettas Aussage zu diskreditieren, die von dem Untersuchungsrichter Falcone unter Verschluss gehalten wird. Werden Liggios Enthüllungen letztlich Buscettas Glaubwürdigkeit bestätigen?

Im Jahr des fehlgeschlagenen Borghese-Putsches war die Welt bereits von der enormen Wirkung des Jugendprotestes von 1968 erschüttert worden. Ein regelrechter Tsunami war über seit Jahrhunderten gültige politische, philosophische und ökonomische Vorstellungen hinweggefegt und die Regierenden vieler Länder mussten zur Kenntnis nehmen, dass sich die gesellschaftliche Realität innerhalb weniger Monate verändert hatte. Die politischen und ökonomischen Verhältnisse in den von dieser (nicht nur kulturellen) Revolution betroffenen Ländern hatten sich von diesem Umsturz noch nicht erholt. In Jahrhunderten verfestigte Modelle sozialer Beziehungen und Lebensstile wurden innerhalb weniger Monate fragwürdig: Es entstand eine völlig neue Sicht des Individuums und seiner Beziehung zur Gesellschaft, eine Sicht, die sich auf neue, vor allem globale Werte gründet – global schon in dem Sinne, dass es eine internationale Bewegung war, die sich in unterschiedlichen Idiomen ausdrückte. Junge Menschen in Frankreich, England, Amerika, Italien und anderen Ländern kommunizierten in einer Sprache des Körpers, der Seele und der Musik und legten den Grund für die heutige Globalität. Und natürlich hatte diese neue Weltsicht auch eine wichtige politische, pazifistische Stoßrichtung, die in den Prager Frühling und in die Unruhen an den kalifornischen, französischen und italienischen Universitäten mündete. In einer in zwei Blöcke, den sowjetischen und den westlichen, geteilten Welt führte diese Bewegung ebenso zum (vom Westen hingenommenen, blutig unterdrückten) „Prager Frühling" wie in das Aufblühen der Globalisierung. Wenn wir diesen gesellschaftlichen Kontext berücksichtigen, wird durchaus verständlich, warum es zum Borghese-Putsch kam: Borghese wusste, dass er auf die westlichen Länder zählen konnte. Der Putsch war ein Versuch der Restauration – der niemals wiederholt wurde.

Der Borghese-Putsch bringt mich zum Fall De Mauro zurück. Nach Aussage einiger geständiger Mafiosi (darunter auch Marino Mannoia) wurde der Journalist von einer Gruppe von Mafiosi entführt, die dem Triumvirat von Riina, Bontate und Badalamenti unterstanden, das damals die *Cosa Nostra* leitete. Die *pentiti* behaupten, De Mauro habe schon drei Monate zuvor von dem Putsch gewusst und dies in die Presse bringen wollen, was sicherlich Aufsehen erregt hätte. Und weiter: De Mauro sei nach seiner Entführung verhört und dann erdrosselt worden, und seine Leiche sei vermutlich am Ufer des Flusses Oreto begraben worden. Etwa sieben, acht Jahre später soll sie dann exhumiert und in Säure aufgelöst worden sein. Die Justiz nimmt diese Version über das Ende De Mauros ernst – auch wenn es keine Beweise gibt. Selbst mit den modernsten technischen Mitteln ist es bislang nicht gelungen, seine Leiche zu finden. Auch in diesem Fall kann man nicht mit Sicherheit sagen, dass De Mauro ermordet wurde, weil er über den Putsch Bescheid wusste. Wahrscheinlich ist es aber allemal.

Die Mafia ist seit dem Zweiten Weltkrieg ein Teil des italienischen Regierungssystems; insofern ist es logisch, dass Borghese die Unterstützung der Mafia gesucht und gewollt hat.

Und wenn sie De Mauro ermordet hat, um die Geheimhaltung des Putsches zu sichern, dann kann man daraus auch schließen, dass sie Borghese unterstützte.

Ist die Mafia also Politik?
Selbstverständlich! Die Mafia ist Politik. Genauer gesagt ist sie ein Aspekt der Politik. Wenn es anders wäre, wäre sie nur eine kriminelle Organisation. In Wirklichkeit ist sie ein Machtsystem. Sie ist eine politische Macht, eine ökonomische Macht, eine religiöse Macht und – fast hätte ich es vergessen – sie ist auch eine kriminelle Macht! Der Unterschied zur „normalen" Kriminalität, auch zur organisierten – unter „normaler" Kriminalität verstehe ich den kleinen Vorstadtdieb oder den Mord aus Eifersucht, aber auch eine Gruppe von Einbrechern –, besteht darin, dass die Mafia ein Wertesystem hat, das auf einer ganz eigenen Identität basiert.

Wenn die Mafia so wäre, wie du sie beschreibst, und nicht tötete – könnte sie dann ohne Weiteres an die Stelle des Staates treten?
In der Tat sind die Ersten, die sich darüber beklagen, töten zu müssen, die Mafiosi selbst. Die Mafiosi sind keine *serial killers*. Ziel des Mafioso ist es, über institutionelle Macht zu verfügen, ohne auf die „Todesstrafe" zurückgreifen zu müssen. Wenn er zum Mittel des Mordes greift, so bedeutet das für einen Mafioso, dass etwas in seiner Handhabung der Macht nicht funktioniert. Wir gehen gemeinhin davon aus, die Mafiosi seien gewalttätige Kriminelle und Mörder. Das ist eine verzerrte Sicht der Mafia. Auch ein Staat gibt sich Gesetze, hat aber gleichzeitig das legitime Ziel, sie nie anzuwenden, niemals einen seiner Bürger zu verhaften. Dasselbe gilt für die Mafia, die sich wünscht, niemals töten zu müssen.

Wie lassen sich die Normen der Mafia mit den Gesetzen des Staates vergleichen?
Es ist eine Art paralleles System. Ein Staat hat den Wunsch, seine Gesetze und damit die Strafen nie anwenden zu müssen. Wenn er also für bestimmte Verbrechen die Todesstrafe vorsieht, so wünscht er, nie darauf zurückgreifen zu müssen. Ein idealer Staat müsste demnach so funktionieren, dass er sich seiner Gesetze und damit seiner Strafen gar nicht zu bedienen brauchte. Dasselbe gilt auch für die sogenannten Gesetze der Mafia. Exemplarisch dafür sind die Verhältnisse in Corleone vor der Verhaftung des Mafiabosses Provenzano: Statistisch gesehen war Corleone die sicherste Stadt auf der ganzen Welt: Es gab weder Diebstähle, Raubüberfälle, noch Morde; von den sieben Bankfilialen wurde keine einzige je überfallen. Corleone war immun gegen jede Art von Verbrechen, gewissermaßen erstarrt in seiner „illegalen Legalität".

Und dann ist es zur Normalität zurückgekehrt?
Es gab dort jahrzehntelang keine gewöhnlichen Verbrechen. In ihrem Zuhause, man könnte auch sagen in ihrem „Basislager", verlangten die Mafiabosse „Ruhe". Es herrschte eine „anomale Ruhe", eine Ruhe, die Verdacht hätte erregen müssen. Nachdem dann Provenzano verhaftet worden war, ist Corleone wieder eine normale Stadt geworden. (Den Ausdruck „normal" verwende ich dabei in seiner üblichsten Bedeutung.) Man ist ganz einfach zum normalen Zusammenleben zurückgekehrt, wie es in zivilen Gesellschaften üblich ist – und so wurde wieder geklaut. Vor sieben Monaten telefonierte ich mit einem hochrangigen Polizeibeamten, der auch für Corleone zuständig ist, und teilte ihm mit, dass es endlich auch in Corleone wieder eine normale Kriminalität gibt. Viele Jahre fehlte in Corleone die Freiheit: Nicht einmal die Diebe hatten die „Freiheit" zu stehlen!

Diese Anschauung, die man auch als eine Apologie des Mafiagesetzes bezeichnen könnte, sollten wir noch genauer klären. Wenn die Mafia, wie es scheint, besser in der Lage ist als der Staat, die Ordnung aufrechtzuerhalten, und wenn wir aus den Normen der Mafia die äußerste Sanktion, also die Todesstrafe, herausnehmen – warum ersetzen wir dann nicht unsere Zivil- und Strafgesetze durch diejenigen der Mafia?

Da ist noch ein kleines Detail, das wir in unseren Erörterungen bisher nicht berücksichtigt haben, nämlich die Freiheit. Wenn wir bereit sind, auf die Freiheit zu verzichten, können wir uns ohne Weiteres die Gesetze der Mafia zu eigen machen. Ich habe bereits erklärt, dass es in einem Staat, in dem ein totalitäres Regime herrscht – sei es nun faschistisch oder kommunistisch –, keine Mafia geben kann. Wenn behauptet wird, in Italien sei unter dem Faschismus die Mafia fast vollständig verschwunden gewesen, so ist dies vollkommen richtig. In einer Nation, die von einem totalitären Regime regiert wird, kann es nur ein einziges Oberhaupt geben: Mafiaboss und Diktator können nebeneinander nicht bestehen. Wenn sich totalitäre Regime etablieren, nimmt der Diktator also paradoxerweise auch die Position des Mafiachefs ein. In Russland zum Beispiel trat nach dem Sturz des kommunistischen Regimes in kürzester Zeit die Mafia auf den Plan. Im Falle Russlands ist die Mafia in einen demokratischen Staat eingedrungen, der sich dann zu einem rigiden Machtsystem entwickelte, ähnlich wie das kommunistische Regime, nur, dass es mit einem Rechtsstaat koexistiert. Die Mafia braucht die Freiheit, schützt die Freiheit aber nicht; der Rechtsstaat dagegen gründet sich auf die Freiheit des Individuums.

Aus unserem Gespräch ergibt sich, dass die Mafia sich auf Ideale gründet. Ob diese Werte allgemein anerkannt werden könnten oder ob sie eher zweifelhaft sind, spielt in diesem Zusammenhang keine große

Rolle. Von Bedeutung ist jedoch, dass die Mafia, wenn sie auf Ideale gegründet ist, sich nicht mehr als ein bloß kriminelles Phänomen einordnen lässt, dessen Existenz zeitlich begrenzt wäre. Ist diese besondere Form der Kriminalität ein ausschließlich italienisches Phänomen?
Jedes Machtsystem, auch ein kriminelles, muss sich notwendigerweise auf ein Wertesystem gründen. Und die Mafia ist sicherlich ein kriminelles Machtsystem, das sich auf ein System von Werten gründet, die ganz spezifisch sind für die Wirklichkeit, in der sie operiert. All das findet man nicht nur bei der sizilianischen Mafia, sondern auch bei der russischen, der japanischen, der chinesischen und sogar bei den kolumbianischen Drogenhändlern. Rigorose Werte sind auch typisch für manche Formen des Terrorismus und manche Regimes: Beispiele sind der baskische Terrorismus, der katholische Terrorismus in Nordirland, der islamische Terrorismus oder das nationalsozialistische und das faschistische Regime.

All diese natürlich sehr unterschiedlichen Formen von Kriminalität und totalitärer Herrschaft beruhen auf Modellen, die sich doch in den großen Linien gleichen. Die Ideale des Nationalsozialismus wurden mit ähnlichen Methoden geltend gemacht wie die, welche die Mafia verwendet, um ihre Werte durchzusetzen. Und ebenso geht auch der islamische Terrorismus vor. Es handelt sich um das, was ich „identitätsgestützte Kriminalität" (identity based criminality) nenne, also eine Kriminalität, die kulturelle Werte und Identitäten nutzt (und sie dabei zugleich pervertiert).

Kommen wir auf den Borghese-Putsch zurück. Von diesem Staatsstreich erfuhren die Italiener wenig oder gar nichts. Nach einigen Tagen wurde in den Medien fast gar nicht mehr über dieses Thema berichtet. War eine Art Nachrichtensperre verhängt worden?
Die damalige italienische Regierung konnte die westlichen Alliierten davon überzeugen, dass es in Italien keinerlei Notwendig-

keit für einen Staatsstreich gebe, da sie selbst in der Lage sei, den Status quo zu sichern, kurz: Die Kommunisten würden niemals an die Macht kommen. Gleichzeitig versicherte sie auch den sizilianischen Mafiaclans, sie könnten weiterhin ihre Geschäfte betreiben, die Mafiabosse würden also weiterhin dieselbe Protektion genießen wie zuvor. Die Medien taten in gewisser Weise ihre „Pflicht" und berichteten von dem „Aufstand". In der Berichterstattung erschien die nationale Regierung als durchaus stark, und der Putschversuch wurde als ein wenig erfolgversprechender Versuch zur Restauration des faschistischen Regimes dargestellt, mit einem Wort: als eine Art Farce.

Auch über die Aussagen Buscettas zum Borghese-Putsch wurde eine Art Nachrichtensperre verhängt: Sie wurden von Falcone unter Verschluss gehalten. Aber was oder wer verbirgt sich hinter dem Borghese-Putsch, von dem die Italiener immer noch nichts erfahren sollen? Das ist der Kern dessen, was Buscetta der Justiz geliefert hat. Buscetta spricht über alles Mögliche, doch er vermeidet es, Hinweise zu geben, die Ausblicke auf die politisch-institutionelle Ebene eröffnen könnten. Es ist nicht etwa so, dass Buscetta von den vielfältigen Wechselbeziehungen zwischen der Mafia und den Institutionen nichts wüsste. Im Gegenteil: Gerade weil er über die Verbindungen zwischen Mafiosi und Politikern gut informiert ist, gibt Buscetta Falcone zu verstehen, dass er seine Glaubwürdigkeit verlieren könnte, würde er alles erzählen, was er über das Verhältnis von Politik und Mafia weiß. Buscetta legte großen Wert auf seine „Glaubwürdigkeit" und er achtete Falcone. Ich weiß nicht, ob Falcone auch Buscetta achtete (ich glaube nicht). Man darf nicht vergessen, dass der Gegner Buscettas die Corleonesi waren und nicht der italienische Staat. Buscetta lieferte Falcone Informationen, die sich nie als falsch erweisen ließen. Hätte er aber über die Beziehungen zwischen Politik und Mafia gesprochen, hätte er Widerspruch vonseiten der politischen Klasse Italiens provoziert und dies hätte seine Aussagen wenn nicht unglaubwürdig, dann doch wenigstens zweifelhaft erscheinen lassen; auch seine Enthüllungen über die Mafia wären so weniger überzeugend gewesen. Außerdem hätte er auch Falcone diskreditiert.

Falcones Problem bestand wiederum darin, dass er Richter war. Er hatte die Möglichkeit, gegen jemanden vorzugehen, und hat dies auch getan – im Rahmen seiner Möglichkeiten. In allen Fällen, in denen er Vertreter der Anklage war, wurden seine Beweise als hieb- und stichfest beurteilt. Wenn nun jemand behauptet, Falcone widerlege durch seine Ermittlungsergebnisse die These der Verstrickung von Mafia und Politik, dann sage ich dagegen: Falcone war dermaßen intelligent und professionell, dass er, als er eingesehen hatte, dass er sich niemals auf das Feld der Politik wagen konnte, lieber in Sicherheit bringen wollte (und aufgrund der Aussagen Buscettas Prozesse einleitete), was er tatsächlich beweisen konnte. Er wusste natürlich, von welch enormer gesellschaftlicher Bedeutung das Terrain der Politik war; doch ihm war auch bewusst, dass sich ihm hier nur sehr spärliche Möglichkeiten boten, seine Anklagen mit unangreifbaren Beweisen zu stützen.

Wir werden später noch auf Falcone zu sprechen kommen. Bleiben wir zunächst einmal in der damaligen Zeit: Ein Jahr nach dem Putschversuch, also 1971, ermordete die Mafia zum ersten Mal einen Staatsanwalt, Pietro Scaglione. Wie lässt sich erklären, dass sie einen so hohen Vertreter des Staates tötete?

Der Mord an Scaglione ist charakteristisch für eine neue Denkweise der Mafia. Bisher hatte sie eine Art „Respekt" gegenüber den Repräsentanten der Institutionen gehabt: Es waren Carabinieri, Gewerkschafter, Politiker ermordet worden, aber niemals Persönlichkeiten hohen Ranges oder Personen, die institutionelle Autorität verkörperten. Insofern traf die Ermordung Scagliones sowohl die Öffentlichkeit als auch den italienischen Staat unvorbereitet. Ich selbst werde diesen Mord nie vergessen. Er hat mich auch deswegen besonders erschüttert, weil es an mir war, Scagliones Sohn, damals an der Universität mein Kollege, über den Mord an seinem Vater zu informieren.

Antonio Scaglione war Assistent im Strafprozessrecht und ich im Verwaltungsrecht. Ich war an diesem Tag, es war der 5. Mai 1971, im Gericht, er im Institut. Ich erinnere mich noch, wie ich einen Anruf aus dem Institut erhielt: „Herr Professor, wir wissen nicht, was wir tun sollen. Staatsanwalt Scaglione ist ermordet worden und wir trauen uns nicht, seinen Sohn zu informieren. Er ist im Institut, aber niemand von uns hat den Mut, es ihm zu sagen." Ich sagte mir, dass jeder Sohn das Recht hat, zu wissen, dass sein Vater gestorben ist; im Falle eines Mordes war es noch wichtiger, dass er sofort benachrichtigt wurde. So machte ich aus der Not eine Tugend, stieg in meinen Fiat 500 und fuhr zur juristischen Fakultät der Universität. Kaum im Institut für Strafprozessrecht angekommen, lief mir Antonio auch schon über den Weg. Er kam auf mich zu und fragte mich: „Was führt dich denn hierher? Heute Morgen muss etwas Merkwürdiges passiert sein, kein Mensch spricht mit mir." Ich entgegnete: „Antonio, vielleicht deswegen, weil niemand dir sagen will, dass dein Vater einen Autounfall hatte." Er stand einen Augenblick, der mir wie eine Ewigkeit vorkam, ganz still da und wiederholte dann: „Einen Autounfall?! – Aber mein Vater musste doch heute Morgen gar nicht aus der Stadt. Was für einen Unfall kann er denn gehabt haben?" Ich antwortete (aber ich weiß nicht, wie überzeugend ich geklungen habe): „Ja, er hat einen Unfall gehabt und ist jetzt im Krankenhaus."

Er setze sich mit mir in meinen Fiat und erfuhr im Krankenhaus, dass sein Vater auf dem Rückweg vom Friedhof von der Mafia ermordet worden war. Am nächsten Tag besuchte ich die Familie Scaglione und traf dort andere Kollegen, die wie ich erst vor Kurzem ihr Studium abgeschlossen hatten. Guarnera, Staatsanwalt am Kassationshof, kam direkt aus Rom, um Scaglione die letzte Ehre zu erweisen. Für uns junge Juristen war dieser Mann ein Mythos, er verkörperte sozusagen die dritte Gewalt im Staat. Als er uns jedoch ganz ernst fragte, wer Scaglione unserer Meinung nach ermordet haben könnte, so als könnten wir ihm in dieser Sache weiterhelfen, war ich bestürzt und gleichzeitig verwirrt, waren wir doch junge Leute, fast ohne Erfahrung. Diese Frage enthüllte mir in einem einzigen Augenblick die ganze Schwäche des Staates, eines Staates, der nicht in der Lage war – vielleicht ist er es noch immer nicht und das wäre schlimmer – herauszufinden, wer einen Staatsanwalt ermordet haben könnte. Auch wenn ich heute über diese Geschichte nachdenke, frage ich mich, wie ein so hochrangiger Vertreter der Justiz ein paar jungen, frisch examinierten Juristen eine solche Frage stellen konnte.

Man kann verschiedene Hypothesen über seine Frage aufstellen: Vielleicht hatte er wirklich keine Ahnung, wer es gewesen sein könnte, doch das wäre schlimm. Vielleicht hatte er eine Vermutung, wer der Mörder war; in diesem Fall ist die Frage schlimmer. Vielleicht tat er aber auch nur so, als wisse er überhaupt nicht, wer der Mörder sei, hatte aber tatsächlich schon eine Vermutung. In diesem Fall ist die Frage ganz besonders schlimm.

Die Art und Weise, wie er seine Frage stellte, vermittelte nämlich durchaus den Eindruck, Scaglione sei für ihn aus heiterem Himmel getötet worden. In diesem Zusammenhang müssen wir uns unbedingt in Erinnerung rufen, dass damals gerade die Mafiosi, die dann in den 90er Jahren angeklagt und verurteilt wurden, im Prozess von Catanzaro freigesprochen worden waren und somit auch die Freiheit zu handeln hatten. Man kann also etwas überspitzt sagen, dass dieser Freispruch in gewisser Weise denen Recht gab, die behaupteten, die Mafia existiere gar nicht. Und dieser Staatsanwalt bestätigte uns das beinahe. Er leugnete die Ermordung Scagliones zwar nicht (und hätte dies auch schwer tun können), seine Frage erweckte aber den Eindruck, er halte nichts von der Behauptung, es gebe ein mafiöses System, das einen solchen Mord begehen könnte. Doch dieser kriminelle Apparat, die Mafia, existierte. Und er wusste es, er hätte es wissen müssen!

Glaubst du nicht, dass er diese Frage ganz naiv stellte, vielleicht weil er durch den Tod Scagliones verwirrt war?
Ich habe durchaus Verständnis dafür, wenn der Mann verwirrt war. Aber in dieser Situation repräsentierte er das höchste Amt einer der fundamentalen Institutionen unseres Staates. Und mich verwirrten sein Verhalten und seine Frage kolossal. Das wird ja schon daran deutlich, dass ich mich nach über dreißig Jahren noch daran erinnern kann.

Wie dem auch sei – innerhalb weniger Tage verhafteten die Ermittlungsbehörden 114 (eine Zahl, die sich wiederholen wird) Mafiosi, deren Zugehörigkeit zur Mafia bestens bekannt war. Später wurden sie aus verschiedenen Gründen wieder freigelassen.

Ja, aber wer war Pietro Scaglione? Was bedeutete, was bedeutet heute dieser Mord?
Pietro Scaglione war ein „absolut integrer Staatsanwalt".

Er war der erste Staatsanwalt, der von der Mafia in Sizilien ermordet wurde. Seine Ermordung blieb ungesühnt.

Und fast ein Jahrhundert nach der Ermordung Emanuele Notarbartolos gibt es wieder einen „prominenten Toten".

Beide Morde sind ungesühnt geblieben: Der Auftraggeber des Mordes an Notarbartolo ging straflos aus und bei Scaglione blieben nicht nur die Auftraggeber, sondern auch die unmittelbaren Täter ohne Strafe. Die Zeit vergeht und die Justiz kann oft nicht Schritt halten.

Luciano Liggio, von dem man annimmt, er sei zugleich Anstifter und Mittäter gewesen, war gerade von einem Gericht in Bari freigesprochen worden. Doch trotz dieses Freispruchs hatte Scaglione gegen ihn die Verbannung (im Inland) wegen sozialer Gefährlichkeit beantragt. Luciano Liggio, ermuntert durch diesen für ihn glücklichen und für unseren Rechtsstaat demütigenden Freispruch, musste diesen Antrag als „Beleidigung" ansehen.

Er fühlte sich wohl auch deshalb umso mehr beleidigt, weil auch seine Schwester (die ledig war und das heimatliche Corleone nie verlassen hatte) verbannt wurde. Und auch diese Verbannung war von Scaglione beantragt worden. Es ist illegal, dass Informanten der Institutionen Liggio über die Anträge informierten; er flüchtete aus dem Krankenhaus und tauchte unter.

Luciano Liggio war wieder in Freiheit, seine Schwester kehrte nach kurzer Verbannung nach Corleone zurück ... und Pietro Scaglione wurde zuerst ermordet und dann auf ungerechte Weise verleumdet. Auftrag (der Mafia!) erfüllt.

Pietro Scaglione, Staatsanwalt, ermordet 1971. Gaetano Costa, Staatsanwalt, ermordet 1980. Zwei Mafiamorde. Was verbindet, abgesehen von der kriminellen Gewalt, diese beiden „prominenten Morde" – und diese beiden so unterschiedlichen Rechtsvertreter?

Staatsanwalt Gaetano Costa wurde auf offener Straße erschossen, während er durch eine der eleganten Straßen im Stadtzentrum schlenderte. Er war ein intellektueller Mensch und ein erklärter Anhänger der Linken (nicht der politischen und ideologischen Linken, er hing eher den Werten der Linken an). Gaetano Costa starb am 6. August 1980. Er war ohne Begleitschutz unterwegs, er war ein Linker und etwas verrückt.

Er war immer schon ein erklärter Gegner der Mafia; also ein bisschen verrückt.

Er hatte ganz allein, in seinem Büro und mit seinen Mitarbeitern, die nötigen entschlossenen Maßnahmen gegen einige Mafiabosse gefordert; also ein bisschen verrückt. Er war ein bisschen – man müsste eher sagen: ziemlich – verrückt und so konnte – und musste – er ermordet werden. Dass der Mord an Costa lediglich ein Mafiamord gewesen sei, überzeugt mich, aber es genügt mir nicht. Und ich überlasse es dem Leser, der Nachwelt und den unverstandenen und manchmal lächerlich gemachten Bemühungen seiner Familie, die Antwort zu geben, die unser sogenannter Rechtsstaat bis heute nicht gegeben hat.

Während diese Dinge geschahen, 1971 und 1980, war Ciancimino weiter dabei, sich auf Kosten Palermos zu bereichern. Wieso merkte niemand, was er tat, obwohl es doch ziemlich weit von dem entfernt war, was das Gesetz erlaubte?
Aber wer sollte auf Ciancimino aufmerksam werden? Es war ja das System selbst, das ihn unterstützte. Und alles lief bestens, seit Ciancimino da war. Wer sollte ihn also stören?

Aber jedenfalls ist die Ermordung eines Staatsanwalts kein gewöhnlicher Mord. Hat es Ermittlungen in alle Richtungen gegeben, die auch die Spitzen der Institutionen, also auch das Treiben Cianciminos, einbezogen haben?
Wenn ein Staatsanwalt in Mailand ermordet wird, dann ist das von Bedeutung. Wird er dagegen in Palermo ermordet, so gibt es zahlreiche Erklärungsmöglichkeiten. Paradox, aber wahr ist, dass die Familie Scaglione das Andenken ihres ermordeten Verwandten hat verteidigen müssen, weil die Behauptung aufkam, er sei wegen eines wie auch immer gearteten geheimen Einverständnisses mit der Mafia umgebracht worden. In der kollektiven Vorstellungswelt der Nation rief der Tod Scagliones im Wesentlichen drei unterschiedliche Empfindungen wach,

von denen eine die andere ablöste. Die erste war ein spontanes Erstaunen: Dass zum ersten Mal ein Staatsanwalt ermordet worden war, überraschte die Leute (abgesehen davon, dass manche meinen, in unserem Land sei schlechthin alles möglich) und sie konnten es kaum glauben. An die Stelle des Staunens trat dann die Analyse der Ereignisse und die Allgemeinheit stellte fest: Die Mafia ist tatsächlich gewalttätig, und darin kommt die Wildheit dieser Sizilianer zum Ausdruck. Viele fragten sich auch: Wer weiß, was er getan haben mag, dass er auf diese Weise starb? Diese These, der zufolge, wer von der Mafia ermordet worden war, notwendigerweise irgendwelche Kontakte zu ihr gehabt und irgendwelche Schuld auf sich geladen haben musste, galt erst sehr viel später (sehr viel später als 1971) als unglaubwürdig – erst als zahlreiche Persönlichkeiten ermordet wurden, die über jeden Zweifel erhaben waren. „Wenn er umgebracht worden ist – wer weiß, was er getan hat?!" und „Die Toten sind tot und die Lebenden sollen ihren Frieden haben" oder auch „Die Toten sind tot, sehen wir lieber, wie wir den Lebenden helfen": Das waren die Maximen der „Volksweisheit", die jetzt der Mafia und ihrer Straflosigkeit nützten. 1980 hatte sich dann etwas verändert. Bei Gaetano Costa gab es weder Gerüchte noch Unterstellungen, die Reaktion bestand, zumindest bei vielen, in etwas anderem, in vieler Hinsicht weit Schlimmerem – in Überdruss und Schweigen.

Italien hat in jenen Jahren die Ermordung von Leuten erlebt, die oft Teil der Institutionen waren und die, als sie einmal tot waren, verdächtigt wurden, sie seien im Zuge einer internen Abrechnung innerhalb der Mafia umgebracht worden. Jedes Mal, wenn es einen Mafiamord gab, fragte man sich, welche Beziehungen zwischen dem Toten und der Mafia es wohl gegeben habe. Auch wenn der Tote Oberst Russo oder Piersanti Mattarella war, so ging man doch in jedem Fall von einer Abrechnung „unter denen" aus. Erst als immer mehr „gute Könige" ermordet wurden, fragte man sich, ob auch die anderen Mordopfer, die man mit heimlichen Sympathisanten der Mafia verwechselt hatte, nicht doch auch „gute Könige" waren.

Charakteristisch ist der Mord an Oberst Giuseppe Russo 1977. Nachdem die Corleonesi ihr eigenes Territorium unterworfen hatten, verfolgten sie ungeduldig das Ziel, ihre Herrschaft auf die gesamte *Cosa Nostra* auszudehnen. Entsprechend widersetzten sie sich den Vorstellungen Badalamentis und damit dem Grundsatz der sizilianisch-amerikanischen Mafia, dass Morde zu vermeiden waren – vor allem solche, die Aufsehen und Empörung erregten. Giuseppe Russo war ein sehr geschickter Ermittler, der auch mit dem Tod Matteis befasst gewesen war. Damals führte er gerade wichtige Ermittlungen in der Gegend von Corleone über die Beziehungen zwischen Mafia und Geschäftswelt. Den Corleonesi lag also viel daran, ihn zu beseitigen, während die Gruppe um Badalamenti in den Medien möglichst wenig von der Mafia reden machen wollte. Nun trat die „Kommission" zusammen, prüfte den Antrag der Corleonesi und entschied, dass Russo nicht umgebracht werden solle: eine Entscheidung, der sich die Corleonesi nicht widersetzten; Oberst Russo, seine Familie, die Carabinieri und seine engsten Freunde wurden über die Entscheidung der „Kommission" informiert und waren beruhigt. Es verging einige Zeit. Im August desselben Jahres wurden Oberst Russo und der Lehrer Filippo Costa, die während Russos Urlaub in den Wäldern bei Ficuzza, also auf dem Territorium der Corleonesi, spazieren gingen, dennoch von Killern der Corleonesi ermordet. Monatelang wollten die Ermittler nicht glauben, dass Oberst Russo von der Mafia ermordet worden war, weil er sie bekämpft hatte. Die Carabinieri wussten, wie strikt die Regeln der Mafia sind; auch Russo und seine Familie hatten daran geglaubt und sich in Sicherheit gefühlt. Dass ein Oberst der Carabinieri ermordet werden könnte, schien undenkbar. Tatsächlich wurde Russo erst nach einiger Zeit ein Verdienstorden verliehen für seinen Kampf gegen die Mafia. Sein Tod ähnelt in vieler Hinsicht dem Scagliones: Man muss davon ausgehen, dass beide von einer Gruppe Mafiosi ermordet wurden, die die anderen dominieren wollte, auch mit Methoden, die gegen die „Regeln" der *Cosa Nostra* verstießen.

Kommen wir zu Badalamenti zurück. Giuseppe „Peppino" Impastato starb wie ein Terrorist. Doch wir wissen alle, dass Badalamenti ihn ermordete, der dafür auch zu einer Gefängnisstrafe verurteilt wurde. Impastato wurde umgebracht, weil er Tano Badalamenti über seinen Radiosender diffamierte, just als der seinen Rückhalt in der Mafia verlor. Impastato hatte ihn den „sitzenden Tano" genannt und Badalamenti ertrug es nicht, auf seinem eigenen Territorium beleidigt zu werden. Doch beschloss er, Peppino erst nach dem Tode seines Vaters zu töten, der selbst Verbindungen zur Mafia hatte und zwischen den amerikanischen Mafiaclans und Badalamenti vermittelte: Die Bosse aus den USA wollten einen aufsehenerregenden Mord und polizeiliche Ermittlungen vermeiden und hätten Badalamenti an der Ermordung gehindert, unterstützt auch von Impastatos Vater, der sich zunehmend Sorgen um seinen „rebellischen" Sohn machte. Also wurde Giuseppe Impastato erst nach dem Tod seines Vaters ermordet – und zwar auf ziemlich untypische Weise: Alles sah so aus, als hätte er einen Unfall gehabt, und zwar bei den Vorbereitungen für ein Attentat auf einen Zug. Badalamemti musste so vorgehen, da er völlig autonom handelte; er hatte vor der Tat niemanden um Erlaubnis gefragt. So täuschte er auch seine amerikanischen Partner (man könnte auch sagen, er ermöglichte ihnen, als nicht in den Fall verwickelt zu erscheinen). Und tatsächlich verfolgten die Ermittler jahrelang falsche Fährten.

Wir haben über den Mord an Scaglione, den Mord an Russo, den Mord an Impastato gesprochen. Stehen diese Bluttaten miteinander in Verbindung?

Ja, in dem Sinne, dass sie von der typischen Vorgehensweise der Mafia abwichen, ihren althergebrachten Regeln zuwiderliefen.

Es gibt noch einen anderen Mord, der mir untypisch scheint: der an Mario Francese. Für diese Tat wurden, 22 Jahre später, nicht weniger als sieben Mafiosi verurteilt. Der Mord war gewollt von: Riina, Madonia, Bagarella, Calò, Geraci, Farinella, Greco – also von Bossen ersten Ranges und den „besten" Killern. Wie konnte ein Journalist die Aufmerksamkeit solch „bedeutender" Mafiosi auf sich ziehen?

Die Antwort mag lapidar erscheinen, aber sie entspricht der Wahrheit: Francese wurde umgebracht, weil er die Mafia störte. Die Morde, über die wir gesprochen haben, zeigen den Aufstieg der Corleonesi an die Spitze der Mafia an. All diese Morde zielten darauf ab, sie zu anerkannten Oberhäuptern der Mafia zu machen. Die Corleonesi töteten, um ihre Macht zu demonstrieren und um zu zeigen, dass sie das Territorium beherrschten. Es hat innerhalb der Mafia sicherlich Auseinandersetzungen gegeben: Zweifellos haben einige Bosse den Mord an Scaglione missbilligt, andere werden mit dem Mord an Oberst Russo nicht einverstanden gewesen sein. Doch sämtliche Morde müssen im Kontext der Machtausdehnung der Corleonesi gesehen werden. Nur so haben sie einen Zusammenhang und einen Sinn. Einzig der Mord an Peppino Impastato passt nicht in dieses Modell. Das war eher der letzte gewalttätige Akt eines Mafiabosses auf dem absteigenden Ast, Badalamentis.

Es war also ein persönlicher Racheakt.

Ganz genau! Allerdings einer, der von den Corleonesi durchaus gerne gesehen wurde, schließlich war Impastato ja gegen die Mafia. Dieser Mord war gleichzeitig auch ein Signal Badalamentis, mit dem er sagen wollte: „Ich bin noch da." Durch die Morde an Russo und Francese signalisierten die Corleonesi ihrerseits: „Wir sind im Kommen." Also eine Zeichensprache, die sich des Blutes der Gerechten bedient.

Dieser Kette von Verbrechen muss noch der Mord an Piersanti Mattarella hinzugefügt werden. Er war der einzige Präsident der Region Sizilien, der von der Mafia ermordet wurde. Du kanntest ihn gut, weil du einer seiner Mitarbeiter warst. Was waren die Gründe für seine Ermordung?

Piersanti Mattarella wurde ermordet, weil er eine ganz neue, moderne Politik betrieb und zwar mit dem Ziel, Sizilien ein neues Gesicht zu verleihen. Niemals werde ich die Reisen vergessen, die wir organisiert haben: zur Assolombarda in Mailand oder nach Deutschland. Wir wollten Beziehungen aufbauen, die für die wirtschaftliche Weiterentwicklung Siziliens von Nutzen sein konnten, und versuchten die deutschen Industriellen davon zu überzeugen, dass es unter Mattarella in Sizilien eine moderne Verwaltung geben werde, die keine Almosen verteilte, sondern verlässliche Rahmenbedingungen für Investitionen bot. Doch Mattarella stand für viel mehr als für dieses Engagement und deshalb ist er ermordet worden. Er war von Anfang an gegen Cianciminos Präsenz in der Politik und er war ebenfalls nicht bereit zu akzeptieren, dass er seine Befugnisse als Präsident der Region Sizilien nicht ausüben konnte. Palermo war das Reich Cianciminos, es lag im Zuständigkeitsbereich der Mafia. Und obwohl er das alles sehr wohl wusste, kümmerte Mattarella sich auch um Palermo.

Seine Einmischung ist besonders in einem Fall berühmt geworden. Er wollte Klarheit haben über die Auftragsvergabe beim Bau von sechs Schulen in Palermo – Aufträge im Wert von ein paar müden Milliarden Lire pro Schule. Für jedes einzelne Schulgebäude hatte es eine Ausschreibung gegeben und doch war jeweils immer nur ein einziges Angebot eingegangen. Mattarella ernannte einen Regionalinspektor, dessen Nachforschungen Folgendes ergaben: Die Angebote kamen ausschließlich von Bauunternehmern, die entweder selbst Mafiachef des Viertels waren, wo die Schule gebaut werden sollte, oder aber mit ihm in Verbindung standen. Mattarella war zu dieser Überprüfung juristisch durchaus berechtigt; die Schulen sollten zwar im Stadtgebiet von Palermo gebaut werden, aber mit Mitteln der Region. Ich kann mich erinnern, wie wir im Kreise seiner engsten Mitarbeiter über die Angelegenheit sprachen und wie empört wir alle waren; man hatte nicht einmal versucht, wenigstens den Anschein einer echten Ausschreibung zu erwecken, und etwa dafür gesorgt, dass noch ein paar weitere Bewerbungen eingereicht wurden.

Diese Vorgehensweise entsprach ganz Cianciminos Logik in seiner Eigenschaft als Mafioso und Geschäftsmann: „In Palermo bestimme ich. Und ich habe es auch nicht nötig, so zu tun, als ob." Ich erinnere mich noch an ein Gespräch mit Mattarellas Bürochef und dem von ihm ernannten Inspektor. Der Bürochef sagte zu ihm: „Der Inspektor ist ziemlich beunruhigt über die Aufgabe, die ihm anvertraut worden ist." Mattarella erwiderte: „Warum ist er denn beunruhigt?" Der Inspektor antwortete: „Die Untersuchung bringt ziemlich besorgniserregende Tatsachen an den Tag: nämlich heimliche Verbindungen zur Mafia. Und ich will Ihnen nicht verschweigen, dass ich Angst habe." Daraufhin beruhigte Mattarella ihn: „Machen Sie sich keine Sorgen. Die wissen ja, dass Sie für mich arbeiten und dass ich Sie mit dieser Untersuchung beauftragt habe." Die Botschaft war also: Keine Angst, wenn jemand dafür wird bezahlen müssen, dann bin ich das und nicht Sie. Diese Inspektion war dabei natürlich nicht das Einzige, was Mattarella unternahm. Er krempelte die Verwaltung der Region Sizilien komplett um, auf allen Ebenen, und wies den Kommunen immense Geldsummen zu. Sie waren zunächst den regionalen Dezernenten bewilligt worden, die sie dann völlig willkürlich an die Kommunen verteilt hatten. Durch die neue Mittelverteilung blockierte er eine sehr ergiebige Korruptionsquelle der Mafia.

Mattarella hatte zahlreiche Motive, sich gegen die Mafia zu wenden. Ich bin aber überzeugt, dass sein Eingreifen in der Schulangelegenheit die Rache ausgelöst hat.

Mattarella wusste, dass er gegen die Interessen der Mafia handelte oder er konnte es sich wenigstens denken. Ist er nicht auf den Gedanken gekommen, dass sie ihn umbringen könnten?
Er wusste es und ich habe oft zu ihm gesagt: „Glaubst du nicht, dass wir ein wenig zu weit gehen?" Und er antwortete mir: „Wir tun unsere Pflicht. Wenn wir das nicht tun, was haben wir dann hier zu suchen?" Mattarella hatte eine enorme Qualität: Er war ein moderner Politiker und der Zeit, in der er wirkte, weit voraus. Für ihn war es selbstverständlich, diese Untersuchung durchführen zu lassen. Und er bezahlte mit seinem Leben.

Wenn wir über Mattarella nachdenken, kommt mir ein merkwürdiger Vergleich in den Sinn: Piersanti Mattarella war der einzige Präsident der Region Sizilien, der von der Mafia ermordet wurde, und Totò Cuffaro war der einzige Präsident der Region Sizilien, der wiedergewählt wurde. Sie sind sicherlich beide „untypische" Präsidenten. Du hast beide kennengelernt: Haben sie Gemeinsamkeiten?
Nein, keine einzige! Piersanti Mattarella wurde ermordet, weil er ein Gespür für den Staat hatte und an die Politik glaubte. Cuffaro dagegen unterstelle ich, dass er nicht an die Überlegenheit der Politik glaubt (im Sinne einer Kultur des Regierens und der Einhaltung der Regeln). Cuffaros politische Kultur ist sicherlich nicht das, was die moderne Mafia in Sizilien

gebrauchen kann. Wenn sie könnte, würde sie sich von Cuffaro befreien. Natürlich ist es nicht meine Aufgabe, festzustellen, ob Cuffaro Mafiadelikte im strafrechtlichen Sinne vorzuwerfen sind – ganz unabhängig davon, ob er noch einmal vor Gericht kommt. Ich denke aber, dass er die politische Kultur schädigt und Verhaltensweisen zeigt, die von Sympathie für die alte Mafia zeugen und ihr entgegenkommen, in politischer, kultureller und wirtschaftlicher Hinsicht. Und die neue Mafia, die versucht, ihr Handeln und ihre Werte der Gegenwart anzupassen, die Verbrechen und Modernität unter einen Hut bringen möchte, muss Cuffaros Kultur ertragen. Doch es gibt keinen Machtkampf zwischen der alten und der neuen Mafia und deshalb ist Cuffaro nicht der richtige Mann für ein Projekt, bei dem es um das zivilgesellschaftliche und ökonomische Wachstum Siziliens geht. In einem kulturellen Sinne ist er jedoch sowohl der alten als auch der neuen Mafia nützlich: Erstere akzeptiert ihn aus „Sympathie", Letztere wegen seiner „Nützlichkeit".

4. Die Mafia und der Vatikan

Giulio Andreotti betrachtete Michele Sindona als den „Retter der Lira". Und Sindona war in der Tat ein geschickter Geschäftsmann. Er wurde am 7. Mai 1920 in Patti geboren, einem Dorf in der Provinz Messina. Der Mafiaboss Lucky Luciano empfahl ihn während des Zweiten Weltkriegs den in Sizilien gelandeten Alliierten und so verfügte er bald über beste – auch geschäftliche – Beziehungen zur amerikanischen Militärregierung (*AMGOT*). Der junge Michele Sindona, der eben erst sein Examen gemacht hatte und jetzt als kleiner Angestellter in der Steuerverwaltung arbeitete, besserte sein kleines Gehalt nun durch den Handel mit Zitrusfrüchten und Getreide auf. Er konnte auf die Unterstützung einiger US-Offiziere und Mafiabosse zählen und durfte u. a. Militärfahrzeuge benutzen, um seine Waren zu transportieren. Sein Getreide kaufte er bei dem Mafiaboss Baldassare Tinebra – von den US-Militärbehörden eingesetzter Bürgermeister von Regalbuto und Teilhaber von Calogero Vizzini – und verkaufte es dann an die alliierte Militärregierung. Bezahlen ließ er sich mit Waffen, die er dann an die Miliz *Esercito Volontario per l'Indipendenza della Sicilia (EVIS)* weiterverkaufte, welche für die Unabhängigkeit Siziliens kämpft und der auch Salvatore Giuliano angehörte. Die Bosse, die in Sizilien geblieben waren, an erster Stelle Don Calò Vizzini, stellten ihn als „Freund von Freunden" vor, als einen Kerl, der in Ordnung ist.

Und Michele Sindona erwies sich als Unternehmertyp, als jemand, der nie zufrieden war und immer höher hinauswollte. Er nutzte die Beziehungen, die er in den Jahren nach der Landung der Alliierten in Sizilien geknüpft hatte, um in Palermo in den Kreis der einflussreichen Immobilienspekulanten hineinzukommen, die auch die „Verunstaltung Palermos" initiierten. Kurz nach Kriegsende ging er nach Mailand, eröffnete eine Rechtsanwalts- und Steuerberaterkanzlei und machte sich schnell als „der schlaue Anwalt aus Patti" einen Namen; schon Anfang der 50er Jahre war er für Industrie und Finanzgesellschaften der begehrteste Handelsrechtsexperte – und damit begann seine eigentliche Karriere. In den 60er Jahren hatte er bereits ein bedeutendes Finanzimperium wie aus dem Nichts geschaffen. Ein Empfehlungsschreiben des Bischofs von Messina verschaffte ihm schließlich Zugang zur erzbischöflichen Kurie in Mailand, der er stets großzügige Zuwendungen für ihre sozialen und pastoralen Aktivitäten angedeihen ließ.

In jene Jahre fallen auch seine skrupellosen und einträglichen Attacken an der Börse sowie der Einstieg der Banken Continental Illinois und Hambro's Bank bei seiner eigenen Bank, der Banca Privata Finanziaria.

Die Continental Illinois aus Chicago vermittelte bei fast allen bedeutenderen Investitionen der Vatikanbank *Istituto per le opere religiose (IOR)*. Auch der Priester Paul Marcinkus kam aus einem Vorort von Chicago; die katholische Kirche verdankt ihm einen Glaubwürdigkeitsschaden, dessen ganzes Ausmaß vielleicht noch gar nicht ersichtlich ist.

Die Allianz mit der Hambro's Bank in London war überdies durch einen Schotten namens John McLaffery ermöglicht worden, der früher für die Geheimdienste zuständig gewesen und im Übrigen Großmeister der Freimaurer war.

Sindona wurde fortan von wichtigen Leuten im Vatikan und in der *Democrazia Cristiana* unterstützt, auch finanziell. Er unterhielt Kontakte zu einflussreichen Freunden der italienischen Politik, der vatikanischen Finanzwelt und den USA. 1973 verlieh ihm der US-Botschafter in Rom, John Volpe, den Preis „Mann des Jahres 1973" und unterstrich so die große wirtschaftliche Bedeutung der mit Sindonas Bankengruppe verbundenen Gesellschaften in den USA. Sechs Jahre später, 1979, kehrte Michele Sindona nach Sizilien zurück und weilte 75 Tage bei dem Mafioso Rosaria Spatola; schließlich wurde er von den amerikanischen Behörden verhaftet, die ihn beschuldigten, den Mord an Giorgio Ambrosoli in Auftrag gegeben zu haben, der eines seiner Geldinstitute aufgelöst hatte. In den Vereinigten Staaten verurteilt und dann an Italien ausgeliefert, starb er im „Supergefängnis" von Voghera. Obwohl Tag und Nacht überwacht, gelang es seinem Mörder, ihm ein typisch italienisches Getränk anzubieten: einen vergifteten *espresso corretto*. Er starb binnen Sekunden – und nahm zahlreiche Geheimnisse mit ins Grab, darunter die Gründe, die ihn im Sommer 1979 veranlasst hatten, nach Sizilien zurückzukehren.

1979 war ein bedeutsames Jahr für die *Cosa Nostra*: Die alte Mafia verwandelte sich, breitete sich aus und wurde auch als Unternehmerin tätig. Diese Entwicklung verlief jedoch nicht ohne Blutvergießen. Der Mafiakrieg, der Anfang der 80er Jahre ausbrach, war ganz besonders blutig und brutal und endete erst, als die Corleonesi – anfangs Repräsentanten von Michele Greco, des „Papstes" der Mafia – von Totò Riina als unumstrittene Herrscher der *Cosa Nostra* anerkannt wurden. Bis zur Verhaftung Bernardo Provenzanos blieb ihre Stellung unangefochten.

Diese Brutalität war durchaus nicht Neues. Wenn man die Geschichte der Mafia bis ins frühe 19. Jahrhundert zurückverfolgt, stellt man fest, dass Veränderungen der Machtverhältnisse immer mit extremen Gewalttaten einhergingen. Auf diese Weise wurden die Machtverhältnisse zwischen den kämpfenden Parteien festgelegt. Einer alten Tradition zufolge wird nur derjenige ein durchsetzungsstarker Boss, der sich seinen Feinden gegenüber auch erbarmungslos zeigen kann. Dies hat sich heute allerdings ein wenig gewandelt.

Mafiabosse werden oft als raffinierte Köpfe verklärt, die andere die abscheulichen Morde begehen lassen. So werden zum Beispiel Riina, Provenzano und viele andere Mafiosi gern für ihr geschäftsmännisches Geschick und ihre Intelligenz beim Austricksen des Rechtsstaates gelobt, doch bevor sie Bosse wurden, waren diese Mörder zu unglaublichen Untaten fähig; nur wer fähig ist, brutalste Verbrechen zu begehen, kann auch nach der Befehlsgewalt greifen – dies ist eine Grundvoraussetzung innerhalb der Mafia.

Neu am Mafiakrieg der 80er Jahre waren hingegen Verbrechen an Personen, die bis dahin tabu gewesen waren – und dies war kein Zufall. Bis Ende der 70er Jahre hatte der Staat mit der Mafia relativ friedlich koexistiert, schlicht weil sich in den Jahren zuvor direkte Verbindungen zwischen Politik und Mafia etabliert hatten. Hinzu kam außerdem eine gewisse Toleranz vonseiten der Gerichte, der Polizei und sogar des Unternehmertums. Die Mafia zeigte sich erkenntlich, indem sie andere Formen von Kriminalität kontrollierte und so eine gewisse gesellschaftliche Ruhe garantierte. Gegen Ende der 70er Jahre jedoch regten sich in Sizilien allmählich Entrüstung und Verachtung gegenüber der Mafia – zunächst nur in kleinen organisierten Gruppen; doch schließlich protestierte fast die gesamte sizilianische Gesellschaft gegen den immer offensichtlicheren Nichtangriffspakt zwischen Mafia und Staat.

Wenn es auf der Welt eine kriminelle Organisation gibt, die die Zeit am liebsten anhalten würde und den Status quo bewahren möchte, so ist das die Mafia. Am Anfang stellten sich nur Einzelne der Macht der Mafia entgegen, Gewerkschafter, Politiker, Richter und andere Vertreter des Gesetzes. Innerhalb ihrer Institution standen sie allein und fanden nur wenig Rückhalt, was den Killern ihr Handwerk erleichterte. Und so begann eine Folge von brutalen Verbrechen und unerklärlichen Selbstmorden wie der des italienischen Bankiers Roberto

Calvi, der am 18. Juni 1982 erhängt in London aufgefunden wurde. Eine dramatische Geschichte, die dort angefangen hatte, wo die von Michele Sindona zu Ende gegangen war.

Die beiden Bankiers hatten vieles gemeinsam: Sie waren nicht nur beide Mitglieder der Freimaurerloge P2, sondern hatten auch beide sehr geschickt ein überaus dicht verflochtenes System von Finanzgesellschaften aufgebaut. Calvis Leiche wurde an einem Baugerüst unter der Blackfriars Bridge an der Themse entdeckt. Der Ort war mit Bedacht gewählt, gilt doch die Blackfriars Bridge auch als „Brücke der Erhängten": Schon viele haben sich unter ihr durch Erhängen selbst getötet. Der Selbstmord Calvis war allerdings eine makabre Inszenierung. Calvi war ermordet worden und dazu gibt es verschiedene Interpretationen.

Das „Institut für die religiösen Werke" (*Istituto per le opere religiose, IOR*) des Vatikans wurde 1941 von Papst Pius XII. gegründet: eine Art Bank ohne Schalter und Aktionäre mit nur einem einzigen Sitz im Vatikan. Nach einer Definition von Kardinal Agostino Casaroli ist das *IOR* ein vatikanisches Finanzinstitut, aber keine Bank im üblichen Sinne. Das *IOR* erbringt Finanzdienstleistungen und verwendet den Gewinn für „Werke der Religion". Unter der Leitung von Paul Marcinkus wurde das *IOR* nicht nur zu einem Knotenpunkt für die Geldwäsche der organisierten Kriminalität, sondern auch für internationale Operationen verschiedener Art. So wurde beispielsweise auch der Waffenhandel für den Falkland-Krieg über das *IOR* abgewickelt; auch die von Johannes Paul II. unterstützte katholische Gewerkschaft Solidarność in Polen wurde vom *IOR* finanziert. Und auch die Mafia nutzte das *IOR*. Der *pentito* Francesco Marino Mannoia vertraute dem Untersuchungsrichter Giovanni Falcone an, Licio Gelli, der Gründer der Freimaurerloge P2, habe das Geld der Corleonesi unter Totò Riina in der Vatikanbank investiert. Mannoia enthüllte außerdem, dass

„die Gelder der Mafia über Jahre hinweg in den Kassen des *IOR* gelandet sind, weil es Investitionen und Diskretion garantierte". Wie die Verbindung zwischen der Mafia und dem *IOR* funktioniert habe, sei von den einzelnen Mafiafamilien in Sizilien abhängig gewesen: So habe die Familie Madonia mit Sindona in Geschäftskontakt gestanden, Riina mit Gelli. Mannoia behauptete außerdem, die Bosse hätten es Johannes Paul II. besonders übel genommen, als dieser in Sizilien eine strenge Rede gegen die Mafia gehalten und die Mafiosi exkommuniziert habe, weil sie ja ihr Geld in den Vatikan getragen hätten. So wurde beschlossen, vor zwei Kirchen in Rom Bomben zu legen: Am 28. Juli desselben Jahres explodierte eine Bombe in der Vorhalle der Kirche San Giorgio in Velabro und nachts eine andere auf dem Platz vor der Lateranbasilika.

Im Sommer 1979 kehrte Sindona nach Sizilien zurück. Im selben Jahr nahmen die Auseinandersetzungen zwischen Mafiafamilien für einige Zeit zu. Gibt es einen Zusammenhang zwischen der Rückkehr Sindonas und den Kriegen zwischen den Mafiaclans?
Ich sage vorweg, dass ich meine Interpretation der Reise Sindonas nach Sizilien nicht immer durch Beweise belegen kann. Es ist lediglich ein Versuch, die Ereignisse jener Jahre im Zusammenhang mit der Mafia zu rekonstruieren. Sindona war ein Vertreter der sizilianisch-amerikanischen Mafia, die aus illegalen Geschäften Profit zu schlagen und diesen in scheinbar legale Gewinne umzuwandeln trachtete. In diesem Punkt unterschied sie sich nicht von der sizilianischen Mafia. Anders als der sizilianische nimmt der amerikanische Mafioso seinen eigenen Nachkommen und Verwandten aber nicht die Möglichkeit, legale Tätigkeiten auszuüben; oft hat er enge Verwandte, die in das legale System voll integriert sind und mit der Mafia nichts zu tun haben. Dieses Modell ist dem sizilianischen Mafioso, der oft die ganze Familie in die Geschäfte einbezieht, fremd.

Ich vermute, dass Sindonas Reise nach Sizilien der letzte Versuch gewesen ist, in Sizilien ein dem sizilianisch-amerikanischen ähnliches Modell zu stabilisieren. Er war fest davon überzeugt, den Vormarsch der Corleonesi stoppen zu können, und er hat sich nicht zufällig mit ihnen getroffen. Ebenso wenig ist es ein Zufall, dass Sindonas Ansprechpartner Bontate oder Inzerillo waren, die wiederum dem Clan von Badalamenti nahestanden, der mit der sizilianisch-amerikanischen Mafia in Verbindung stand. All diese Umstände lassen die Vermutung zu, dass Sindona das amerikanische Modell der Mafia durchsetzen wollte. Dazu gehörten Verbindungen zur Politik, den Institutionen, den Banken und zum *IOR* unter Marcinkus. Wie allseits bekannt ist, misslang Sindonas Versuch, und so konnten die Corleonesi die *Cosa Nostra* schließlich unter ihre Befehlsgewalt bringen. Die Blutbäder der darauffolgenden Jahre waren vielleicht eine direkte Konsequenz von Sindonas Scheitern in Sizilien.

Kam Sindona mit einem ganz bestimmten Ziel nach Sizilien?
Mit Sicherheit! Seine Aufgabe war es, die sizilianische Mafia finanziell zu rationalisieren, um sie vollständig in eine Mafia sizilianisch-amerikanischen Typs umzuwandeln. Ich vermute dies auch deshalb, weil es meiner Ansicht nach einen historischen Moment gab, da die amerikanischen Mafiosi sich darüber klar wurden, dass ihre sizilianischen Partner Hilfe brauchten. So betrachtet bekommen bestimmte Ereignisse eine ganz neue Bedeutung und es wird ersichtlich, aus welchen Motiven die Mafia in diese Geschehnisse eingegriffen hat; dann bekommt der versuchte Borghese-Putsch ebenso einen Sinn wie der Versuch, die Mafia dabei mit ins Boot zu holen.

Und es wird auch klar, warum die Mafia die Beziehungen zu einigen Politikern intensiviert hat, beispielsweise zu Andreotti; und weshalb Sindona nach Sizilien reiste und versuchte, die sizilianische Mafia über den großen internationalen Kreislauf des Drogenhandels hinaus- und in die komplexen Geschäfte des internationalen Finanzwesens hineinzuführen. Die amerikanischen Mafiosi hatten die ganz konkrete Gefahr begriffen, dass die Beziehungen der Mafiaclans untereinander sich barbarisierten, sollte es ihnen nicht gelingen, die sizilianische Mafia innerhalb des alten kriminellen Geschäftsmodells zu halten. Denn dies hätte sich sowohl auf die Versuche, Geld und Akteure zu „recyceln", als auch auf die Beziehung der Mafia zu den Institutionen negativ ausgewirkt. Letztlich war es dann kein Vertreter des Gesetzes, sondern ein heimlich mit der Mafia verbundener Politiker – Salvo Lima –, der in harten Worten seine Verachtung über die Verrohung der Mafia seit 1979 ausdrückte, eine Verrohung, die in der Ermordung von zahlreichen Vertretern des Staates ihren Ausdruck fand. Hätte das amerikanische Modell sich durchgesetzt, wäre das für Salvo Lima die Chance zu einem qualitativen Sprung gewesen – der ihm jedoch nie gelungen ist. Ich erinnere mich, dass er einmal in einem Interview gefragt wurde: „Was ist Ihr Urteil über die Morde an Politikern und Vertretern des Staates?", worauf er lapidar antwortete: „Sie sind das Werk einer Bande von Blutrünstigen." Limas Meinung war damals allgemein unter denen verbreitet, die zur alten Mafia gehörten und die Corleonesi als eine Bande blutrünstiger Mörder ansahen. Wir haben bereits über diese Zeit gesprochen. Wäre Sindonas Aktion erfolgreich gewesen, hätte es all die Toten vielleicht nicht gegeben. Möglicherweise wären dann auch Falcone und Borsellino nicht ermordet worden.

Für die amerikanischen Mafiosi ist der Mord an einem Politiker oder einem Vertreter der Justiz ein großer Fehler, da eine solche Tat die Umwandlung der illegalen Profite in anonyme und dann schließlich legale Gewinne erschwert.

Um weiter bei Vermutungen zu bleiben: Haben Michele Sindona und Roberto Calvi Selbstmord begangen oder sind sie ermordet worden?

Beide starben, als ihnen das Scheitern ihrer Pläne bewusst wurde. Ob sie Selbstmord begingen oder ermordet wurden, spielt aus der Sicht derjenigen, die unter ihren Geschäften litten oder daran beteiligt waren, überhaupt keine Rolle. Doch natürlich ändert sich die strafrechtliche Sicht ihres Todes, wenn wir von einem Mord bzw. Selbstmord ausgehen. Wenn bedeutende oder mächtige Leute sterben, dann kann die Annahme eines Selbstmordes der Schadensbegrenzung dienen, denn eine Mordermittlung fördert meist unangenehme Dinge zutage. Bei Sindona und Calvi erschwerte schon der Zweifel der Ermittler an einer Selbsttötung die Ermittlungen. Anders gesagt: Wenn man sicher ist, dass jemand ermordet wurde, gehen die Ermittlungen in eine ganz bestimmte Richtung: Der oder die Schuldige soll gefunden werden. Wenn aber jemand auf rätselhafte Weise zu Tode gekommen ist, dann kann man weder Selbstmord noch Mord mit Sicherheit ausschließen. Ich möchte aber noch einmal betonen, dass es ungeachtet der Art ihres Todes für beide an der Zeit war, abzutreten. Und das wussten sie!

Aber jedenfalls wurden Ermittlungen durchgeführt. Und dabei kam heraus, dass Sindona Verbindungen zu Licio Gelli hatte, der (nach der Behauptung des pentito *Francesco Marino Mannoia) die Gelder Totò Riinas in den Kassen des* IOR *deponierte.*

Es ist kein Wunder, dass Licio Gelli Kontakte zur Mafia, besonders zu Totò Riina und zu Sindona sowie zum *IOR* hatte. Gelli und andere hohe Persönlichkeiten waren alle Instrumente und Akteure der damaligen finanziellen Rationalisierung der Mafia. Die sizilianischen Mafiosi machten damals immer größere Geschäfte. Irgendjemand musste ihre „Gewinne" investieren und so legalisieren. So entstand die Idee, das schmutzige Geld bei Banken unterzubringen, beispielsweise auch in den Tresoren der Vatikanbank. Man darf nicht vergessen, dass der Clan der Corleonesi damals nur *eine* Gruppe innerhalb der Mafia war; sie hatte keineswegs die Mehrheit hinter sich und gab auch nicht den Ton an. Es war vielmehr die alte Mafia, die ihr Erscheinungsbild und die Richtlinien des Systems noch immer bestimmte – eine Struktur, die über lange Jahre hinweg gut funktioniert hatte. Erst als die Corleonesi ihre Strategie änderten und die alten Bosse attackierten, brach die alte Organisation der Mafia zusammen. Und von diesem Moment an gerieten die Beziehungen zu Licio Gelli und zur P2 in eine Krise.

Die Corleonesi standen Gelli, Sindona, Marcinkus und Calvi im Wege und wurden von den Vertretern der „alten" Mafia nicht zufällig als eine Bande von blutrünstigen Mördern bezeichnet. Um die Corleonesi davon zu überzeugen, dass sein Modell dem neuen Verständnis der Mafia überlegen war und besser in die Institutionen hineinpasste, brauchte Lima einen Freispruch durch den Kassationshof, den er wenig später auch erreichte. Als der Einfluss der Mafia auf die Gerichte schließlich aber immer schwächer wurde und nicht einmal mehr der Freispruch der Bosse sichergestellt werden konnte, brachten die Corleonesi Salvo Lima um.

Der reuige Mafioso Marino Mannoia hat mit Nachdruck behauptet, die Gelder der Mafia seien über Jahre hinweg in den Kassen des IOR gelandet, weil es Investitionen und Diskretion garantiert habe. Ist die Vatikanbank also eine der Banken, deren sich die Mafia bediente?
Davon kann man ausgehen. Die Vatikanbank bot sich auch für solche Transaktionen an, womit ich aber keineswegs sagen will, dass sie die Lieblingsbank der Mafiosi gewesen ist. Die haben ihr Geld sicherlich auch in der Banca Nazionale del Lavoro

oder der Banco di Sicilia oder anderen Banken deponiert. Damals fragte man nicht nach der Herkunft der Gelder – der Spruch „Pecunia non olet" (Geld stinkt nicht) drückt diese Haltung wohl ganz gut aus.

Vom 8. bis zum 10. Mai 1993 besuchte der Papst das westliche Sizilien. In Agrigent hielt er vor 100.000 Gläubigen eine entschlossene Predigt gegen die Mafia. In einer Aussage, die allerdings nicht weiter belegt ist, behauptet Marino Mannoia, die Mafiosi seien über die Worte Karol Wojtylas gegen die Mafia äußerst ungehalten gewesen. Kann man davon ausgehen, dass der Papst von dem „fröhlichen Treiben" von Marcinkus wusste? Auch von seinen Geschäften mit Vertretern der Mafia?

Die Geschäfte, die man Marcinkus vorwarf, waren seit 1987 bekannt, als die italienischen Justizbehörden die Ermittlungen gegen ihn aufnahmen und Haftbefehl gegen ihn erließen; er sollte im Zusammenhang mit der Pleite des Mailänder Banco Ambrosiano vernommen werden. Nach einigen Monaten hob der Kassationshof diese Verfügung jedoch wieder auf, und zwar aus folgenden Gründen: Die Bestimmungen der Lateranverträge lassen es nicht zu, eine Person zu verhaften, die im Besitz eines vatikanischen Diplomatenpasses ist. Wir müssen nicht noch einmal auf diese alte Geschichte zurückkommen, aber sie erinnert mich an den Besuch Karol Wojtylas in Sizilien im Jahre 1993 und an das Verhalten von Monsignore Cassisa – Erzbischof von Monreale sowie zu Marcinkus' Amtszeit eines der Mitglieder des Vorstands des *IOR* – bei dieser Gelegenheit.

Wir hatten vorgesehen, dass ich Papst Wojtyla in meiner Eigenschaft als Bürgermeister in Palermo empfangen sollte. Ich fuhr also etwas früher zum Flughafen Punta Raisi, um die Willkommenszeremonie bestmöglich vorzubereiten. Dort angekommen sah ich unter den anderen Würdenträgern unerwarteterweise auch den Erzbischof von Monreale. Während die Empfangszeremonie für den Papst vorbereitet wurde, hatte ich mich mehrfach informiert, welche Vertreter der katholischen Kirche anwesend sein sollten. Das war nur der Kardinal von Palermo, Salvatore Pappalardo. Ich hatte sogar ausdrücklich nachgefragt, ob auch der Erzbischof von Monreale vorgesehen sei, und man hatte mir versichert, er werde nicht an der Zeremonie teilnehmen. Als ich jedoch diesen kurz darauf erblickte, zögerte ich nicht, Kardinal Pappalardo Folgendes mitzuteilen: „Eminenz, ich gehe. Ich möchte nicht persönlich auf die Ankunft des Papstes warten, wenn sich unter den Würdenträgern, die ihn empfangen werden, auch Erzbischof Cassisa befindet."

Weshalb war es nicht möglich, den Papst zusammen mit Cassisa zu empfangen?

Ich nenne nur einen Grund: Cassisas Sekretär hat mit Bagarellas Handy telefoniert, was nicht gerade ein unbedeutendes Detail ist. Auch wenn Cassisa freigesprochen worden war, so änderte das nichts an meiner politischen Beurteilung seiner Person und dieser konkreten Situation. Es änderte auch nichts an der Tatsache, dass während der Amtszeit von Marcinkus allen seine Nähe zum Mafiamilieu und sein hohes Amt im *IOR* bekannt waren. Ich verabschiedete mich also von dem Kardinal und den anderen Würdenträgern und ging.

Als ich nach Hause kam, wunderte meine Frau sich darüber, dass sie mich in der Direktübertragung nicht neben dem Papst gesehen hatte. Mein Platz neben dem Papst war leer geblieben; der Papst war über all das nicht informiert. Ich schrieb ihm einen Brief und erläuterte, dass es mir nicht möglich sei, neben dem Erzbischof von Monreale Cassisa meine Stadt zu repräsentieren – schon aus Respekt gegenüber den Gläubigen und den Nichtgläubigen. Die Fernsehnachrichten erwähnten, dass ich nicht dabei gewesen sei, sagten aber nichts über den

Grund. Drei Stunden, nachdem ich den Empfang verlassen hatte, stellte eine Agentur aus dem Pressebüro des Vatikans jedoch klar, dass die Anwesenheit von Monsignore Cassisa unter den Würdenträgern nicht vorgesehen war. Um drei Uhr nachmittags begab ich mich zum Stadion, um an der Papstmesse teilzunehmen, und bahnte mir einen Weg zwischen einigen höheren Dienstgraden der Carabinieri, die ins Gebet vertieft waren. Als sie mich sahen, unterbrachen sie kurz ihr Gebet und grüßten mich.

Ich sollte auch bei der Abreise des Papstes vom Flughafen von Palermo anwesend sein. Dort angekommen traf ich auf dieselben Würdenträger, die ihn morgens empfangen hatten. Sie schauten mich mit unverhohlener Neugier an, gespannt darauf, wie ich wohl reagieren würde, wenn Monsignore Cassisa noch einmal käme. Die Hubschrauber mit den vatikanischen Würdenträgern landeten und nacheinander stiegen aus: Papst Wojtyla, Kardinal Ruini, der ziemlich missmutig dreinsah, und schließlich Kardinal Pappalardo. Ich begriff sehr schnell, dass sich etwas verändert hatte. Der Zeremonienmeister wies mir mit beflissener Geste meinen Platz an und ich sah: Cassisa war nicht da. Papst Wojtyla kam mir entgegen und ich kniete nieder und küsste ihm den Ring. Seine Heiligkeit legte mir die Hände auf die Arme, wie um mir beim Aufstehen zu helfen, und sagte in seinem unverwechselbaren Italienisch zu mir: „Vielen Dank, Herr Bürgermeister, es war ein sehr schöner Tag. Alles ist wunderbar verlaufen." Ich fragte: „Alles, Heiliger Vater, wirklich alles?" Er fragte zurück: „Was wollen Sie mir sagen, Herr Bürgermeister?" Ich präzisierte: „Ist auch heute Morgen alles gut verlaufen?", und er bestätigte: „Auch heute Morgen." Neben mir stand Kardinal Pappalardo. Ich sagte noch einmal zum Papst: „Heiligkeit, alles, was wir getan haben, haben wir aus Respekt für unsere Stadt, aus Verehrung Ihnen und aus Dankbarkeit Kardinal Pappalardo gegenüber getan." Pappalardo unterbrach mich und sagte: „Heiligkeit, Bürgermeister Orlando gebührt unser Dank. Sechs Monate lang hat er mit seinen Mitarbeitern Ihren Besuch in Sizilien bis ins kleinste Detail vorbereitet." Der Papst ließ sich durch diese Bitte nicht verunsichern und sagte: „Ich habe ihm schon gedankt. Soll ich mich noch einmal bedanken?" Und plötzlich wendete er sich mir noch einmal zu, blickte mir fest in die Augen, lächelte und wiederholte: „Danke, Herr Bürgermeister!" Und dann, wieder Kardinal Pappalardo anschauend, fragte er noch einmal: „Kann ich jetzt gehen?" Dann ging er, immer noch lächelnd, zu seinem Hubschrauber.

Und was geschah nach diesem Gespräch?

Ich blieb allein mit Kardinal Pappalardo zurück und dankte ihm dafür, dass er an das Opfer von Pater Puglisi erinnert hatte. Er sagte mir: „Luca, wenn wir nicht an unsere Toten erinnern, wer soll es dann tun?" Während wir zum Ausgang der Landebahn gingen, nutzte ich die Gelegenheit, ihn in den Sitz der Stadtverwaltung von Palermo einzuladen, in den Palazzo delle Aquile, wo ich an diesem Tag Palermos Fußballmannschaft empfangen sollte. Kardinal Pappalardo lehnte ab, weil er zur gleichen Zeit ein Klassikkonzert in der Kathedrale von Palermo organisiert hatte, lud mich aber seinerseits ein zu kommen, sobald mein Gespräch mit den Fußballspielern zu Ende sei. Als ich die Kathedrale später betrat, sah ich, dass alle Sitzreihen voll belegt waren und sich (wegen der Anwesenheit des Papstes) auf beiden Seiten des Hauptaltars sämtliche wichtigen Vertreter der Kirche Italiens und Siziliens eingefunden hatten. In der Mitte des Kirchenschiffs saß Kardinal Pappalardo; ich wurde zu dem freien Stuhl direkt neben ihm geführt. Auf diesem Platz stand ich im Zentrum der Aufmerksamkeit von Nonnen, Priestern und Bischöfen aus ganz Italien und fühlte mich nach dem Zwischenfall mit Monsignore Cassisa natürlich dementsprechend unbehaglich. Am Ende des Konzerts ging Kardinal Pappalardo zum Lesepult und hielt eine Rede, die mit dem Satz endete: „Da der heutige Tag so gut begonnen hat, möchte ich ihn auch so zu Ende gehen lassen und hoffe, dass wir uns noch lange an ihn erinnern. Ich übergebe deshalb das Wort an Bürgermeister Orlando, der den Besuch des Papstes organisiert hat und dem wir viel verdanken.“ Etwas überrascht wurde mir klar, dass ich jetzt reden musste, und ging zum Mikrofon. Im gleichen Moment wurden die Stimmen einiger Besucher laut, die sich mit Cassisa solidarisch zeigten und ausriefen: „Ihn wollen wir aber nicht hören!“

Meine eigene Rede war sehr kurz. Ich wiederholte einfach, was ich bereits dem Papst gesagt hatte: „Alles, was wir getan haben, haben wir aus Respekt für unsere Stadt, aus Verehrung für Papst Wojtyla und aus Dankbarkeit gegenüber Kardinal Pappalardo getan.“ Ich weiß nicht, wie lange der darauf folgende Applaus dauerte, doch die menschliche Wärme gab mir neuen Mut. Vielleicht hatte die Kirche eine Provokation gebraucht. Monsignore Cassisa nahm jedenfalls von da an nie wieder an einer offiziellen Zeremonie teil (offenbar hatte der Vatikan es ihm untersagt), gab schließlich sein Amt auf und wurde durch Pio Vigo ersetzt. Cassisa wohnte trotzdem weiterhin in den für den Erzbischof von Monreale bestimmten Räumen. So kam es auch, dass Pio Vigo sich in Monreale selbst eine Bleibe suchen musste, obwohl er eigentlich ein Recht auf die für den Erzbischof reservierte Wohnung hatte. An die Stelle von Pio Vigo trat bald Cataldo Naro, der sich wie Vigo eine kleine Wohnung einrichtete, sein Amt aber bis zu seinem Tode ausübte. Cassisa wohnte unterdessen weiter in der erzbischöflichen Wohnung. Erst 2006, nach dem Hinscheiden von Monsignore Naro, beendete der Vatikan diese ärgerliche Situation und verbot Monsignore Cassisa, die heilige Messe zu feiern, solange er dem neuen Erzbischof von Monreale nicht die Wohnung im erzbischöflichen Palast überlassen habe.

Doch diese Maßnahme kam zu spät. Es waren inzwischen so viele Jahre vergangen, dass die Glaubwürdigkeit der kirchlichen Institutionen bereits nachhaltig beschädigt war – und Mafiosi und Kirchenleute in ihrem Handeln ermutigt worden sind.

Praktisch eine Art Exkommunikation auf Zeit.

Ganz genau! Seit dieser Zeit sind viele Jahre vergangen. Jedes dieser Ereignisse muss in den historischen Kontext eingeordnet werden, in dem es stattgefunden hat. Wie jedes komplexe menschliche Phänomen hat die Mafia Zeiten erlebt, in denen sie auf starken Widerstand gestoßen ist, und andere, in denen sie fruchtbaren Boden vorgefunden hat, in dem sie Wurzeln schlagen konnte. In jenen Jahren agierte die Mafia diskret und erregte um sich herum kein Aufsehen. Und das *IOR* war, wie andere Kreditinstitute auch, auch eine Bank der Mafia.

Nach den Morden an Falcone und Borsellino änderte sich die öffentliche Meinung und ganz Italien wünschte sich, die Mafia und all ihre Erscheinungsformen zu besiegen. Hätte innerhalb der Mafia das sizilianisch-amerikanische Modell die Oberhand behalten, wären sämtliche Transaktionen der Mafia ohne öffentliches Aufsehen geplant und durchgeführt worden. Das erklärt, warum Sindona nicht so vorging wie die Corleonesi. Und es erklärt auch das Verhalten Buscettas, der mit Erlaubnis der sizilianisch-amerikanischen Mafia auszupacken begann und Falcone alles Mögliche über die corleonesische Mafia erzählte. Er nutzte das italienische Gesetz, um seine Feinde zu bekämpfen. Wie ich bereits erklärt habe, ist dies nur deshalb möglich, weil die Mafia sich nur in einem demokratischen Staat durchsetzen kann. Und Italien ist ein demokratischer Staat. Das heißt natürlich nicht, dass es in totalitären Regimes keine Mafia geben kann; aber wenn es sie gäbe, dann käme sie doch nicht so weit, wie ihr das in unserem Land nach dem Faschismus gelungen ist. Die Demokratie hat die Existenz der Mafia erst ermöglicht, aber sie ermöglicht es auch, dass man sich ihr entgegenstellt, und auch, dass dieses Buch publiziert wird.

5. La Torre, Dalla Chiesa und Insalaco

Drei moralisch einwandfreie Männer. Drei verschiedene Arten, sich der *Cosa Nostra* entgegenzustellen – dasselbe Lebensende: ermordet von der Mafia in der für sie typischen feigen Art, aus dem Hinterhalt und ohne ihnen die Möglichkeit zu geben, sich zu verteidigen. Deshalb ist es umso unverständlicher, warum wir die Mafiosi noch heute *uomini d'onore* („ehrenwerte Männer") nennen.[1]

Am Morgen des 30. April 1982 war Pio La Torre in einem Fiat 132 unterwegs zur Zentrale der kommunistischen Partei in Palermo, am Steuer saß sein Freund und Fahrer Rosario Di Salvo. Am Ende einer gewundenen, engen Gasse im Stadtviertel Zisa, unweit der bekannten Kapuzinerkatakomben, drängten sich zwei schwere Motorräder seitlich neben ihren Wagen, und zwei maskierte und schwer bewaffnete Killer ermordeten La Torre und Di Salvo brutal. La Torre war sofort tot; Di Salvo

---

1 Vgl. die interessanten Bemerkungen von Salvatore Lupo in seinem Buch *Che cosa è la mafia* (Donzelli, Rom 2007, S. 105): „In den Ermittlungen von gestern und heute wird uns die Mafia dargestellt als eine Gesellschaft, die über Initiationsriten verfügt. Der Begriff der Ehre bringt dabei weniger eine innere Eigenschaft bestimmter Individuen zum Ausdruck als das komplexe Verhältnis, das zwischen den Gewalttätern und jener aristokratischen Welt besteht, die im Sizilien des 19. Jahrhunderts ihnen gegenüber die Rolle des Beschützers und auch des Vorbildes spielt. Der Verbrecher steigt zum ,Ehrenmann' auf, weil er *pungiutu* ist, das heißt: gemäß den Regeln in die Gemeinschaft aufgenommen. Nicht das Duell mit gleichen Waffen, nicht die Demonstration von individuellem Mut oder persönlicher Ergebenheit, sondern die *omertà (valentia)*, der Gehorsam und, wenn nötig, die Beseitigung des Gegners durch Anschläge aus dem Hinterhalt oder durch listige Täuschung ... manchmal auch durch die kollektive Hinrichtung durch die Mitglieder der Organisation, um den institutionellen Charakter dieses Aktes, der nach einem althergebrachten Ritual stattfindet, zu bekräftigen."

konnte selbst noch seine Waffe ziehen und ein paar Schüsse abgeben, bevor auch er starb.

La Torre war ein Gegner der Mafia. Seit seiner Jugend leistete er Widerstand gegen die *Cosa Nostra* und bekämpfte sie in seinem Heimatort. Er stand stets auf der Seite der Tagelöhner und der armen Landbevölkerung, kümmerte sich in Palermo um die Arbeiter auf den Schiffswerften und den städtischen Märkten und sprach sich gegen die Immobilienspekulation aus. Auch die Arbeit der Stadtverwaltung von Palermo beurteilte er streng und stellte seine Erfahrung im Kampf gegen die Mafia der nationalen Antimafia-Kommission zur Verfügung. Er ließ nicht locker, bis das Delikt der mafiösen Vereinigung ins Strafgesetzbuch aufgenommen und so die Möglichkeit geschaffen war, das Vermögen der Mafiosi einzuziehen. Natürlich zielte dieses Gesetzesvorhaben auf den riesigen illegalen Reichtum der *Cosa Nostra*.

Manche meinen, es seien seine Angriffe auf das Vermögen der Mafiosi gewesen, die sein Todesurteil letztlich besiegelten, und man kann davon ausgehen, dass die finanziellen Einbußen für die Mafia sicher ein harter Schlag gewesen sind. Doch es gibt noch einen weiteren möglichen Grund für seinen Tod, und zwar sein Engagement gegen die Stationierung amerikanischer Cruise Missiles in Sizilien. Er fürchtete, diese Stationierung sei mit großen Risiken für die Demokratie in unserem Land verbunden: Militarisierung des Territoriums – Geheimdienste – Mafia. So wurde er nicht müde, Anhänger gegen die Raketen und für den Frieden zu suchen, und konnte sie letztlich sogar unter denen gewinnen, die traditionell für die US-Basen waren. Allianzen für solche großen Schlachten zu schmieden entsprach seinem Verständnis von politischem Kampf. Darum ging es ihm, und er wurde oft für seine extreme Haltung kritisiert. In seinem Engagement gegen Mafia und Raketen ist wahrscheinlich der Hauptgrund für seine Ermordung zu suchen: zwei unterschiedliche Gründe, die aber miteinander in Verbindung stehen, eine recht häufige Konstellation.

Wie viele andere verlangte Pio La Torre auch die Abberufung des Polizeichefs und Präfekten von Palermo, der auch Mitglied der Freimaurerloge P2 war, und forderte, General Carlo Alberto Dalla Chiesa als Präfekten einzusetzen.

Das spielte sich folgendermaßen ab: Carlo Alberto Dalla Chiesa wurde ohne jede Vorankündigung nach Sizilien versetzt und zum Präfekten ernannt, um den „Mafia-Notstand" zu beheben. Doch Dalla Chiesa bekam von den Institutionen fast keine Rückendeckung, was er selbst einmal mit folgenden Worten auf den Punkt brachte: „Man schickt mich mit denselben Befugnissen an einen Ort wie Palermo, wie sie auch der Präfekt von Forlì hat." Dalla Chiesa erhielt vom Staat so wenig Unterstützung, dass die Mafia sich nicht scheute, ihn und seine Frau am 3. September 1982 auf spektakuläre Weise zu ermorden.

Dalla Chiesa saß an jenem Abend am Steuer seines A 112, neben ihm seine Frau. In der Via Carini in Palermo fuhren dann Antonio Madonia und Calogero Ganci (er wurde später zum *pentito*) in einem BMW neben seinen Wagen und eröffneten mit einem automatischen Gewehr des Typs AK-47 das Feuer. Zugleich schob sich Pino Greco, genannt Scarpuzzedda, auf einem Motorrad neben das Auto von Dalla Chiesas Fahrer und Leibwächter Domenico Russo und streckte ihn mit einem Schuss nieder. Der A 112 kam ins Schleudern und blieb dann stehen. Greco stieg vom Motorrad, um zu überprüfen, ob Dalla Chiesa und seine Frau auch wirklich tot waren; hinter dem BMW fuhren weitere Mafiosi, die im Bedarfsfall hätten eingreifen können.

Nach dem Tod Dalla Chiesas waren seine Ermittlungsunterlagen über die Entführung Aldo Moros plötzlich verschwunden. Man fand nie heraus, ob sie in der Via Carini gestohlen oder aus den Büros der Präfektur entwendet worden waren. Sicher ist, dass Dalla Chiesa bereits unmittelbar nach seinem Amtsantritt als Präfekt eine sehr genaue Vorstellung von der schlimmen Lage in Sizilien hatte und die Regierung, insbesondere den damaligen christdemokratischen Innenminister Virginio Rognoni, um (zusätzliche) Sondervollmachten gebeten hatte. So hätte er die Ermittlungen im Kampf gegen die Mafia besser kontrollieren oder zumindest koordinieren können.

Nach Dalla Chiesas Tod erklärte Innenminister Rognoni in einem Interview gegenüber einer der großen überregionalen Zeitungen, er habe Dalla Chiesa die erbetenen Vollmachten in einer für den 3. September – den Todestag – angesetzten Konferenz übertragen wollen. Ganz kurzfristig wurde die Sitzung dann noch auf den 7. verschoben. Später erhielt diese Vollmachten der Hochkommissar für den Kampf gegen die Mafia.

Fast zwei Jahre später war Giuseppe Insalaco für nicht einmal hundert Tage Bürgermeister von Palermo, eine kurze Zeit, in der er gleichwohl die Weichen für sein Todesurteil stellte. Er hatte sich vorgenommen, die Unmoral in der Stadtverwaltung zu bekämpfen, die Ciancimino und Lima eingeführt hatten, war dabei jedoch nicht erfolgreich; er trat von seinem Amt zurück, ließ dabei aber eine Rechnung mit der *Cosa Nostra* offen und bezahlte sie vier Jahre später mit seinem Leben. Seine Geschichte ist kurz erzählt: Am 13. April 1984 wurde er zum Bürgermeister gewählt, am 12. Juli 1984 trat er zurück und am 12. Januar 1988 wurde er ermordet.

Insalaco war ein Christdemokrat, der im Verdacht stand, Kontakte zur Mafia zu pflegen. Doch er war kaum Bürgermeister, als er zum genauen Gegenteil der verschiedenen Cianciminos wurde, die Palermo vorher regiert hatten: Er versetzte die bisherigen Abteilungsleiter, wechselte nach und nach in allen Ämtern das Gemeindepersonal aus, stoppte die Zahlung von Vorschüssen an Firmen, die im Verdacht der Korruption standen, und annullierte sämtliche Aufträge der vorigen Stadtverwaltung an Privatfirmen. Um nur ein Beispiel zu nennen: Die Firma des Grafen Arturo Cassina erhielt nicht weiter den Auftrag zur Instandhaltung der Straßen in Palermo, den sie seit 35 Jahren hatte. Insalaco wollte ganz einfach verhindern, dass Aufträge immer an dieselben palermitanischen Unternehmen gingen. Stattdessen ließ er Projekte neu ausschreiben, bei denen italienische wie ausländische Firmen unbeschränkt zugelassen waren.

Dieser völlig neue Stil rief manchen Ärger hervor. Um Insalaco loszuwerden, beschuldigte man ihn mithilfe eines anonymen Schreibens der Korruption. Es war eine alte Geschichte, in der es um den Verkauf eines Grundstücks an eine mit dem Mafiaboss Stefano Bontate verbundene Familie ging. Kurz nach dem Verkauf wurde das Grundstück als Bauland ausgewiesen, wodurch sein Wert erheblich stieg. Dies genügte schon, um Ermittlungen gegen Insalaco einzuleiten. Am 12. Juli, wenige Tage nach dem Beginn der Ermittlungen, trat Insalaco vom Amt des Bürgermeisters zurück.

Seine Feinde wussten allerdings nicht, was er der Antimafia-Kommission nach seinem Rücktritt noch erzählen würde: Er gab alles preis, was er über die Verbindungen zwischen Mafia und Kommunalpolitik wusste. Auf Grundlage seiner Aussagen wurde schließlich eine Untersuchung eingeleitet, die sich besonders der kriminellen Machenschaften bei der Vergabe kommunaler Aufträge widmete. Beschuldigt wurden Ciancimino, drei weitere frühere christdemokratische Bürgermeister, ihre Dezernenten und die Familie Cassina.

Am 12. Januar 1988, vier Jahre später und nur wenige Wochen vor Beginn des ersten Prozesses gegen die „Auftragsmafia", wurde Insalaco am Steuer seines Autos erschossen, das gerade irgendwo im Verkehr Palermos im Stau steckte. Er hätte der Hauptzeuge der Anklage sein sollen.

Nach allem, was wir bis jetzt gesagt haben, scheinen die Morde an Prominenten und die Massaker der Mafia zusammenzuhängen. Fast scheint es, als sei der bewaffnete Arm der Mafia ganz gezielt gelenkt worden. Hier drängt sich spontan die Frage auf, was die italienische Regierung dazu veranlasst hat, General Dalla Chiesa nach Palermo zu schicken und ihn dann so offensichtlich seinem Schicksal zu überlassen. Wurde nicht nach seinem Tode von mehreren Seiten die Vermutung geäußert, irgendjemand habe Dalla Chiesa loswerden wollen?

General Dalla Chiesa wurde 1982 nach Palermo versetzt, einen Tag nach der Ermordung Pio La Torres, der das ganze Land und das Gewissen der Regierenden erschüttert hatte. Der Mafia war ein klares Signal zu setzen, eines, das ihr zu verstehen gab, dass sie gerade sämtliche Grenzen überschritt. Pio La Torre, Regionalsekretär der kommunistischen Partei (PCI), hatte sich schon immer gegen die Mafia eingesetzt und Ciancimino und die Corleonesi mehrmals in aller Deutlichkeit angeklagt.

Wer war Pio La Torre sonst noch?

Pio La Torre, ein historischer Anführer der Kommunisten im Kampf der Tagelöhner gegen den Großgrundbesitz, nutzte seine Führungsbegabung auch in der Kampagne für den Frieden und gegen die Raketen der USA in Comiso. Eine Million Sizilianer (und nicht eine Million Kommunisten, die es in Sizilien nie gegeben hat) unterschrieben gegen diese Raketen – auch ich selbst und ich bin nie Kommunist gewesen. Den USA und auch den sizilianisch-amerikanischen Mafiosi und ihren amerikanischen Freunden gefiel das natürlich nicht ...

Die Ermordung des Oppositionsführers, des Chefs der Kommunisten in Sizilien, war für ganz Italien ein Trauma – und nicht allein für Sizilien.

Was war die Reaktion der Institutionen?

Wie ich bereits erwähnte, wurde die Lex La Torre, ein Gesetz, das den Zugriff auf das Vermögen der Mafiosi erlaubt, kurz nach seinem Tod beschlossen. Vermutlich wäre sie eine von vielen Gesetzesvorschlägen geblieben, wäre Pio La Torre nicht ermordet worden. Dass die Corleonesi Reina, Chinnici, Mattarella oder andere ermordeten, war irgendwie verständlich, wenn auch nicht zu rechtfertigen; der Mord an La Torre, dem Chef der kommunistischen Partei Siziliens, löste im politischen System jedoch ein Erdbeben aus. Die italienische Regierung musste geeignete Gegenmaßnahmen ergreifen – und zwar sofort. Macht es einen Unterschied, ob Dalla Chiesa nach Palermo geschickt wurde, um die Mafia zu bekämpfen oder um von ihr ermordet zu werden? Ich denke nicht. Er wurde in dem Bewusstsein nach Palermo versetzt, dass die Corleonesi zumindest versuchen würden, ihn umzubringen. Und dass ihnen das gelingen würde, war so gut wie sicher. Die Präsenz Dalla Chiesas in Palermo war für die Corleonesi eine Art Fehdehandschuh. Sie konnten ihn aufnehmen oder angesichts der entschlossenen Antwort des Staates aufgeben – und sie nahmen den Fehdehandschuh auf. Wenn die Corleonesi ihn nicht getötet hätten, hätten sie wahrscheinlich ihre führende Stellung innerhalb der Mafia eingebüßt.

Deine Analyse ist vollkommen überzeugend. Meine Frage ist jetzt etwas bösartiger. Schon damals sagten manche, Dalla Chiesa sei nach Palermo geschickt worden, damit er von der Mafia ermordet würde. Hätte man nun einen anderen Vertreter des Gesetzes dorthin geschickt, wäre dieser dann ebenso ermordet worden?

Einen Mann, der in Persönlichkeit, Charisma und investigativem Geschick Dalla Chiesa ähnlich gewesen wäre, hätte man ebenso umgebracht. Dalla Chiesa hatte die Roten Brigaden herausgefordert, er war ein Symbol für die nationale Gesetzlichkeit und die Präsenz des Staates. In einem Interview vom August 1982, das in der Tageszeitung *La Repubblica* erschien, sagte Dalla Chiesa unter anderem, die am meisten verunreinigte politische Gruppierung in Sizilien sei diejenige, deren Chef Andreotti sei.

Die Corleonesi werden sich gedacht haben: Wenn Andreotti nicht einmal in der Lage ist, sich selbst und seine Leute in Sizilien zu verteidigen, wie kann er dann für uns eine Garantie übernehmen? Wahrscheinlich beschlossen sie zu diesem Zeitpunkt den Mord, den sie schon länger ins Auge gefasst hatten. Einige Tage nach diesem Interview hielt La Torre eine äußerst entschlossene Rede gegen die Mafia – und zwar im Wald von Ficuzza, wo Oberst Russo ermordet worden war. Als ich den Bericht im Fernsehen sah, lief es mir kalt den Rücken hinunter, und ich sagte mir: „Den werden sie umbringen!" Und so kam es auch. Durch dieses Verbrechen brachten sich die Corleonesi nun in eine Situation, in der sie nicht mehr aufhören konnten. Allein ihres Machterhalts wegen mussten sie, wenn nötig, weiter töten, auch immer höhergestellte Personen.

Was sind deine Erinnerungen an diese Zeit?
Die Ermordung von Dalla Chiesa, einer Symbolfigur der republikanischen Rechtsstaatlichkeit im Kampf gegen den Terrorismus, zeigte unmissverständlich, dass die Mafia eine Herausforderung auf nationaler Ebene war. Wir Sizilianer hatten das bereits begriffen, nannten das Problem beim Namen, liefen aber damit allzu oft gegen eine Wand, weil die öffentliche Meinung in Italien das Problem unterschätzte. „In Sizilien bringen sie sich gegenseitig um" – so wurden die blutigen Morde an Regionspräsident Mattarella, Staatsanwalt Costa, Oberst Russo, dem stellvertretenden Polizeipräsidenten Russo und dem Richter Terranova kommentiert.

Doch mit dem Mord an General Dalla Chiesa wurde dem

ganzen Land plötzlich klar, welche Gefahr tatsächlich von der Mafia ausging, und es erwachte aus seiner Gleichgültigkeit. Aus diesem einfachen Grund ist die Ermordung des Generals sicherlich (auch in den darauffolgenden Jahren) von Leuten gedeckt worden, die in nationalen Institutionen tätig sind.

Hierbei darf man auch das eben erwähnte außerordentlich hellsichtige Interview nicht vergessen, das nur wenige Wochen vor dem 3. September in einer überregionalen Tageszeitung erschien. Darin ist von den Beziehungen zwischen Mafia und Wirtschaft die Rede, von den Verbindungen zwischen Geschäftswelt, Politik und Mafia zwischen Palermo und Catania, an deren Ursprung der übermäßige Einfluss der Andreotti-Leute steht – sie werden als „die am meisten verunreinigte politische Gruppierung Italiens" bezeichnet.

Wie war das Verhältnis des Generals zur Situation in Sizilien?
Dalla Chiesa kannte die Realität der Mafia, da er am Anfang seiner Karriere einige Jahre bei den Carabinieri in Sizilien stationiert gewesen war. Als Präfekt, Carabiniere und Ermittler wusste Dalla Chiesa ganz genau, dass ein Vertreter der Institutionen den Bürgern Sicherheit vermitteln muss: Man sah ihn oft in Schulen und Fabriken, so wollte er das Engagement des Staates und auch sein eigenes Engagement für die Gesetzlichkeit demonstrieren.

Er versuchte, auch dadurch Sicherheit zu vermitteln, dass er sich ohne Leibwächter in der Stadt bewegte – während seines Kampfes gegen die Roten Brigaden hatte er das nicht getan. Damit bestätigte er nach außen, dass zwischen dem Phänomen Terrorismus und dem Phänomen Mafia ein Unterschied bestand. Diese Haltung forderte die Mafia wohl wirkungsvoller heraus, als Waffen und gepanzerte Fahrzeuge dies getan hätten.

Ich verstehe nicht, weshalb die Corleonesi vom brutalen Mord (wie dem an Dalla Chiesa) dazu übergegangen sind, Attentate terroristischen Typs zu organisieren. Sie hätten Rocco Chinnici auch ohne Autobombe töten können. Doch so kamen vier Personen ums Leben, von denen drei nicht im Visier der Corleonesi standen; und es hätte durchaus noch mehr Opfer geben können. Was veranlasste sie, diese schreckliche Methode anzuwenden?

Dass die Morde spektakulärer wurden, war kein Selbstzweck. Wahrscheinlich wollte man unter den Gegnern Angst und Schrecken verbreiten; das ist allerdings nur meine Vermutung. Warum die Mafia manchmal mit den klassischen Waffen tötete und ein andermal eine Autobombe verwendete, kann ich auch nicht genau sagen.

Nach dem Mord an Dalla Chiesa terrorisierte die Mafia die Stadt Palermo eine ganze Weile und brachte alle um, die sich ihr widersetzten. Der Mord an Giuseppe Insalaco, dem ersten und einzigen Bürgermeister Palermos, der von der Mafia erschossen wurde, erregte besonderes Aufsehen. Was hatte Insalaco der Mafia getan?

Als Giuseppe Insalaco als Bürgermeisterkandidat für Palermo vorgeschlagen wurde, saß ich für die *Democrazia Cristiana* im Stadtrat. Wir stimmten in der Fraktion über seine Kandidatur ab und alle wollten Insalaco als Bürgermeister von Palermo – außer mir. Mein Stimmzettel blieb leer. Insalaco wusste ganz genau, dass ich als Einziger nicht für ihn gestimmt hatte, und um mich dies auch wissen zu lassen, sagte er zu mir gewandt: „Ich selbst habe natürlich an der Abstimmung nicht teilgenommen." Und dann sah er mich an und lächelte.

Als er dann Bürgermeister von Palermo war, änderte sich sein Handeln vollkommen. Eines Tages suchte ich ihn in seinem Büro auf und fand ihn in heller Aufregung. Ich fragte ihn: „Ist etwas nicht in Ordnung?", und er entgegnete mir: „Diese Leute glauben, sie hätten einen Hampelmann zum Bürgermeister von Palermo gewählt, mit dem sie machen können, was sie wollen. Ich werde in der ganzen Stadt Plakate aufhängen lassen, auf denen mein ,Nein' zur Mafia steht, und ich habe auch schon beschlossen, eine Straße nach General Carlo Alberto Dalla Chiesa zu benennen."

Binnen 24 Stunden wurde tatsächlich eine Straße in Palermo umbenannt. Wenn ich mich nicht täusche, bedeutet ein solcher Vorgang normalerweise einen ziemlich großen Aufwand.

Ja, das stimmt; Insalaco machte es sich ziemlich leicht. Erst als ich selbst Bürgermeister von Palermo wurde, begriff ich, wie er es fertiggebracht hatte. Meine Mitarbeiter stellten fest, dass die Straße, die heute nach General Carlo Alberto Dalla Chiesa benannt ist, im offiziellen Register der Stadt immer noch ihren alten Namen trug, nämlich Via del Giardino. Ich musste dann dafür sorgen, dass die offiziellen Dokumente entsprechend geändert wurden. Um Diskussionen und Abstimmungen im Stadtrat zu vermeiden, hatte Insalaco sich über sämtliche bürokratischen Vorschriften hinweggesetzt. Er ließ ein Schild mit dem neuen Straßennamen anfertigen, lud die wichtigen Leute ein und gab eine Mitteilung an die Presse, dass in der Via del Giardino eine Zeremonie stattfinden werde. Während dieser soll er gesagt haben: „Unter einem anderen Bürgermeister hätte man eine Straße nach Vito Ciancimino benannt, bei mir aber wird eine Straße zur ewigen Erinnerung an den Tod von Carlo Alberto Dalla Chiesa nach ihm benannt."

Wie gesagt, leistete er den mafiösen Machenschaften Cianciminos im Gemeinderat ungeheuren Widerstand: So wurden etwa Verträge mit bestimmten Baufirmen, die angeblich der Mafia nahestanden, nicht verlängert. Daraufhin trat der Baudezernent Midolo, ein Parteigänger Cianciminos, aus Protest zurück. Midolos Aufgabe war es, die Zahlungsanweisungen für Großaufträge zu unterschreiben; er nahm vermutlich kein

„klassisches Bestechungsgeld" an, wusste aber mit Sicherheit, dass der größere Teil der von der Stadt bewilligten Gelder, vermittelt über seine Zahlungsanweisungen, in die Kassen der Mafiosi floss. So merkwürdig das scheinen mag, verfügt die Mafia – im Gegensatz zu anderen kriminellen Organisationen – über Leute wie Midolo, die „arbeiten", ohne irgendeine Gegenleistung dafür zu verlangen. Für gewöhnlich begleicht ein Bestechungsgeld eine Schuld gegenüber jemandem, der einem einen Gefallen getan hat. In der Welt der Mafia gibt es jedoch keine Gefallen; wenn jemand etwas für einen anderen tut, dann nur, weil er den Befehlen seines Bosses gehorcht. Ich werde nie vergessen, wie Midolo während einer Stadtratssitzung seinen Rücktritt erklärte. Er hielt eine Rede und benutzte dazu eine Reihe von Notizen, die ganz offenbar von jemandem zusammengestellt worden war, der ziemlich gebildet war. Midolo jedoch war mit einigen Ausdrücken des Italienischen nicht vertraut und so entstand eine peinliche und allzu auffällige Fehlinterpretation – er verwechselte die Substantive zu „avocare" (an sich ziehen) und „vocare" (berufen) und wandte sich mit folgenden Worten vorwurfsvoll an den Bürgermeister: „Wie konnten Sie sich erlauben, auf die ‚Berufung' zurückzugreifen in einer Sache, die in meine Zuständigkeit fiel?" Richtig hätte der Vorwurf natürlich lauten müssen: Wie können Sie eine Tätigkeit aus meinem Zuständigkeitsbereich einfach an sich ziehen? Im Ratssaal von Palermo entstand eine peinliche Stille.

In dieser Ratssitzung war die Mafia zum Greifen nahe. Nach der Sitzung nannten einige Stadträte Insalaco auf dem Weg zur Eingangshalle einen „Schändlichen". Das ist in der Terminologie der Mafia die schlimmste Anklage überhaupt. „Schändlich" ist der Verräter. Und „schändlich" nennen sie normalerweise auch die von ihnen zum Tode Verurteilten. Das war ihre Art, Menschen zu verurteilen – ohne Berufungsmöglichkeit. Drei Tage später erhielt Insalaco eine offizielle Mitteilung, dass gegen ihn Vorermittlungen eingeleitet worden seien, und zwar wegen eines Grundstückverkaufs, der in die Zeit zurückreichte, da er als Geschäftsführer einer karitativen Organisation fungiert hatte.

Im Juli 1984 fand im Bezirk Boccadifalco eine Kundgebung statt. Als Bürgermeister der Stadt Palermo empfing Insalaco dort den Hochkommissar für den Kampf gegen die Mafia, den Präfekten De Francesco. Als Vertreter der Stadt Palermo war auch ich anwesend. Nach der Rede des Kommissars setzte Insalaco sich neben mich, berichtete mir von seinem Gespräch mit De Francesco und flüsterte mir dann plötzlich ziemlich beunruhigt zu: „Luca, sie bringen mich um. Ich bin sicher, dass sie mich umbringen werden. Ich habe meinen Sohn nach London geschickt, damit sie ihm nichts tun können. Und meine Tochter ist dabei, magersüchtig zu werden. Ich kann nicht länger Bürgermeister von Palermo bleiben. Vielleicht kannst du mein Nachfolger werden. Du hast so viele Kontakte in Rom; wenn du dort anrufst, findest du immer jemanden, der sich für das interessiert, was du sagst, und der bereit ist, etwas für dich zu tun. Ich dagegen habe solche Leute nicht." Insalaco war buchstäblich zusammengebrochen. Wenige Tage später trat er zurück. Und einige Monate nach seinem Rücktritt wurde Ciancimino verhaftet.

Insalaco war der erste Bürgermeister, der sich der Mafia entgegenstellte, indem er dafür sorgte, dass es mit den einträglichen Beziehungen zwischen der Stadtverwaltung und den Mafiosi ein Ende nahm. Natürlich prahlte er auch damit, dass er mit hochrangigen Mafiosi vom Kaliber eines Bontate oder Inzerillo Karten spielte, oder damit, dass er ein guter Kenner der alten sizilianisch-amerikanischen Mafia sei. Als er aber einmal Bürgermeister von Palermo war, bewies er außergewöhnlichen Mut und eine große Durchsetzungskraft.

Als Bürgermeister wart ihr jedenfalls ziemlich unterschiedlich.
Der Unterschied zwischen Bürgermeister Insalaco und Bürgermeister Orlando bestand darin, dass Insalaco die wunden Punkte seiner Gesprächspartner kannte. Wenn er angriff, sandte er seinen Gegnern eine klare, eine furchtlose Botschaft, die ihnen zeigen sollte, dass er sie tödlich treffen wollte. Ich dagegen lief Gefahr, bei meinen Angriffen ins Leere zu laufen.

Daher habe ich manchmal fürchterliche Schlachten geschlagen, um Programme umzusetzen, die die Mafia vielleicht kein bisschen berührten. Mit der Zeit habe ich die Spielregeln begriffen und die richtigen Punkte getroffen. Insalaco wurde ermordet, während ein Prozess gegen ihn lief; das Urteil kam dann nie mehr. Insalaco hatte vonseiten des Staates einen Prozess am Hals und von der Mafia war er zum Tode verurteilt worden: der passende Zeitpunkt, um physische Vernichtung und Verleumdung miteinander zu verbinden. In der Leichenhalle traf ich keinen einzigen Politiker. Nur seine Verwandten waren da. Bei der Beerdigung am nächsten Tag war die Kirche jedoch brechend voll. Politiker und Honoratioren waren sämtlich bei der Trauerfeier zugegen. Als der Sarg schließlich zum Leichenwagen getragen wurde, wollte auch ich mit Hand anlegen: Natürlich wusste ich, wer Insalaco war, doch mit dieser Geste wollte ich meine Anerkennung dafür zum Ausdruck bringen, dass er einen irreversiblen Bruch im mafiösen System Palermos herbeigeführt hatte. Ich wollte auch deutlich machen, dass jeder Unterstützung verdient, der sich der Mafia entgegenstellt, und ein zivilisiertes Land nicht zulassen darf, dass die Mafia „Todesurteile" ausspricht und vollstreckt.

Alle registrierten meine Geste und am nächsten Tag erschien im *Corriere della Sera* ein Interview mit einem berühmten palermitanischen Anwalt, der meine Geste als besonders platt und unpassend kritisierte. Es ist natürlich kein Zufall, dass eben dieser Anwalt maßgeblich an allen wichtigen „Affaren" in Sizilien beteiligt war, angefangen bei den Verhandlungen zwischen den Nazitruppen und der Mafia während des Zweiten Weltkriegs.

Natürlich hatte Insalaco der sizilianisch-amerikanischen Mafia nahegestanden, zumindest ideell. Doch mit Aufnahme seines Amtes in der Stadtverwaltung begann er, sich den Corleonesi zu widersetzen, und erreichte für die Stadt Palermo, dass die vorherigen stillschweigenden Übereinkünfte zwischen Mafiosi und Politikern schlicht unmöglich wurden.

Sieht man einmal von ihren Motiven ab, so muss man einräumen, dass sowohl Insalaco als auch Buscetta dazu beigetragen haben, dass der Widerstand und die Empörung der Mafia gegenüber wuchsen. Man möchte stets gerne vom Kampf des Guten gegen das Böse berichten, doch davon ist die wahre Geschichte oft weit entfernt: Wenn sich also letztlich das Gute durchsetzt, dann oft durch einen Kampf des Bösen gegen das Böse.

6. Das Massaker von Capaci

Rom, 16.40 Uhr, Flughafen Ciampino: Ein Jet der *SISDE* (einer Art Verfassungsschutz) erhebt sich in die Luft; an Bord Giovanni Falcone und seine Frau Francesca Morvillo. Palermo, 17.48 Uhr, Flughafen Punta Raisi: Der Jet der *SISDE* landet. Falcone und seine Frau werden von seiner Leibwache mit drei gepanzerten Fahrzeugen erwartet: einem braunen, einem weißen und einem blauen Croma. 17.50 Uhr: Die Wagen fahren los auf die Autobahn Richtung Palermo; im selben Augenblick informiert der Mafioso Gioacchino La Barbera seine Komplizen darüber, dass ihre Opfer gerade losgefahren sind. Von einer Anhöhe nahe des Ortes Capaci lässt sich die leicht kurvige Autobahn perfekt überblicken. Die drei Cromas fahren hintereinander her. Am Steuer des ersten Wagens sitzt Giovanni Falcone, neben ihm seine Frau Francesca Morvillo und auf dem Rücksitz Giuseppe Costanza, seit 1984 Falcones Fahrer. (Falcone fuhr immer nur dann selbst, wenn seine Frau mit dabei war.) Fast unmittelbar dahinter folgt der weiße Croma mit den Leibwächtern Rocco Di Cillo, Vito Schifani und Antonio Montanaro. Drei weitere Leibwächter – Paolo Capuzzo, Gaspare Cervello und Angelo Corbo – folgen in etwas größerem Abstand im blauen Croma. Die drei Wagen nähern sich Palermo in mäßigem Tempo. Es ist ein schöner Frühlingsnachmittag, die Sonne durchflutet eine farbenfrohe Frühlingslandschaft.

Calogero Ganci hatte die Mafiosi bereits vor Falcones Abflug in Rom über dessen Ankunft informiert. Er hatte die Garage observiert, in der Falcones gepanzertes Fahrzeug stand. 17.59 Uhr: Auf der Autobahn zwischen Trapani und Palermo nahe dem Ort Capaci erschüttert eine gewaltige Explosion die ländliche Stille: 500 Kilo TNT zerreißen Falcones Croma; Falcone und seine Frau werden tödlich verletzt, einzig Falcones Fahrer kommt wie durch ein Wunder mit dem Leben davon. Auch der Croma direkt hinter dem des Richters wird binnen Bruchteilen von Sekunden zu einem amorphen Blechhaufen. Drei Leibwächter sind sofort tot, drei weitere werden schwer verletzt, ebenso wie zwanzig andere Personen, die während der Explosion auf der gegenüberliegenden Spur fahren.

Einige Zeit später gestand Gioacchino La Barbera (diese Aussage wurde auch durch Beweise gestützt), das Attentat sei von einer ganzen Gruppe von Mafiosi organisiert worden, auch er selbst sei dabei gewesen, die Fernzündung betätigt habe allerdings Giovanni Brusca. Das Massaker von Capaci ist einer der grausamsten Momente des Kampfes der Mafia gegen die Repräsentanten des Rechtsstaates und es steht auch in engem Zusammenhang mit dem Attentat auf den Richter Paolo Borsellino und fünf seiner Leibwächter.

Die Geschichte des Todes von Giovanni Falcone ist gewissermaßen die Chronik eines angekündigten Todes: angekündigt in dem Sinne, dass der *pentito* Tommaso Buscetta Falcone ausdrücklich vor den Folgen für sein Leben gewarnt hatte, als dieser ihn zu befragen begann: „Herr Richter, ich warne Sie. Dieses Verhör wird Sie vielleicht zu einem berühmten Mann machen, aber Ihr Leben wird davon gezeichnet sein. ‚Sie‘ werden versuchen, Sie persönlich und beruflich zu vernichten. Vergessen Sie nicht, dass die Rechnung mit der *Cosa Nostra* niemals beglichen ist. Möchten Sie mich jetzt immer noch verhören?" (Giovanni Falcone, *Cose di Cosa Nostra*, Rizzoli, Mailand 1991).

Buscettas Worte hielten Falcone nicht von seiner Arbeit ab. Buscetta kooperierte mit dem Staat, was ein sehr erfreuliches

Ergebnis hatte: Seine Aussagen ermöglichten den sogenannten Maxiprozess, der in einem riesigen, attentatsicheren Gerichtssaal in Palermo stattfand; er war eigens dafür auf dem Gelände des Gefängnisses Ucciardone eingerichtet worden und bekam nach der Farbe der Wände den Spitznamen „das grüne Raumschiff". Dieser bunkerartige Saal bot Platz für über 500 Journalisten aus der ganzen Welt und wurde innerhalb kurzer Zeit in Italien und im Ausland bekannt, weil er die Bühne war, auf der Giovanni Falcone und Paolo Borsellino erstmals in der Geschichte Italiens ihre präzise ausgearbeiteten Anklagen gegen 475 Personen vortrugen. Alle waren wegen Delikten angeklagt, die mit der organisierten Kriminalität in Zusammenhang standen. Die von den Richtern verhängten Strafen waren wegweisend: 19 Angeklagte wurden zu Zuchthausstrafen verurteilt, fast ein Drittel der Beschuldigten erhielt zum Teil hohe Haftstrafen – insgesamt kamen 2665 Jahre zusammen. Die Geldstrafen beliefen sich auf insgesamt elfeinhalb Milliarden Lire. 114 Angeklagte wurden freigesprochen.

Die Geschichte des Maxiprozesses beginnt 1984, als Giovanni Falcone Buscetta in den Vereinigten Staaten besuchte und ihn aufforderte, mit der Justiz zusammenzuarbeiten. Zunächst weigerte er sich, wurde dann von den USA an Italien ausgeliefert und unternahm während des Fluges einen Selbstmordversuch (er schluckte Strychnin). Nach einiger Zeit und nach langen Gesprächen mit Falcone begann er, Organigramme und Pläne der Mafia zu enthüllen. Buscetta war der erste und der wichtigste unter den Ex-Mafiosi, die wegen ihrer Enthüllungen *collaboratori di giustizia* (Leute, die mit der Justiz zusammenarbeiten) oder, üblicher, *pentiti* (Reuige) genannt wurden.

Im Januar 1988 wählte der Oberste Richterrat (*Consiglio Superiore della Magistratura*) Antonino Meli zum obersten Ermittlungsrichter; er folgte auf Antonino Caponnetto, der aus Altersgründen ausgeschieden war. Falcone wurde übergangen, weil man das höhere Dienstalter als maßgeblich berücksichtigt hatte. Meli zog sämtliche Vorgänge an sich, so dass Falcone am 30. Juli 1988 einen Versetzungsantrag stellte. Er und seine Mitarbeiter hatten damals mit einigen Hindernissen zu kämpfen. Offenbar war das Tun Falcones und des sogenannten Antimafia-Pools auch innerhalb der Justiz nicht gern gesehen; schließlich lehnte der Kassationshof den Antrag Falcones und seiner Mitarbeiter ab, festzustellen, dass die Verbrechen, wegen derer gegen die Mafia ermittelt wurde, miteinander in Verbindung standen. In diese Zeit fällt auch die Tätigkeit des sogenannten *corvo* („Rabe") – man fand nie heraus, wer sich dahinter verbarg –, der u. a. versuchte, die Angehörigen des Antimafia-Pools mit einer Reihe von anonymen Briefen zu diskreditieren. Falcone und die anderen beteiligten Untersuchungsrichter trieben die Ermittlungen gegen die Mafiosi mit Ausdauer voran, wobei sie sich die Methoden ihrer Kollegen zum Vorbild nahmen, die wenige Jahre zuvor den Terrorismus bekämpft und großteils auch besiegt hatten. Tragischerweise wurden im Sommer 1985 innerhalb nur weniger Tage Giuseppe Montana und Ninni Cassarà ermordet, zwei wertvolle Mitarbeiter Falcones und Borsellinos. Natürlich fürchtete man nun auch um deren Unversehrtheit und quartierte sie aus Sicherheitsgründen auf dem Gelände des Gefängnisses Asinara ein; ihr dortiges Exil wurde immerhin gemildert durch die Anwesenheit ihrer Familien.

Einige Zeit später löste Meli den Antimafia-Pool auf, worauf die Richter Di Lello und Conte aus Protest zurücktraten. Borsellino erklärte Jahre später in der Zeitschrift *Micromega*: „Falcone begann im Januar 1988 zu sterben, als der Oberste Richterrat ihm Antonino Meli für das Amt des Chefanklägers von Palermo vorzog." Als der stellvertretende Ministerpräsident und Interimsjustizminister Claudio Martelli Falcone anbot, die Abteilung für Strafrechtsangelegenheiten im Ministerium zu leiten, willigte Falcone ein und begann, zwischen Palermo und Rom zu pendeln. Von März 1991 bis zu seinem Tod entfaltete er eine intensive Tätigkeit mit dem Ziel, die Justiz im Kampf gegen das Verbrechen effizienter zu machen. Er stellte sich außerdem für das Amt des Bezirksstaatsanwalts im Kampf gegen die Mafia zur Verfügung. Innerhalb des Obersten Richterrats stieß seine Kandidatur jedoch auf Widerstand und so wurde bis zu Falcones Tod keine abschließende Entscheidung getroffen.

Vielleicht zuerst eine persönliche Erinnerung an Giovanni Falcone.
Er war ein sizilianischer Richter und Weltbürger, der die Veränderungen in der Gesellschaft erfasste und ihnen seine imposante, ja glänzende Professionalität anzupassen vermochte. Er war sensibel für Wandlungsprozesse, ob auf nationaler oder auf internationaler Ebene, und durch diese professionelle Geschmeidigkeit war er stets in der Lage, seine Rolle als Richter auf moderne Weise zu interpretieren. Es hat nur wenige Justizbeamte gegeben, die sich derart im Kampf gegen die Kriminalität engagiert haben wie Giovanni Falcone – insbesondere gegen die Mafiakriminalität und überhaupt gegen die Mafia in all ihren Aspekten.

Wann hast du ihn kennengelernt?
Das war 1985. Im Sommer dieses Jahres ergriff die Justiz eine Reihe von Maßnahmen gegen die Mafiosi. Ich selbst war wenige Monate zuvor zum Bürgermeister von Palermo gewählt worden, zum ersten Mal damals. Als solcher und als Mitglied des Komitees für öffentliche Sicherheit und Ordnung hatte ich die Bauarbeiten für den Hochsicherheits-Gerichtssaal, wo der Maxiprozess stattfinden sollte, mit zu überwachen. Am 10. Februar 1986 musste alles fertig sein, denn dann sollte der Prozess beginnen.

Während meiner Besuche vor Ort lernte ich Giovanni Falcone kennen. Anfangs begegneten wir uns vor allem als Ermittlungsrichter und als Bürgermeister, doch im Laufe der Jahre kam es zu vielen persönlichen Begegnungen und Auseinandersetzungen. Ich durfte sogar im Rathaus die Eheschließung von Giovanni Falcone mit Francesca Morvillo feiern; aus Sicherheitsgründen fand die Zeremonie in aller Heimlichkeit statt, an einem Samstagabend, als der *Palazzo di Città* ganz leer war.

Abgesehen von den freundschaftlichen Beziehungen, die sich bald entwickelten, hat sich zwischen euch auch eine Zusammenarbeit im Kampf gegen die Mafia ergeben, bei jedem unter Beachtung der eigenen institutionellen Rolle. Also du als Bürgermeister und er als Richter?

Natürlich! Ich erklärte in aller Offenheit, die Stadt Palermo müsse sich als eine Front im Kampf gegen die Mafia verstehen. Und die Stadt trat im Maxiprozess auch als Nebenklägerin auf; ich selbst habe sie im Gerichtssaal vertreten und die Anklagestrategie der Staatsanwaltschaft unterstützt; ich forderte die Verurteilung der Mafiosi und verlangte Schadenersatz für das, was die Stadt durch sie erlitten hatte. Damals habe ich das Rechtsamt der Stadt Palermo angewiesen, von nun an in allen Mafiaprozessen als Nebenkläger aufzutreten. Die Aktivitäten der Mafia haben der Stadt Palermo große materielle und auch Imageschäden verursacht, und tun das auch heute noch. Meines Erachtens hat die Stadtverwaltung also jedes Recht, Schadensersatz zu verlangen. Und viele Gerichtsurteile haben mir darin auch Recht gegeben. Nach dem Maxiprozess stand ich in vielerlei Situationen in engem Kontakt mit Giovanni Falcone. Natürlich ließen wir uns diese Begegnungen nicht entgehen, um Erfahrungen und Meinungen zur Mafia auszutauschen, denn obwohl jeder seine Rolle hatte, standen wir doch auf derselben Seite.

Einmal zeigte mir Giovanni Falcone einen Stadtplan von Palermo, auf dem die Straßen markiert waren, in denen Schutzgeld *(pizzo)* an die Mafia gezahlt wurde. Es waren tatsächlich alle Straßen Palermos markiert, selbst in der Peripherie. Überall, wo es eine größere kommerzielle Aktivität gab, war auch die Mafia präsent. Manche zahlten das Schutzgeld wie eine normale Steuer, andere zahlten zähneknirschend, aber sie zahlten. Doch manche leisteten auch Widerstand – und bezahlten dies oft mit dem Leben.

Wer den *pizzo* klaglos hinnahm, zahlte mit der Zeit weniger. Wer dem Boss nahestand oder sein Freund war, zahlte zwar, aber sehr viel weniger als alle anderen. Wer sich distanzierte oder gar feindlich zeigte, zahlte hingegen viel mehr als alle anderen – manchmal auch mit dem Leben. Kurz: Es handelt sich um eine Art Steuersystem des Verbrechens, in dem auch Boni und Sanktionen verteilt werden.

Welche Rolle spielte denn damals Totò Riina innerhalb der Cosa Nostra? *War er schon der Chef?*
Als ich Bürgermeister von Palermo wurde, war Michele Greco der anerkannte Chef der Mafia, genauer gesagt war er der Chef der *Cosa Nostra*, der auch von den Corleonesi (die ja *viddani*, „Leute vom Dorf", waren) anerkannt wurde. Er war das palermitanische Gesicht des Clans der Corleonesi und wahrscheinlich auch deswegen ausgewählt worden, weil er in den „besseren Kreisen" der Stadt verkehrte. Ein *viddanu* als Mafiaboss wäre in den wohlhabenden Salons Palermos nämlich weitaus weniger gut aufgenommen worden und hätte dann auch keine Kontakte zur Politik und Justiz knüpfen können, die die Straflosigkeit der Mafiosi hätten sicherstellen können.

Etwas später wählten die Corleonesi aber doch einen Boss, der eben-
falls aus Corleone kam. Wie und warum trat Totò Riina an die Stelle
Michele Grecos?
Totò Riina, das Oberhaupt der Corleonesi und jetzt auch das
Oberhaupt der Mafia, löste Michele Greco ab, als der Maxiprozess eröffnet wurde. Damals gab es große Spannungen zwischen der Mafia und dem Staat und die *Cosa Nostra* brauchte
in ihrer Kommandozentrale einen Mann, der hart, grausam
und erbarmungslos war. Diese Art von Mensch war und ist
Totò Riina. Die Verhaftung Michele Grecos beschleunigte diese
Lösung dann noch: Riina hatte zu dem Zeitpunkt großes Interesse daran, den Eindruck zu erwecken, mit der Verhaftung ihres „Papstes" sei die Mafia am Ende; tatsächlich jedoch übernahm er im Untergrund offen das Kommando über die *Cosa
Nostra* und demonstrierte so, dass er innerhalb der Mafia über
die Kommunikations- und Entscheidungsmacht verfügte. Und
natürlich zeigte er dadurch auch, was aus Michele Greco inzwischen in Wahrheit geworden war.

Hatte diese „Nachfolgeregelung" Konsequenzen für die Beziehungen
zwischen der Mafia und der Gesellschaft?
Natürlich! Dieser Wechsel an der Spitze der *Cosa Nostra* hatte
ganz erhebliche Auswirkungen. Michele Greco wurde auf dem
Land, in der Nähe des Dorfes Caccamo, verhaftet und befand
sich innerhalb der *Cosa Nostra* bereits in einer Randposition.
Für mich spricht alles dafür, dass seine Festnahme kein Zufall
war; sie war geplant, und zwar deshalb, weil sie Totò Riina die
Machtergreifung erleichterte und er so endlich auch formell
die Herrschaft über die Mafia ausüben konnte; Michele Greco
war eine Art Vermittler zwischen den Corleonesi und den Palermitanern gewesen. Das zeigt auch die folgende Anekdote:
    Als ich während des Maxiprozesses vorgeladen wurde, um
meine Forderung auf Schadensersatz zu bekräftigen und die

Gründe dafür vorzutragen, musste ich vor meiner Aussage in einem Empfangsraum für die Zeugen warten, wo außer mir schon an die 40 Personen warteten. Ich kam mir vor wie auf einer exklusiven Party des „besseren" Palermo, einem Fest derjenigen, die in Palermo zählten: Dort saßen Richter, Staatsbeamte, Polizeioffiziere und leitende Angestellte bekannter palermitaner Firmen. Ich hatte ganz und gar nicht den Eindruck, im Warteraum eines Gerichtssaales zu sitzen, geschweige denn einem Gerichtsaal in Gestalt eines Bunkers. Ich fragte einige der „Gäste", weshalb sie hier seien, und alle gaben mir dieselbe Antwort: Sie waren alle wenigstens ein Mal Gäste auf Michele Grecos Gut Favarella gewesen.

In Palermo gibt es eine Gesellschaftsschicht, die man etwa zwischen den wohlhabenden und den adligen Familien ansetzen kann, in einem nicht weiter präzisierbaren Bereich. Genau diese Leute besuchten Michele Greco, hoben sein Ansehen und folglich auch das der corleonesischen Mafia. Es wurde in diesen Jahren gar zu einer Art Statussymbol, auf der Favarella zu Gast zu sein. Greco gab dies die Möglichkeit, Beziehungen zu knüpfen und Leute für seine Zwecke zu benutzen, die er sonst nie kennengelernt hätte. Keiner von diesen Leuten wurde angeklagt.

Der Kontakt zu ihnen diente vorwiegend dazu, das gesellschaftliche Ansehen der corleonesischen Mafiosi zu heben; so konnten sie sich rühmen, dass ihr Boss mit Leuten eines gewissen gesellschaftlichen Ranges verkehrte. Gerade die von den palermitanischen, als *viddani* bezeichneten Mafiosi konnten so auch unter ihresgleichen neues Ansehen gewinnen.

Du beschreibst die corleonesischen Mafiosi als sehr mächtig. Gleichzeitig betonst du aber, dass sie davor zurückschreckten, in Palermo offen die Kontrolle zu übernehmen. Deshalb waren sie, wie du sagst, darauf angewiesen, sich in Palermo von Michele Greco vertreten zu lassen, also von einem Palermitaner. Wir Palermitaner haben gegen die Dorfbewohner ja tatsächlich eine Art Aversion und behandeln sie oft mit einer unmotivierten Arroganz; so erklärt sich wohl auch, warum die palermitanischen Mafiosi die Corleonesi als viddani bezeichneten. Empfindest du es nicht auch als einen Anachronismus, wenn in einer Welt, die auf die schlimmsten Verbrechen gegründet ist, die Mafiosi aus Corleone zögerten, die Macht in Palermo an sich zu reißen, weil sie vom Dorf kamen?

Nicht alle corleonesischen Mafiosi hatten diesen Minderwertigkeitskomplex. Vito Ciancimino, ein „reinrassiger" Corleonese und Mafioso, hatte ihn mit Sicherheit nicht. Er wurde in Palermo tätig, wo er zuerst viele Jahre lang im Stadtrat saß und danach Baudezernent und schließlich sogar Bürgermeister wurde. Es ist aber richtig, dass die corleonesischen gegenüber den palermitanischen Mafiosi, die sie am Anfang als Killer benutzten, eine gewisse Scheu, ja fast Unterwürfigkeit zeigten.

Der Boss in Corleone war in den 50er und 60er Jahren Michele Navarra. Er verkörperte die Regeln der sizilianisch-amerikanischen Mafia, war Mafiaboss und zugleich Arzt; Mitglieder seiner Familie sind, nachdem sie aus Corleone weggegangen waren, beruflich sehr erfolgreich gewesen: Salvatore, Michele Navarras Bruder, wurde schließlich ärztlicher Direktor der Poliklinik in Messina und gehörte 1994 zu den Gründern von Forza Italia. Doktor Michele Navarra blieb jedoch in Corleone und führte dort ein Doppelleben.

Jemand wie Navarra war auf Killer angewiesen und einer seiner Killler war Luciano Liggio; nach mehreren Jahren in seinen Diensten kam er zu der Überzeugung, es sei für ihn günstiger, auf eigene Rechnung zu „arbeiten". Navarra bekam Wind davon, dass Liggio gemeinsam mit anderen seiner Killer eine Verschwörung gegen ihn organisierte und versuchte, ihn ins Abseits zu drängen. Er versuchte erst, Liggio zu warnen (keine Ahnung, warum!), und dann, ihn zu töten, und zwar auf dem Landgut Piano di Scala vor den Toren von Corleone.

Liggio gelang es mit Glück, sich zu retten: Er merkte, dass jemand, hinter einem Busch versteckt, auf ihn schoss, und konnte den Schüssen ausweichen. Er begriff, dass die, die ihn töten wollten, im Solde Navarras standen und er seinen Plan nicht länger aufschieben konnte, sondern Navarra möglichst schnell töten musste, wenn er am Leben bleiben und selbst Chef der Mafia von Corleone werden wollte. Und so brachte er Navarra tatsächlich wenige Tage später um, als dieser mit seinem Auto auf der Straße vorbeifuhr, die von Corleone nach Prizzi führt. Dabei starb auch ein Arzt, ein Kollege Navarras, der mit ihm nach Prizzi fuhr und mit der Mafia überhaupt nichts zu tun hatte. Von nun an war Liggio Chef der Mafia von Corleone und verständigte sich in Palermo mit Ciancimino, dem anderen Mann aus Corleone. Dieses Abkommen, das auf schmutzigen Geschäften des Duos Liggio/Ciancimino gründete, hielt so lange, bis die Corleonesi den sogenannten qualitativen Sprung schafften, die Macht in der „Kommission" der Mafia an sich zu reißen, und die Rollen der Anführer Tano Badalamenti und Michele Greco übernahmen.

Nach der Festnahme Michele Grecos übernahm Totò Riina das Kommando über die corleonesische Mafia. Welche politische Unterstützung genoss er, um mehr als zehn Jahre ungestört im Untergrund wirken zu können?
Es ist zweifellos ganz undenkbar, dass es in einem so kleinen Territorium wie Corleone – oder, wenn wir so wollen: so groß wie Palermo, aber es ist ja jedenfalls nicht so groß wie der Amazonas-Urwald – über einen so langen Zeitraum nicht gelingt, jemanden zu verhaften; das gilt für Riina und ebenso für Provenzano. Die Institutionen (Politik, Polizei, Justiz und alle anderen Einrichtungen, die uns vor der Mafia zu schützen sollen) haben also sicherlich einen wesentlichen Beitrag dazu geleistet, dass diese Personen so lange in Freiheit blieben.

Wer sorgte maßgeblich dafür, dass sie nicht verhaftet wurden? Die Politiker, die einige Richter untätig bleiben ließen, indem sie sie von außen behinderten? Oder gab es innerhalb der Justiz selbst einige, die diejenigen behinderten, die sie festnehmen wollten? Das Ziel bestand darin, dafür zu sorgen, dass niemand tätig wurde. Und das gelang auch, bis Buscetta begann, mit der Justiz zusammenzuarbeiten, und bis der Antimafia-Pool unter der Leitung von Antonino Caponnetto seine Tätigkeit aufnahm. Die Arbeit dieser Richter, insbesondere die von Falcone und Borsellino, markiert einen historischen Wendepunkt im Kampf gegen die Mafia – eine Mafia, die bisher aufgrund zweier notwendiger Bedingungen hatte überleben können: erstens die Gewissheit, die Prozesse gegen Mafiosi beeinflussen zu können; zweitens die bedingungslose Unterstützung der Mafia durch Leute innerhalb der Institutionen. Beide Voraussetzungen schwanden mit dem Urteil im Maxiprozess. Das war am 16. Dezember 1987. Von diesem Tag an bis zum Urteil des Kassationshofs im Januar 1992 lebten die im Maxiprozess angeklagten Mafiosi in einem Zustand nervenaufreibenden Wartens. Auch wenn die Mafia in diesen Jahren weiter agierte, so war ihre Tätigkeit doch bestimmt durch das Warten auf das endgültige Verdikt im Maxiprozess. Und der Kassationshof machte dann doch nicht Tabula rasa, ganz wie es die Bosse gehofft hatten.

Der 30. Januar 1992 war für die Mafiosi ein besonderer Tag. An dem Tag verkündete der erste Senat des Kassationshofs das abschließende Urteil im Maxiprozess, ein Urteil von historischem Rang, das die Verurteilungen der ersten und der zweiten Instanz bestätigte und in 19 Fällen Zuchthaus sowie insgesamt 2665 Jahre Gefängnis vorsah. Der Maxiprozess basierte auf den Enthüllungen von Tommaso Buscetta und der anderen Mafiosi, die mit der Justiz zusammengearbeitet hatten und deren Aussagen, mit objektiven Beweisen untermauert, nun gewissermaßen zu einer von den Gerichten bestätigten Wahrheit wurden. Dieses Urteil ist geradezu eine Revolution, denn nie war der *Cosa Nostra* etwas Vergleichbares widerfahren. Die Mafiosi waren große Prozesse gewohnt, die aus berechtigter Vorsicht weit weg von Palermo stattfanden. Doch meist wurden aus Mangel an Beweisen fast alle Angeklagten freigesprochen oder erhielten höchstens milde Strafen in Form von Aufenthaltsbeschränkungen.

Am 30. Januar 1992 ging es jedoch anders aus. Das Gebäude der Anklage blieb bestehen und die Versuche der Politiker, den Maxiprozess genauso ausgehen zu lassen wie alle anderen Prozesse zuvor, liefen ins Leere. Dieselben Bosse, die Jahre vorher im Prozess von Catanzaro freigesprochen worden waren, wurden nun rechtskräftig verurteilt. Die Mafiosi verstanden nun, dass sie keine verlässlichen Partner in der Politik mehr hatten, und ihre erste Antwort und zugleich eine Botschaft an die Politik war die Ermordung von Salvo Lima am 12. März 1992. Dieser Mord wurde auch als Signal an die Adresse Andreottis interpretiert und als erfahrener Politiker und mehrfacher Ministerpräsident verstand er die Warnung. Ihm wurde klar, dass zwischen Mafiosi und Politik kein Dialog mehr möglich war, und so entschloss er sich, die Mafia mit aller Kraft zu bekämpfen.

In den Jahren zwischen 1987 und Mai 1992 setzte Falcone seine Tätigkeit als Richter fort.
Giovanni Falcone hat, natürlich zusammen mit anderen Kollegen, einen wesentlichen Beitrag dazu geleistet, das Vorbild des gegen die Mafia engagierten Richters zu schaffen, und zwar durch sein mutiges, konsequentes, aber auch im professionellen Sinne effizientes Handeln. Die von ihm ausgearbeitete Anklage hielt allen gerichtlichen Instanzen stand. Sein Engagement wurde zum maßgeblichen Vorbild für alle Justizbehör-

den und für sämtliche Staatsanwälte in ganz Italien, die die Mafia bekämpfen wollen oder müssen und gegen die sich die mörderische Reaktion der Mafiosi gewandt hat.

Im Jahre 1990 hast du, unterstützt von der von dir gegründeten Partei La Rete („Das Netz"), erklärt: „In den Schubladen der Staatsanwaltschaft von Palermo gibt es genug Material, um die politischen Delikte gerichtlich zu verfolgen." Das heißt ja, Falcone hätte die Politiker, die damals in geheimem Einverständnis mit der Mafia standen, verhaften können, wenn er gewollt hätte.

Hier müssen wir in die Jahre 1990/91 zurückgehen. Damals konnte man im Justizpalast von Palermo einen Prozess der Normalisierung innerhalb der Anklagebehörde miterleben; es gab eine starke Tendenz, die Arbeit Falcones und der anderen Mitglieder des Antimafia-Pools zu behindern, ja beinahe zu leugnen, was sie leisteten. Dies wiederum veranlasste mich zu einer extremen Strenge gegenüber dem damaligen Oberstaatsanwalt Pietro Giammanco.

Auf wessen Veranlassung hin?

Auf die Veranlassung zahlreicher Leute hin, insbesondere einflussreicher Personen in der Justiz Palermos, die Falcone in gewisser Weise als ein Problem sahen. Damals entzog man Falcone die Ermittlungen gegen die Mafia und teilte ihm normale Delikte wie Diebstähle oder Raubüberfälle zu. Falcone, der weltweit als vorbildlicher Kämpfer gegen die Mafiaclans gegolten hatte und schon damals ein Symbol des Kampfes gegen die Mafia war, ermittelte nun gegen Straftaten von geringer Bedeutung. Eine Medienkampagne wurde gegen ihn gestartet, und zwar von Leuten, die sich heute öffentlich für den Kampf gegen die Macht der Mafia engagieren. Der Justizpalast startete also durchaus selbst eine gewollte Destabilisierungskampagne gegen den Antimafia-Pool.

Ich war damals Bürgermeister von Palermo, Giovanni Falcone Untersuchungsrichter. Beide hatten wir unsere genau bestimmte Rolle in der Gesellschaft und betrieben in diesem Rahmen unsere Tätigkeit. Ich war der Meinung, Giovanni Falcone müsse seine Ermittlungen ausweiten, auch um seine Position zu sichern; er arbeitete in seiner Rolle als Jurist nur auf der Grundlage objektiver Beweise – meine Rolle als Politiker sah ich darin, politische Bewertungen abzugeben, auch wenn ich keine objektiven Beweise hatte, die vor Gericht hätten verwendet werden können. Niemand kann heute noch eine stillschweigende Komplizenschaft zwischen Mafia und Politik bestreiten. Ich vertrete heute dieselbe Position wie damals und habe auch noch genauso viel Respekt vor Falcone. Meine Rolle als Politiker war und ist, die Justiz anzuspornen, ihre Ermittlungen weiter voranzutreiben – seine Aufgabe als Richter war es, im Kontext der Justiz nur mit objektiven Beweisen zu arbeiten.

Zum besseren Verständnis will ich kurz von einem Gespräch zwischen Falcone und Buscetta berichten. Als Falcone Buscetta fragte, ob er von Politikern wisse, die mit der Mafia unter einer Decke steckten, antwortete Buscetta, er werde niemals den Namen eines Politikers nennen, der heimlicher Komplize der Mafia sei. Auf die Frage, ob er sich weigere, weil er von solchen Politikern eben nichts wisse, antwortete Buscetta: „Ich kenne sie, doch wenn ich Ihnen die Namen der Politiker nennen würde, die sich mit der Mafia eingelassen haben, wären auch Sie nicht mehr in der Lage, die Konsequenzen zu kontrollieren." Genau deshalb hat der Politiker die Pflicht, von dem Untersuchungsrichter zu fordern, gegen diejenigen Politiker vorzugehen, die Komplizen der Mafia sind. Und dann wird dieser, legitimerweise, sagen, dass er nicht über die notwendigen Beweise verfügt, um sie anzuklagen.

Doch welche Namen von Politikern kannte Falcone, wenn doch seine Hauptinformationsquelle, nämlich Buscetta, ihm, wie du selbst erwähnst, gesagt hat, er werde niemals Namen von Politikern nennen? Das ist doch ein Widerspruch!

Aus politischer Sicht war die Situation äußerst besorgniserregend und aus juristischer Sicht fehlten die Beweise. Ich trug meinen Teil bei; noch heute würde ich genau dasselbe wieder tun. Ich bin kein Untersuchungsrichter und ich würde, heute wie damals, die Justiz drängen zu ermitteln, aber ich würde den Richter respektieren, der aus Mangel an Beweisen nicht gegen die Mafiosi oder andere Kriminelle vorgeht.

Damals befanden sich La Rete, ein Teil der Linken und du in einem Konflikt mit einem Teil der Presse. Der Journalist Lino Jannuzzi beispielsweise hat dich in einigen Artikeln scharf kritisiert.

Jannuzzi ging gestern und geht noch heute erbittert gegen zahlreiche Personen vor, die gegen die Mafia kämpfen, und er ist auch nicht der Einzige. Das ist unbestreitbar. Warum er das tut, muss man ihn selber fragen.

Am 20. Juni 1989 wurde ein Attentat auf Giovanni Falcone verübt, und zwar in seiner Villa am Meer in Addaura, einem Badeort in der Nähe des Touristenstädtchens Mondello. Glaubst du, dass es sich dabei um ein von der Mafia organisiertes Attentat handelte mit dem Ziel, Falcone zu ermorden?

Als ich die Nachricht von dem Attentat auf Falcone in seiner Villa in Addaura erhielt, organisierte ich sofort eine Protestdemonstration gegen diejenigen, die diesen kriminellen Anschlag verübt hatten, eine Kundgebung auf der Piazza Pretorio, an der der Palazzo delle Aquile liegt, der Sitz der Stadtverwaltung von Palermo. In meiner Rede verurteilte ich die Urheber dieses Attentats aufs Schärfste. Als mich am Ende meiner Ansprache jemand darauf aufmerksam machte, dass ich während meiner Anklage kein einziges Mal das Wort Mafia gebraucht hatte, antwortete ich: „Die Mafia ist nicht allein verantwortlich für dieses Attentat." Das Attentat wurde von außer Kontrolle geratenen Geheimdienstzellen in Komplizenschaft mit der Mafia geplant. Das war und ist noch immer meine Überzeugung. Wenn ich von außer Kontrolle geratenen Geheimdienstzellen spreche, so ist dies kein Märchen (oder Panikmache), sondern eine dramatische Wirklichkeit, nicht nur im Zusammenhang mit der Mafia.

Solche Zellen haben auch dafür gesorgt, dass Riina und bis vor Kurzem auch noch Provenzano unbehelligt im Untergrund leben konnten. Wie jetzt herauskam, haben dieselben Elemente noch vor gar nicht langer Zeit Politiker und Vertreter der Justiz, darunter auch mich selbst, ausspioniert, um die Opposition gegen Berlusconi zu destabilisieren. Das Attentat in Addaura hat nicht nur die Mafia geplant. Es war ein Attentat, in das auch Vertreter des Staates verwickelt waren, die der Mafia nahestanden. Gäbe es diese versteckte Komplizenschaft nicht, dann gäbe es auch die Mafia nicht. Die Mafia wäre nicht die Mafia! Wir wiederholen es immer wieder, doch erst, wenn etwas geschieht, was diese Komplizenschaft zu bestätigen scheint, gibt es einen Aufschrei der Empörung ... Italien ist ein merkwürdiges Land: wegen dieser verborgenen Komplizenschaft, aber auch wegen der heuchlerischen Empörung. Die Feinde Falcones waren nicht seine Gegner, sie standen an seiner Seite. Mit diesem Gedanken müssen wir uns vertraut machen, sonst werden wir das Wesen der Mafia nie begreifen. Denn die Mafia zu bekämpfen heißt auch, die Elemente des Staates zu entlarven und zu sanieren, die mit der Mafia unter einer Decke stecken.

Es gibt einige Vermutungen, wer der Maulwurf in der Stadtverwaltung von Palermo gewesen sein könnte, der die Ermordung von Ninni Cassarà ermöglichte. Und es gibt zahlreiche

Gerüchte über die mutmaßlichen, verschiedenartigen Verbindungen zwischen Mafiosi und Beamten der Justiz und/oder der Polizei. Vieles deutet darauf hin, dass an Schaltstellen des Staates Leute sitzen, die in geheimem Einverständnis mit der Mafia stehen. Es ist zu einfach, zu sagen, Ciancimino sei der einzige Vertreter der Staatsgewalt gewesen, der enge Beziehungen zur Mafia hatte. Wenn wir die Vorstellung akzeptieren, dass es Politiker gibt, die heimliche Komplizen der Mafia sind, dann müssen wir auch unterstellen, dass es ebenso Verwaltungsbeamte, Unternehmer und Polizisten gibt, die einen Deal mit der Mafia abgeschlossen haben. Mit einem Wort: Es gibt ein buntscheckiges Segment in der Gesellschaft Siziliens und Italiens, das die Mafia bekämpfen müsste und es nach außen hin auch zu tun scheint, während es in Wirklichkeit ein aktiver Teil von ihr ist.

Genau das hat Giovanni Falcone zusammen mit dem „Pool" von Untersuchungsrichtern, dem er angehörte, bewiesen, als er den Maxiprozess vorbereitete. Auf der Anklagebank saßen nicht weniger als 475 Personen ganz verschiedener sozialer Herkunft.

Der Maxiprozess bestätigte, wie professionell die Mitglieder des Antimafia-Pools arbeiteten, insbesondere Falcone und Borsellino. Wer den Maxiprozess verstehen will, muss um einiges tiefer ansetzen, als es den Anschein hat. Das war wirklich der erste große Prozess gegen die Mafia, und so konnte Giovanni Falcone gleichsam Verfasser des Handbuchs für den neuen Strafverfolger im Kampf gegen die Mafia werden. Er hat das Modell eines Untersuchungsrichters geschaffen, den es vorher nicht gab; der Erfolg Falcones und die historische Bedeutung seiner Rolle reichen weit über das Urteil vom Januar 1992 hinaus.

Der Maxiprozess war auch der Höhepunkt der Rache Buscettas gegen diejenigen, die seine Familie ausgelöscht hatten. Was für ein Verhältnis hat sich deiner Meinung nach zwischen Falcone und Buscetta entwickelt?

Ich habe nur lesen und zur Kenntnis nehmen können, was von diesen Verhören bekannt geworden ist. Zweifellos war Buscetta ein Mafioso, der ein genau bestimmtes Ziel verfolgte: sich an denen zu rächen, die ihn und seinen Clan besiegt und die seine Verwandten und Freunde ermordet hatten. Er hat immer wieder gesagt, dass er ein „Ehrenmann" sei; er wollte die Mafia angreifen, die nicht mehr den traditionellen Regeln entsprach. Und er bediente sich des Staates, um einige führende Leute der Mafia zu beseitigen. Jemand wie Buscetta hatte begriffen, dass Falcone ein echter Profi war und man sich deshalb auf ihn verlassen konnte – er würde seine Anklagen und Aussagen einer skrupulösen Überprüfung unterziehen. Darauf, dass Falcone die Glaubwürdigkeit der Bekenntnisse Buscettas bestätigte, gründeten sich die Prozesse, die dann auf rechtsstaatlicher Basis zu einem guten Ende kommen sollten. Das, was ich sage, mag häretisch erscheinen, ist aber die Wahrheit. Falcone und Borsellino erhofften sich gleichermaßen, der Kassationshof möge die gegen die Mafia vorgetragenen Anklagepunkte bestätigen. Natürlich hatten beide unterschiedliche Erwartungen, aber die mögliche Verwerfung dieser Anklagen durch den Kassationshof wäre sowohl für Falcone und den Antimafia-Pool als auch für Buscetta eine schreckliche Niederlage gewesen.

Setzte Buscetta Falcone als Waffe gegen seine Feinde ein?
Buscetta wurde und war eine Waffe in der Hand des Staates. Ohne die Bekenntnisse Buscettas gegenüber Falcone hätten wir nie eine genaue Vorstellung von der Mafia in allen ihren Aspekten gewonnen; nur durch seine Aussagen verfügen wir

heute über ein vollständiges Organigramm der Mafia. Buscetta hat eindeutige Belege dafür geliefert, dass die Mafia keine Ansammlung von Gaunern ist, die einzelne, wenn auch zahlreiche Verbrechen begehen, sondern eine kriminelle Organisation im strengen Sinne, ein Machtsystem.

Es lässt sich jedoch nicht bestreiten, dass Buscetta Falcone benutzt hat, um sich zu rächen – sicherlich nicht aus Liebe zum Staat.
Falcone wusste, dass die Zusammenarbeit mit der Justiz Buscettas einzige Möglichkeit war, seine Rache zu vollziehen. Alle wussten das und nur Falcones Professionalität, aufgrund derer Buscettas Aussagen genauestens überprüft wurden, hat diese Enthüllungen in hieb- und stichfeste Anklagen verwandeln können, die über mehrere gerichtliche Instanzen hinweg unerschüttert blieben.

Die überschwängliche Begeisterung über Falcones Leistungen legte sich ziemlich rasch. Es kam zu einem langsamen Niedergang seiner Rolle und man hatte den Eindruck, dass die Umgebung, in der er arbeitete, dies selbst so wollte.
Zweifellos! Da war beispielsweise die Tatsache, dass er nicht als Nachfolger Caponnettos zum Chef der Anklagebehörde ernannt wurde; außerdem, dass die Überlegungen Leonardo Sciascias zu den „Antimafia-Profis" dazu benutzt wurden, den Pool zu destabilisieren, und schließlich auch die Tatsache, dass sich im Falle von Paolo Borsellino der Oberste Richterrat einschaltete. Gegen Ende der 80er Jahre stagnierte der Kampf gegen die Mafia, und die Meinungsverschiedenheiten mit dem damaligen Oberstaatsanwalt Giammanco verschärften sich. Daraufhin wurde Falcone, wie Giammanco es wollte, aus den wichtigsten Ermittlungsverfahren gegen die Mafia hinausgedrängt. Weil er sich an den Rand gedrängt sah, beschloss Falcone, die Einladung des stellvertretenden Ministerpräsidenten Martelli,

der damals übergangsweise das Justizministerium übernommen hatte, anzunehmen und Leiter der Abteilung für Strafrechtsangelegenheiten im Ministerium zu werden. Im Gericht von Palermo war ein Klima der Restauration entstanden, und das fiel mit der Marginalisierung Falcones zusammen.

Was verstehst du in diesem Zusammenhang unter Restauration?
Ich verstehe darunter eine Rückkehr zur alten Verfahrensweise der palermitanischen Justiz, die zahlreiche Freisprüche produziert hatte wie die in den Prozessen von Catanzaro und Bari.

Ist diese Überlegung eine Annahme, oder bist du dir dessen sicher?
Ich habe das schon klargestellt. Es handelt sich um ein politisches Urteil. Im Übrigen haben andere Justizbeamte, die bei der Staatsanwaltschaft in Palermo arbeiteten, meine Sichtweise durch ganz ähnliche Aussagen bestätigt. Außerdem habe ich meine Position auch bei einer Anhörung seitens des Obersten Richterrates bekräftigt; Giammanco hat mich deshalb auch auf Schadensersatz verklagt.

Und hast du den Prozess gewonnen?
Ja.

Falcone lebte mehr in Rom als in Palermo. Totò Riina hätte ihn töten können, wie und wann er wollte, während er in Rom war. Dafür hätten ein paar geübte Killer und einige Pistolenschüsse genügt, die auf ein einziges Ziel gerichtet gewesen wären: Falcone selbst. Warum hat Riina Falcone nicht in Rom ermorden lassen?
Riina ließ Salvo Lima ermorden, wie man normalerweise einen gewöhnlichen Kriminellen umbringt; Falcone dagegen ließ er so ermorden, dass das größtmögliche Aufsehen erregt wurde: Dieser Mord, der schon an sich aufsehenerregend war, musste so eindrucksvoll, schreckenerregend, bestürzend sein wie nur

möglich. Er sollte den anderen Mafiosi, dem Staat und der Justiz Angst einjagen – einer Justiz, die mit Falcone endlich zu funktionieren begann. Riina schrie mit diesem Mord seine ganze Wut gegen diejenigen hinaus, die in den Institutionen das Schweigen, die Übereinkünfte und die heimlichen Einverständnisse gebrochen hatten. Das Massaker wurde auch nicht zufällig auf dem Gebiet des Bosses Badalamenti geplant und durchgeführt. Wie schon erläutert, war es ein Signal, Falcone auf eine so aufsehenerregende Weise zu ermorden, und dies in Sizilien – und nicht in Rom – zu tun war ein doppeltes Signal; es noch dazu auf einem Territorium zu tun, das dem alten Boss Badalamenti als eine Art „Pension" überlassen worden war, war umso eindringlicher; er erfuhr wohl erst im Nachhinein, aus den Zeitungen, von dem Massaker auf seinem Territorium. So demonstrierte Riina auch, dass es keinen Respekt mehr gab, gegenüber niemandem. Auch der Pakt der „Rücksicht" gegenüber dem alten Boss Badalamenti wurde gebrochen: In der Symbolik der Mafia gibt es ja keinen schlimmeren „Affront", als im Territorium eines Bosses ein Verbrechen zu begehen – und dieses hier war ja kein gewöhnliches Verbrechen –, ohne ihn zu informieren und seine Genehmigung zu erbitten.

Um ein Massaker dieser Art zu verüben, musste Riina über hochrangige Protektion verfügen. 500 Kilo Sprengstoff unter der Autobahn zu deponieren, ist ja keine Kleinigkeit. Wer hat ihm deiner Meinung nach diesen Schutz zugesichert? Vielleicht einige Politiker?
Meiner Ansicht nach konnte kein Politiker den Tod Falcones wollen. Dieser Mord war derart außergewöhnlich, dass sogar die Politiker, die mit der Mafia gemeinsame Sache machten, erst hinterher von ihm erfuhren. Der Mord an Falcone war eine autonome Tat Riinas. Nach dem Blutbad wird jedoch bestimmt der ein oder andere Politiker „kontaktiert" worden sein,

damit er sich für die Straflosigkeit der Mörder verwende. Kein Politiker hätte jedoch dieses Massaker anordnen oder auch nur vorher davon wissen können; es gibt auch keinen Grund dafür, dass unter den Politikern jemand seinen Tod gewollt hätte. Riina war enttäuscht, dass der Kassationshof nicht auf Freispruch entschieden hatte, beschloss so die Ermordung Limas und sandte zugleich ein Signal und eine Warnung an die Politiker insgesamt.

Wie reagierte der Staat auf Falcones Tod?

Damals stand Andreotti an der Spitze der Regierung, die nun viele entschlossene und wohlbedachte Gesetze gegen die Mafiosi beschloss. Eines davon verfügte zum Beispiel, dass alle Mitglieder von Mafiaclans, die erst vor Kurzem aus dem Gefängnis entlassen worden waren, erneut inhaftiert werden sollten; es gab eine ganze Reihe von harten Maßnahmen gegen die Mafia. Der Mord an Falcone beeinträchtigte auch die Beziehungen zwischen der amerikanischen und der sizilianischen Mafia, denn die amerikanischen Polizeibehörden kontrollierten die Beziehungen zu den sizilianischen Clans und Bossen nun strenger.

Warum wurde Riina erst nach dem Blutbad von Capaci verhaftet?

Weil Falcones Ermordung alle überrascht hatte. Nie hätte man geglaubt, dass die Mafiosi es schaffen würden, jemanden vom Range Falcones zu ermorden – und doch waren nach seinem Tod fast alle überzeugt, dass Borsellino das nächste Opfer sein würde; und natürlich braucht man weder ein Genie noch Mafiaexperte zu sein, um zu diesem Schluss zu kommen. Auch wer sich nicht für die Mafia interessierte, verfolgte die Ereignisse, und alle hofften, die Täter und die Auftraggeber des Massakers von Capaci würden möglichst schnell festgenommen; doch nichts dergleichen geschah. Und als sich dann das

Blutbad in der Via D'Amelio ereignete, war die Wut der Menschen nicht mehr zu bändigen. Meiner Meinung nach konnte der Staat nach der Ermordung Borsellinos gar nichts anders, als Riina festzunehmen.

Im Übrigen bin ich davon überzeugt, dass nach der Reaktion der Bürger und des Staates auf die Massaker von Capaci und in der Via D'Amelio ein bedeutender Teil der Mafia (nicht nur derjenige, der in den USA saß) zu dem Schluss kam, dass eine Verhaftung Riinas den Schaden für die Geschäftsinteressen der Mafia begrenzen könnte; es war jetzt an der Zeit, „Basta" zu sagen zum terroristischen Blutvergießen der Corleonesi.

7. Das Blutbad in der Via D'Amelio

Palermo, Via D'Amelio, Sonntag, 19. Juli 1992, früher Nachmittag. Ein furchtbarer Knall erschüttert die Stille der ersten heißen Nachmittagsstunden eines Sommertages: Ein Fiat 126, nur wenige Meter vom Haus der Mutter Paolo Borsellinos entfernt geparkt, explodiert und birst in tausend Stücke. Von der mächtigen Explosion erfasst werden Paolo Borsellino und seine Leibwächter Agostino Catalano (der Chef der Gruppe), Emanuela Loi, Vincenzo Li Muli, Walter Eddie Cusina und Claudio Traina; ihre entstellten Leichen zeugen von der Wucht der Detonation. Der einzige Überlebende ist Antonino Vullo.

Ein weiteres Massaker der Mafia. Seit dem Blutbad von Capaci waren 57 Tage vergangen: 57 Tage, in denen Borsellino in der offenkundigen Gewissheit gelebt hatte, die Mafia würde auch ihm die Rechnung präsentieren, die Falcone bereits erhalten hatte – dafür, dass er einen der bedeutendsten Prozesse eingeleitet hatte, der jemals gegen die Mafia geführt worden war: den Maxiprozess. Der Tod traf Borsellino nicht unvorhergesehen, er hatte ihn sich schon viele Male vorgestellt. Er rechnete mit seiner Ermordung, und zwar in dem schmerzhaften Bewusstsein, dass die Mafia nicht zögern würde, mit ihm auch noch andere Menschen zu töten. Er wusste, dass er nicht alleine, sondern mit seiner Eskorte sterben würde. Und vielleicht ist das der tragischste Aspekt von Borsellinos Tod; vielleicht quälte ihn dieser Gedanke mehr als alle anderen, mehr auch als der Gedanke an seine eigene Unversehrtheit, und zwar jedes Mal, wenn er zusammen mit seiner Leibwache irgendwohin ging oder fuhr, jedes Mal, wenn er aus dem gepanzerten Fahrzeug stieg, und jeden Morgen, wenn er die Leute wiedersah, die ihn niemals aus den Augen ließen.

Niemand wird freiwillig zum Helden. Man wird es, ohne es zu wollen. Borsellino, Falcone und die Männer und Frauen, die zusammen mit ihnen starben, sind zu Symbolen der modernen Kultur geworden, zu Helden, die ihr Leben auf furchtbare Weise verloren haben, und zwar um der Idee eines Staates willen, der ein Rechtsstaat sein soll. Es waren Leute, die ein normales Leben führten und dies gerne weiter geführt hätten. Sie haben sich für ein Ideal geopfert, so wie alle Helden zu allen Zeiten und in allen Kulturen dies getan haben – normale Menschen, die ein Leben führen wie Borsellino, der an seinem Todestag zu seinem Haus außerhalb von Palermo, in Villagrazia, gefahren war, um sich zu erholen. Er wollte einen gewöhnlichen, ruhigen Tag mit seiner Familie verbringen; natürlich waren auch seine Leibwächter bei ihm. Nach dem Mittagessen kehrte er nach Palermo zurück, um seine Mutter zu besuchen. Die Mafia wusste von dieser Verabredung und tötete ihn auf dem Weg zur Haustür seiner Mutter, in einem Moment, in dem er schwieriger zu verteidigen war. Ganz unerwartet aber traf Borsellino und seine Leibwächter die Explosion der Autobombe wahrscheinlich nicht. Oft hatten die Beamten der Leibwache die zuständigen Behörden darauf hingewiesen, dass man in der Via D'Amelio in der Nähe des Eingangs ein Parkverbot erlassen sollte; am Sonntag, den 19. Juli 1992, sollten sie recht bekommen; zu spät.

Einen Schlüssel zum Verständnis jenes Massakers lieferte im Spätsommer 2001 der *pentito* Brusca. Er behauptete, Paolo Borsellino sei ermordet worden, weil er Verhandlungen von Vertretern des Staates mit den Corleonesi stoppen wollte, die einige Wochen nach dem Blutbad von Capaci aufgenommen worden waren; ein „Maulwurf" hatte die *Cosa Nostra* über die Absichten des Richters in Kenntnis gesetzt. Die Ermordung erfolgte schnell und mit Rückendeckung der involvierten Vertreter des Staates.

Giovanni Brusca machte diese Aussagen in einem streng geheim gehaltenen Verhör durch Untersuchungsrichter aus Palermo und Florenz. Er sagte wörtlich: „Der Richter Paolo Borsellino war gegen die Verhandlungen, die Riina mit dem Staat führte, und wurde deshalb zum Hindernis. Deswegen ist er ermordet worden." Was Brusca nicht nannte, war der Name des Verhandlungspartners von Totò Riina. Er erzählte den Ermittlern jedoch, dass die Ermordung Paolo Borsellinos bereits seit Jahren ins Auge gefasst worden war, ihre Umsetzung aber schließlich nach dem Massaker von Capaci „sehr beschleunigt worden" sei. Er vertraute den ihn vernehmenden Beamten auch an, dass „Riina eigentlich geplant hatte, nach Falcone den ehemaligen christdemokratischen Minister Calogero Mannino zu töten, und mir den Auftrag gab, die Tat auszuführen. Er änderte seinen Entschluss dann überraschend und sagte mir, es gäbe jetzt etwas Dringenderes zu tun, nämlich die Ermordung des Richters Paolo Borsellino." Salvatore Cancemi, ein anderer „reuiger" Mafiaboss, vor dem Totò Riina keine Geheimnisse hatte, bestätigte diese Aussage.

Brusca enthüllte außerdem, Totò Riina persönlich habe ihm von den „Verhandlungen" mit dem Staat berichtet. Dieser hatte ein *papello* vorbereitet, eine Art Verzeichnis der Forderungen der Mafia: Ziel war, das Blutvergießen zu stoppen und dafür Vorteile für die Mafiosi auszuhandeln. Darum ging es auch in einer Sitzung der „Kommission", an der auch Salvatore Cancemi und Salvatore Biondino, die rechte Hand Riinas, teilnahmen. „Bei dieser Gelegenheit", erzählte Brusca, „zeigte Biondino Totò Riina das Protokoll einer Befragung des *pentito* Gaspare Mutolo, den Richter Borsellino zwei Tage vor dem Blutbad verhört hatte, und betonte: ‚Wenn Mutolo die Wahrheit sagt, glaubt ihm kein Mensch.'" In diesem Verhör sagte

Mutolo, er habe sich entschlossen zu „bereuen" und habe sich 48 Stunden vor dem Massaker in der Via D'Amelio in Rom mit Borsellino getroffen. Dieses Gespräch gab Gaspare Mutolo nach dem Blutbad in der Via D'Amelio folgendermaßen wieder: „Ich habe zu Richter Borsellino gesagt, ich wolle nichts über die Komplizenschaft einiger Richter und Staatsbeamter mit der Mafia zu Protokoll geben. Mitten in der Befragung unterbrach Borsellino das Gespräch dann und sagte zu mir: ‚Einen Moment, Gaspare, ich muss hier abbrechen, weil mich der Minister angerufen hat. In einer halben Stunde bin ich wieder da.' Als der Richter zurückkam, war er wütend, aufgeregt, in Sorge; er rauchte derart zerstreut, dass er gleich zwei brennende Zigaretten zugleich in der Hand hatte. Ich fragte ihn, was los sei, und Richter Borsellino antwortete mir, dass er sich statt mit dem Minister mit Doktor Parisi (dem verstorbenen Polizeichef) und mit Doktor Contrada (einem früheren Beamten der *SISDE*, der wegen Verbindungen zur Mafia angeklagt, in zweiter Instanz freigesprochen und schließlich vom Kassationshof zu zehn Jahren verurteilt wurde) getroffen habe. Und er sagte mir, wir sollten meine Aussage jetzt sofort zu Protokoll bringen."

Brusca brachte dieses Treffen im Ministerium mit den Verhandlungen von Riina und staatlichen Vertretern in Verbindung. Senator Nicola Mancino, seit jenem Tag Innenminister und der Mann, der Borsellino telefonisch ins Ministerium bestellt hatte, dementierte jedoch, dass ein solches Treffen jemals stattgefunden habe. Von der Justiz in Caltanissetta darüber befragt, sagte er aus, er habe den Richter vielleicht getroffen, aber nicht mit ihm gesprochen. Sicher ist nach Bruscas Aussage nur, dass es diese Verhandlungen gab, dass Borsellino versuchte, sie zu verhindern, und dann diejenigen Leute (aus dem Staatsapparat und der Mafia), die Grund zur Sorge hatten, seine schnellstmögliche Ermordung beschlossen.

Der Staat hatte bereits mit dem Maxiprozess einen stillschweigenden Nichtangriffspakt mit der Mafia gebrochen. Dafür musste irgendjemand bezahlen; und die Massaker von Capaci und in der Via D'Amelio waren starke Signale. Die Ermittlungen begannen unmittelbar nach diesem Blutbad und noch heute haben viele Menschen mit der Justiz und mit der gesamten Gesellschaft eine Rechnung offen, denn noch immer konnten nicht alle Beteiligten des Attentats ermittelt werden und man weiß nicht, wer von wo aus die Fernzündung bediente, die den Fiat 126 zur Explosion brachte. Über die sogenannten „externen Auftraggeber" und die Sympathisanten sind in allen Prozessen zahlreiche Vermutungen geäußert worden, doch sie sind trotzdem nie entdeckt worden. Hinzu kommt, dass die Ermittlungen zu den Beziehungen zwischen Mafia und Politik an einem toten Punkt angekommen zu sein scheinen, was befürchten lässt, dass die Beziehungen zwischen Staat und Mafia sich zu „normalisieren" beginnen. Seit geraumer Zeit herrscht bereits ein Friede zwischen den Institutionen und der Mafia, ohne dass klar wäre, ob und auf welche Vereinbarungen er sich gründet. Die Mafia scheint verschwunden zu sein; sie hat sich ein weiteres Mal eingegraben.

Eine persönliche Erinnerung an Paolo Borsellino?
Ich will versuchen, mehr als eine Erinnerung oder eine der vielen kleinen Anekdoten unserer Begegnungen zu vermitteln. Es wäre schön, wenn ich die Intensität des Blickes von Paolo Borsellino mit Worten beschreiben könnte, doch die Emotionen, die seine lächelnden Augen, sein Schnurrbart oder seine ironische und oft auch selbstironische Art, das Leben zu sehen, in mir hervorriefen, sind schwer zu beschreiben. Ich werde seine außerordentliche Menschlichkeit nie vergessen, ebenso wenig wie seine Art zu sprechen. Seine Sprechweise war einzigartig, und in seiner Tätigkeit als Rich-

ter wurde sie noch augenfälliger, etwa wenn er eine Liste von Namen vorlas und dabei den Familiennamen vor den Vornamen stellte. Vielleicht eine Berufskrankheit, vielleicht auch ein Tick. Vielleicht kann man das, was Paolo Borsellino mit seiner Leiblichkeit und seiner Stimme zum Ausdruck brachte, so in Worte fassen: Er war ein sehr angenehmer Mensch, man spürte, dass sich bei ihm Menschlichkeit und Professionalität sehr fruchtbar verbanden; eine außerordentliche Menschlichkeit mit all ihren Fehlern und Vorzügen, jedoch geformt durch eine große Professionalität.

Wie hast du ihn kennengelernt?
Der Anfang meiner Bekanntschaft mit Paolo Borsellino fällt in die Zeit, als ich gerade Bürgermeister geworden war und der Maxiprozess begann. Es war der entscheidende Moment, als der Staat sich entschloss, die Arbeit Rocco Chinnicis durch den Antimafia-Pool fortzusetzen und die Mafia so zum ersten Mal auf effiziente und entschlossene Weise anzugreifen und zu besiegen. Der Maxiprozess und vor allem die Schaffung der notwendigen Infrastruktur nahmen mich als Bürgermeister von Palermo stark in Anspruch: Ich hatte die Arbeiten kontinuierlich zu beaufsichtigen, weil der bunkerartige Gerichtssaal ein Höchstmaß an Sicherheit bieten und rechtzeitig fertig werden sollte. Schon vor seinem Beginn ging man davon aus, dass es ein historischer Prozess sein würde. In dieser Zeit hatte ich meine ersten Begegnungen mit Falcone und Borsellino. Mal traf ich mich mit Falcone, mal mit Borsellino. Es wurden eine Reihe von Sitzungen abgehalten: Wir trafen uns im Gerichtsbunker – und jeder erfüllte die ihm zukommende Aufgabe – oder auch, um in einigen Bauphasen die besten Lösungen zu finden, was manchmal erforderte, dass wir alle zusammenarbeiteten. Diese Treffen wurden auch von dem damaligen Innenminister Oscar Luigi Scalfaro gefördert und or-

ganisiert; außer mir selbst wurden der Präfekt von Palermo und die Mitglieder des Antimafia-Pools eingeladen. Wir sollten uns zeigen und in einer neuen und intensiven (nicht nur institutionellen) Weise bestätigen, dass der Staat im Kampf gegen die Mafia hinter uns stand.

Scalfaro verlangte auch von uns, nicht bloß die Institutionen zu vertreten, sondern vor allem Flexibilität und Menschlichkeit zu zeigen, vor dem und während des Prozesses ebenso wie danach. Borsellino verstand sich auf ganz außergewöhnliche Weise darauf, Professionalität und Menschlichkeit miteinander zu verbinden.

Mit dem Antimafia-Pool ist auch der Name Rocco Chinnici verbunden. Wie ist diese Gruppe von Untersuchungsrichtern, deren einziges Ziel der Kampf gegen die Mafia war und die später als „Antimafia-Pool" bekannt geworden ist, denn überhaupt entstanden?

Rocco Chinnici war ein Richter, der als Erster in unserem Land an die jungen Leute geglaubt hat. Es war ihm wichtig, ihnen auch außerhalb des Justizpalastes zu begegnen, und er erzählte ihnen, welchen persönlichen, täglichen Einsatz der Kampf gegen Kriminalität und Mafia erfordert. Diese Art von Öffentlichkeitsarbeit betrieb auch General Carlo Alberto Dalla Chiesa, der in Schulen ging und dort von seiner Arbeit erzählte. Rocco Chinnici sprach aber nicht nur mit jungen Leuten, sondern auch mit Arbeitern und besuchte im Laufe der Zeit einige Städte und Dörfer in Sizilien und anderswo in Italien. Er wollte Staatsbürger formen, die sich gegen die Mafia zur Wehr setzen konnten, gegen die „Konventionen" des Verbrechens und gegen die Versuchung dazu.

Ich werde nie meine letzte Begegnung mit Rocco Chinnici vergessen. Ich suchte ihn in seinem Büro im Justizpalast von Palermo auf, und wir sprachen lange über die Ermordung Piersanti Mattarellas.

Da ich in Matarellas letzten beiden Lebensjahren sein juristischer Berater gewesen war, hatten die ermittelnden Behörden mich schon mehrfach vorgeladen.

Ich sehe mich noch in Chinnicis Büro, wie ich meine Gedanken über dieses schreckliche Verbrechen darlegte und erläuterte. Dieser Mord war zweifellos der Mafia zuzuschreiben, einer Mafia, die Politik und auch Geschäfts- und Finanzwelt war; für mich gab es keinen anderen Schlüssel zu seinem Verständnis. Eine Tatbeteiligung von Leuten wie Vito Ciancimino oder den Vettern Salvo aus Salemi lag für mich auf der Hand. Ich erinnere mich, dass Chinnici mich nicht unterbrach, dass er mir geduldig und aufmerksam zuhörte, mich am Ende unseres Gesprächs zur Tür begleitete (vor ihr standen seine Leibwächter) und zu mir sagte: „Wissen Sie, was der Unterschied ist zwischen Ihnen und mir? Sie dürfen Meinungen haben, die wahrscheinlich auch mit meinen eigenen übereinstimmen. Und doch müssen, weil meine Arbeit ja die eines Richters ist, meine Meinungen über ein Verbrechen unbedingt durch Beweise gestützt sein, sonst bleiben sie persönliche Meinungen und sonst nichts." Wehe, wenn das nicht so wäre! Vermutlich hatte Chinnici am Morgen des 29. Juli 1983 die nötigen Beweise, um die Mafiosi, gegen die er ermittelte, hinter Gitter zu bringen (auch die Salvos und Ciancimino), in seiner Aktentasche, als vor dem Eingang seines Hauses eine Autobombe explodierte und ihn zusammen mit zwei seiner Leibwächter und dem Portier des Gebäudes in den Tod riss. Viele Jahre nach dem Massaker von Ciaculli verübte die Mafia wieder einen Autobombenmord, diesmal, um ein ganz bestimmtes Ziel zu treffen: einen Richter. In beiden Fällen handelte es sich um einen Terrorakt: In Ciaculli sollte ein Mafiaclan destabilisiert werden, in der Via Pipitone Federico die Justiz, die sich im Kampf gegen die Mafia engagierte.

Glaubst du, dass es eine Art Auslese gab, wer zum Antimafia-Pool gehören und wer draußen bleiben sollte?

Chinnici hatte eine tolle Idee: nämlich der Organisation der Mafia eine organisierte Gruppe von Richtern entgegenzusetzen. Diese Vorgehensweise verhinderte, dass die Ermittlungen und die Beweissuche nur Sache eines einzelnen Richters war oder dass die ermittelnden Richter ihre Arbeit nicht untereinander koordinierten. Ein ähnliches Experiment war schon von den Richtern unternommen worden, die den Terrorismus und die Roten Brigaden bekämpft hatten. Chinnici war der Überzeugung, dass ein Untersuchungsrichter, der allein ermittelte, ein leichtes Ziel für die Mafia sei. Genauso wie die Mafia ihre Angelegenheiten in einer „Kommission" diskutierte, sollten auch die Richter ihre Ermittlungen gemeinsam besprechen und miteinander koordinieren, um so ihre Angriffe auf die Organisation der Mafia vorzubereiten. Die Idee, dem Mafia-Pool einen Antimafia-Pool entgegenzusetzen, war innovativ und ihre Umsetzung erwies sich als exzellent, so dass Caponnetto sie weiterführte, als er Chinnicis Posten übernahm und Chef des Antimafia-Pools wurde. Um auf deine Frage zurückzukommen: Diejenigen, die an diesem neuen Typ von Ermittlungen mitwirkten, fanden sich durch eine Art natürlicher Auslese zusammen, denn so viele gab es gar nicht, die denselben Sinn für Pflicht, Gerechtigkeit und Legalität teilten. Es war damals eine wirklich schwierige Zeit, die erst heute leicht zu analysieren und zu beurteilen ist. Wenn man bedenkt, wie schwer sich jemand finden ließ, der bereit war, 1986 den Maxiprozess zu leiten, dann zeigt dies auch, welch große Angst die Mafia auch innerhalb der Justiz auslöste. Der Vorsitz im Maxiprozess wurde schließlich an Richter Alfonso Giordano übergeben, der sich zwar bereit erklärt hatte, aber keinerlei Erfahrung als Strafrichter besaß, sondern vom Zivilrecht kam: Er war Experte für Familienrecht. Ich spreche hier nicht vom Jahre 1885, sondern von 1985. Giordano machte seine Arbeit trotz mangelnder Erfahrung dann aber sehr gut, sicher auch deswegen, weil ihm eine große Richterpersönlichkeit unterstützend zur Seite stand. Piero Grasso, heute ziemlich bekannt, war damals beisitzender Richter.

Ich verstehe nicht, warum du dich wunderst, dass einige Richter Angst hatten, den Vorsitz im Maxiprozess zu übernehmen. Es ist doch menschlich, Angst vor der Mafia zu haben.
Ich finde es auch nicht erstaunlich, ich finde es nur beunruhigend. Unser Land ist ein ziviles Land, aber es ist nicht immer ein normales, zivilisiertes Land. Wenn es normal gewesen wäre, hätten sich spontan mindestens ein Dutzend Kandidaten angeboten, die im Maxiprozess den Vorsitz führen und ihn hätten leiten wollen. Ich bringe ein Beispiel: Stell dir vor, eine militärische Expedition wäre durchzuführen und es gäbe wohl Soldaten, die sich meldeten, aber nicht ausrücken könnten, weil kein General sie zu leiten bereit wäre. Das wäre eine wirklich besorgniserregende und ganz außergewöhnliche Situation. In einem auf banale Weise normalen Land gäbe es in diesem Fall einen Wettbewerb mehrerer Generäle, die alle das Kommando übernehmen wollten.

Dein Vergleich passt nur in gewissem Sinne. Denn es ist ja eine Sache, eine Truppe von Soldaten gegen einen Feind zu führen, von dem man weiß, wo er sich befindet, und eine andere, gegen eine Organisation wie die Mafia vorzugehen, die feige ist und hinterrücks zuschlägt.
Was du sagst, lässt ermessen, wie sehr die Mafia damals das Leben derjenigen bestimmen konnte, deren institutionelle Aufgabe es gewesen wäre, sie zu bekämpfen. Es wäre verständlich, wenn auch zu tadeln, wenn es bei diesem Prozess einen Wettkampf um den Posten des vorsitzenden Richters gegeben hät-

te, und zwar unter denen, die Karriere machen und öffentlich bekannt werden wollten; aber nicht einmal diesen Wettbewerb hat es gegeben. Trägheit und Feigheit haben die Oberhand behalten, und kein einziger Richter, der aus der Strafjustiz kam, hat sich beworben.

Und warum hat Alfonso Giordano das Amt angenommen? Warum wollte er Vorsitzender der Kammer werden, und mit welcher Haltung hat er sein Amt in diesem wichtigen Prozess ausgeübt?
Ich antworte mit einer kleinen Anekdote, die ebenso wahr wie unglaublich ist – so wahr und unglaublich, wie der Kampf gegen die Mafia damals eben war.

Es war die erste Sitzung der institutionellen Antimafia-Front in Rom im Gebäude des Innenministeriums. Der eben ernannte Kammerpräsident Giordano ist selbstverständlich auch eingeladen. Im Vorzimmer des Sitzungssaals im Ministerium ein Riesenaufgebot an Fernsehkameras, Fotografen und Journalisten.

Alfonso Giordano, den ich aus der Zeit an der Universität kannte, als er Assistent im Zivilrecht bei meinem Vater war, sieht mich und ruft mir voller Beklemmung zu: „Luca, ich will nicht fotografiert werden! Ich will nicht, dass man mein Gesicht kennt!" – „Was sagst du?", hielt ich dagegen. „In ein paar Tagen wirst du der meistfotografierte Richter auf der ganzen Welt sein!" Heilige Einfalt? Heilige Unüberlegtheit? Ich weiß es nicht, doch ich bin davon überzeugt, dass in diesem Fall Naivität und Unüberlegtheit der Beweis für ein starkes Pflichtbewusstsein sind.

Kommen wir auf Borsellino zurück. Welche Rolle spielte er innerhalb des Antimafia-Pools? Waren den einzelnen Mitgliedern bestimmte Aufgaben zugeteilt? Kümmerte sich also beispielsweise Ninni Cassarà um den einen Fall, während Falcone andere Ermittlungen vorantrieb? Kurz: Wie funktionierte der Antimafia-Pool?

Es war ein Mannschaftsspiel, das anfangs gewissermaßen aus einer gemeinsamen Sprache hervorging, aus einem identischen Pflichtbewusstsein. Daher ist es wahr und zugleich falsch, wenn man sagt, dass Cassarà in einer Symbiose mit Falcone arbeitete und weniger mit Borsellino. Es ist wahr, weil es zwischen den beiden vielleicht eine Harmonie gab; und es ist falsch, weil es keine formellen Vorschriften gab, dass Cassarà mit Falcone zusammenarbeiten müsse. Zwar spielte der eine die Rolle des Polizisten und der andere die des Richters, aber beide versuchten, für die gemeinsame Sache ihr Bestes zu geben: nämlich das Gesetz anzuwenden, um die Mafia zu bekämpfen. So waren die Feinde Falcones auch die Feinde Cassaràs, der bekanntlich von einem (nie enttarnten) „Maulwurf" im Polizeipräsidium von Palermo verraten wurde. Wenn es in einer Organisation *einen* „Maulwurf" gibt, dann ist es leichter, ihn ausfindig zu machen. Wenn es aber mehrere „Maulwürfe" sind, dann weist das auf ein generelles Übel hin und es wird schwierig, wenn nicht unmöglich, denjenigen zu finden, der für ein bestimmtes Delikt benutzt worden ist.

Du sagst, im Polizeipräsidium habe es viele „Maulwürfe" gegeben. Mit anderen Worten waren also viele Gesetzesvertreter heimliche Komplizen der Mafia.
In jenen Jahren war es für viele gar nicht ungewöhnlich, als „Maulwurf" zu fungieren, derart alltäglich waren die Kontakte und die Berührungspunkte zwischen der Mafia und Vertretern der Institutionen und derart umfangreich die gemeinsamen Interessen. Aber damit ich nicht missverstanden werde: Die „Vertrauensleute der Mafia" saßen nicht nur im Polizeipräsidium, sondern in allen Palazzi und Einrichtungen Palermos. Und sie fanden sich insbesondere dort, wo über die öffentlichen Angelegenheiten entschieden wurde, sei es in der Justiz oder in der Verwaltung. Es galt damals vielleicht als unange-

bracht, mit Personen in Kontakt zu stehen, die der Mafia nahestanden, aber in der Praxis versuchten nur wenige, sich gegen etwas zu stellen, was schon so lange feste Gewohnheit war. Es war also fast eine ausgemachte Sache, dass in den Palästen der Macht Vertrauensleute der Mafia saßen, was noch nicht einmal besonders geheim war – sie gehörten einfach zum Establishment. In jenen Jahren ließ sich schwer beweisen, dass das Polizeipräsidium und die Einsatzkräfte der Polizei das organisierte Verbrechen bekämpften und nicht förderten; dass der Justizpalast nicht der Ort war, wo die Prozesse gegen die Mafia und die Mafiosi im Sande verliefen, sondern die natürliche Umgebung, in der die Mafiaprozesse stattfanden; dass die Palazzi, in denen Politik gemacht wurde, nicht der Ort waren, wo mit der Mafia sympathisierende und korrupte Politiker ihre Arbeit verrichteten, sondern im Gegenteil das Zentrum des Kampfes gegen die Mafia.

Wenn man jene Zeit verstehen will, darf man eine fundamentale Besonderheit der Mafia nicht vergessen, nämlich, dass sie ein Machtsystem ist. Und auch wenn die Mafiosi im Unterschied zu bloßen Killern den Wunsch haben, keine Waffengewalt anwenden zu müssen, können sie das doch immer tun, und das war und ist der kleine Unterschied, der sich stets zugunsten der Mafia ausgewirkt hat.

Seit du über die Gesellschaft in Palermo, in Sizilien und vielleicht auch in Italien sprichst, scheint es so, als ob wir zweierlei Regierungen unterstünden: einer, die legal zustande gekommen ist, und einer, die zwar illegal, aber doch in derselben Weise auf dem Territorium präsent ist.

Bei anderer Gelegenheit habe ich wohl schon gesagt, dass ein Teil unseres Landes, vereinfacht gesagt von Montecassino bis zu den Alpen, den Partisanen dafür zu danken hat, dass sie Demokratie und Freiheit gebracht haben; der andere Teil Italiens, von Montecassino bis zum abgelegensten sizilianischen Dorf, hat der Mafia dafür zu danken, dass sie Demokratie und Freiheit gebracht hat. Dieses perverse Erbe des Südens ist auf den letzten Weltkrieg zurückzuführen. In Sizilien sind die demokratischen Institutionen nicht aus dem Kampf des Volkes hervorgegangen, sondern aus dem Kampf der Mafia und des Volkes. Ja, ich wage zu behaupten, dass die Mafia in Süditalien ein konstituierender Teil der Demokratie ist, lange gewesen ist, und sich in sie eingeschlichen hat.

In Sizilien Kommunist zu sein bedeutet also, faktisch im Visier der Mafia zu stehen. Auf diese Weise wird die Mafia auch zu einer Art totalitären „Partei". Jedenfalls hat sie sich den Spruch zu eigen gemacht: „Entweder für mich oder gegen mich."

Die Gegner des Systems, die Kommunisten und auch die Faschisten, der *MSI*, also die Postfaschisten, werden in Sizilien als diejenigen angesehen, die *per definitionem* nicht mit der Mafia sympathisieren. Im Einzelnen mag es wohl manchen Kommunisten oder Postfaschisten geben, der ein heimlicher Komplize der Mafia ist – so wie es auch manchen Partisanen gegeben haben mag, der sich furchtbarer Verbrechen schuldig gemacht hat. Und du wunderst dich und fragst mich immer noch, wie es zu einer doppelten Regierung in Italien gekommen ist? Mein Haus liegt gegenüber der Klinik, in der Bernardo Provenzano für einige Zeit und unter äußerster Geheimhaltung behandelt worden ist. Ich war damals Bürgermeister von Palermo, und das Haus, in dem wir heute noch wohnen, war damals einer der am besten gesicherten und bewachten Orte in ganz Italien. Trotzdem wohnte, ich weiß nicht wie lange, nur wenige Dutzend Meter von meinem Haus entfernt einer der meistgesuchten flüchtigen Verbrecher des 20. Jahrhunderts ...

Entschuldige, wenn ich lache! Glaub mir, wenn du es mir nicht selbst erzählen würdest, würde ich es für einen Witz halten. Aber Spaß beiseite: Wenn man sich klarmacht, dass dieses Haus in Palermo einer der am besten geschützten Orte in Italien war – wer weiß, was dann in Städten geschah, in denen es keine Überwachung seitens der Sicherheitskräfte gab! Aber sprechen wir wieder über Borsellino. Im Antimafia-Pool entstand zwischen Falcone und Borsellino so etwas wie eine Komplizenschaft, die dann in eine aufrichtige Freundschaft mündete. Der Antimafia-Pool wurde zuerst von Chinnici und dann von Caponnetto gestützt und bestand so lange, bis Meli seine Leitung übernahm. Was geschah dann in der Zeit Melis?

1987 schied Caponnetto aus dem Amt des Chefermittlers aus, in der Überzeugung, dass Falcone seine Stelle bekommen werde. Doch es kam anders, und so wurde ein Weg blockiert, auf dem Antonino Caponnetto ein Bezugspunkt und ein Spiritus Rector ersten Ranges gewesen war. Es wäre für das ganze Land von enormer Bedeutung gewesen, wenn das unermüdliche Wirken Antonino Caponnettos im Dienste einer Kultur der Rechtsstaatlichkeit fortgesetzt worden wäre – ein Wirken, das über seine letzten Tage hinaus und auch noch nach der Ermordung seiner geliebten jungen Kollegen Falcone und Borsellino fortwirkte. Der Oberste Richterrat wählte Antonino Meli zu Caponnettos Nachfolger. Er kannte die Arbeit des Pools überhaupt nicht von innen und verfocht bei seinen Ermittlungen gegen die Mafia eine völlig andere Philosophie, der gemäß Mafiadelikte mittels Einzelermittlungen verfolgt werden müssten. Doch wenn es einen Mord in Palermo, einen in Bagheria und einen in Termini Imerese gibt, und man daraufhin drei Prozesse und nicht nur einen einzigen anstrengt, dann wird nicht erfasst, dass diese Verbrechen von einer organisierten Vereinigung begangen wurden.

Melis Methode brach mit der bisherigen Arbeitsweise des Pools und damit wurde die Teamarbeit seiner Mitglieder überflüssig. Sie zerstörte den Ansatz, systematisch gegen die Mafia vorzugehen, der für die Ermittlungen bisher fundamental gewesen war.

Man kann Melis Intervention im Nachhinein unterschiedlich interpretieren. Das Team um Falcone und Borsellino hatte diejenigen Methoden übernommen, die im Kampf gegen den Terrorismus hervorragende Ergebnisse erzielt hatten, so dass unverständlich ist, warum es hätte zerschlagen werden sollen. Man kann also die Frage stellen: Traf Meli selbst diese Entscheidung, oder wurde sie in Absprache mit anderen Kollegen getroffen?

Ich habe die allerbeste Meinung von Meli; er war mit Sicherheit ein fähiger Mann. Der Fehler lag nicht bei ihm, sondern bei denen, die ihn für dieses Amt ausgewählt haben. Sie kannten seine Arbeitsweise und sie wussten auch, dass er ganz anders vorgehen würde, als es den Methoden des Pools entsprach. Wer behauptet, Meli habe die Mafia nicht bekämpfen wollen, der weiß nicht, was er sagt. Um besser zu verstehen, was Melis Ernennung zum Chefermittler bedeutete, kann man sich beispielsweise eine Gesellschaft vorstellen, die über fortgeschrittene Technologien verfügt, in der aber die Ingenieure, die diese Technologien beherrschen, von einem Tag auf den anderen ersetzt werden durch solche, die mit dieser Technik nicht vertraut sind. Mit Meli wurde eine völlig andere Arbeitsmethode wieder eingeführt, die nicht geeignet war, an das anzuschließen, was man über Jahre bis dahin erreicht hatte.

Borsellino hat eben das mit einem prägnanten Satz zu Melis Amtsantritt unterstrichen. Er hat behauptet: „In diesem Augenblick begann das Sterben Falcones."

Borsellino hat die Arbeit Melis niemals gering geschätzt. Den von dir zitierten Satz hat er am 25. Juni 1992 geäußert, einige Wochen vor seiner Ermordung, und zwar während eines Vortrags in der Stadtbibliothek von Palermo. Dabei bezeichnete er nicht Meli als „Judas", sondern die, die Meli ausgewählt hatten, die Rolle Caponnettos zu übernehmen. Mit Meli fand eine Rückkehr zu den alten Methoden statt und dadurch verlor der Pool seine Legitimität. Nun rechtfertigte nichts mehr sein Bestehen.

Damals gab die Mafia zu erkennen, dass sie sich jedenfalls immer noch im Kampf gegen den Staat befand, und tötete kurz nacheinander mehrere Vertreter des Gesetzes, nämlich am 28. Juli 1985 Beppe Montana und am 6. August desselben Jahres Ninni Cassarà mit einem seiner Leibwächter. Können diese Morde auch als Signal an Falcone und Borsellino aufgefasst werden?

Innerhalb des Ermittlungsapparates der Polizei hat der Tod dieser beiden Männer, und auch der Tod von Salvatore Marino, dem mutmaßlichen Mörder Beppe Montanas, verheerende Auswirkungen gehabt.

Um diese Ereignisse und insbesondere den Tod Montanas, der wegen seiner Ermittlertätigkeit ermordet wurde, begreiflicher zu machen, muss ich daran erinnern, unter welch erbärmlichen Bedingungen die Polizisten dieses Teams damals arbeiteten. So mussten sie unter anderem für Observierungen oder die Verfolgung Verdächtiger ihre Privatautos benutzen und das Benzin aus eigener Tasche bezahlen – das stand damals selbst in den Zeitungen. Auch innerhalb der Polizei standen sie ziemlich alleine da und als Beppe Montana ermordet wurde, war das für die anderen die klare Bestätigung dafür, dass der Staat sie der Gefahr schutzlos preisgab. Die Ermittler hatten sogar den Eindruck, der Staat empfinde gegen ihre Einheit eine Art Abneigung, weil sie nämlich ihre Ermittlungen so vorbildlich führte.

Zu all dem kommt noch der „merkwürdige" und in mehrfacher Hinsicht unverständliche Tod von Salvatore Marino, der im Verdacht stand, Beppe Montana ermordet zu haben. Es hieß, die Polizisten hätten ihn während eines Verhörs übel zugerichtet. Als ihnen bewusst wurde, was sie da gerade getan hatten, übergaben sie den leblosen Körper Marinos in Panik einer Polizeistreife, die ihn ins Krankenhaus brachte. Das Foto seiner Leiche im Leichenschauhaus konnte man später in Zeitungen auf der ganzen Welt sehen: ein fürchterlich geschwollenes Gesicht und einen Körper voller Wunden. Der Skandal war gewiss.

Natürlich griff die Presse das Ermittlungsteam aufs Schärfste an und Ninni Cassarà litt fürchterlich unter dem Skandal um Marinos Tod. Er sah sich in Erklärungsnot und verwies darauf, dass er bei dieser Tragödie nicht dabei gewesen sei. Für die Mafia war die Delegitimierungskampagne gegen die Ordnungskräfte natürlich von Vorteil. Aber sie reichte ihr noch nicht. Die Mafiosi wollten Cassaràs Tod. Ich erinnere mich noch an das letzte Mal, als ich ihm begegnete. In Palermo gab es damals nur eine Bar mit einem Tabakladen, wo auch nachts Zigaretten verkauft wurden. Dort traf ich Ninni Cassarà eines Abends mit seinem Sohn Gaspare, der damals noch ein kleiner Junge war. Cassarà war an der Universität mein Kollege gewesen, wir kannten uns schon lange und ich fragte ihn: „Wie geht es dir, Ninni?" Er antwortete: „Es geht nicht gut, es geht überhaupt nicht gut." Und dann fügte er hinzu: „Ich komme mal zu dir und erkläre dir, warum." Doch dazu kam es nicht mehr. Am 6. August 1985 ermordete die Mafia ihn zusammen mit Roberto Antiochia.

Gegen 14.30 Uhr am 6. August wollte Ninni Cassarà gerade nach Hause; er wohnte im *Viale Croce Rossa* in Palermo. Bei ihm waren drei seiner Mitarbeiter, einer davon der Polizeibeamte Roberto Antiochia. Er hatte kurz vor der Versetzung auf eine andere Dienststelle in Rom gestanden, sich aber nach dem Mord an Kommissar Montana dagegen entschieden. Ninni Cassarà wohnte praktisch im Gebäude des Polizeipräsidiums von Palermo. Doch an jenem Tag wollte er zur Überraschung aller zum Mittagessen nach Hause und rief gegen 14.30 Uhr seine Frau an, um sich anzumelden. Zusammen mit seinen Leibwächtern nahm er einen gepanzerten Alfetta; kurze Zeit später erreichten sie den Wohnblock, in dem Cassarà seit Jahren wohnte, und parkten den Wagen im Innenhof. Ninni Cassarà und Roberto Antiochia hatten gerade noch Zeit, auszusteigen und wenige Schritte zu gehen, bevor etwa zehn Mafiosi mit ihren Kalaschnikows aus einem der umliegenden Gebäude das Feuer auf sie eröffneten. Ninni Cassarà und Roberto Antiochia waren sofort tot, niedergemäht durch zahlreiche Geschosse. Cassaràs Frau sah die beiden Männer sterben, während sie am Balkongeländer stand. Der dritte Polizeibeamte, der Assistent Natale Mondo, konnte sich wie durch ein Wunder retten, indem er unter dem Wagen Schutz suchte. Als ich am Schauplatz dieses x-ten Blutbades ankam, fand ich Ninni Cassarà in einer Blutlache im Hausflur liegend, den Körper von Kugeln durchsiebt. Auf dem Bürgersteig saß Natale Mondo, vor Angst zitternd, aber unverletzt; die Mafia vergaß ihn nicht und ermordete am 14. Januar 1988 auch ihn.

Man kann nicht davon ausgehen, dass ein Killerkommando über Monate hinweg bereitstand und nur darauf wartete, dass Cassarà nach Hause kommen würde, um ihn dann zu töten. Vielmehr musste ein „Maulwurf" die Killer informiert haben, dass Cassarà unerwartet nach Hause kam. Nur so erklärt sich, wie sich innerhalb weniger Minuten ein Trupp bewaffneter Männer in Stellung begeben konnte und auf seine Ankunft wartete, um ihn kaltblütig zu ermorden.

Diese Gleichzeitigkeit war ja – vorsichtig ausgedrückt – außergewöhnlich, denn ein Hinterhalt dieser Art lässt sich ja nicht innerhalb weniger Stunden vorbereiten. Diese Leute mussten täglich zu jeder beliebigen Stunde bereit sein.

Es war klar, dass Ninni Cassarà, wie man damals sagte, eine „wandelnde Leiche" war: Sein Tod war beschlossene Sache. Er konnte ihm nicht entkommen.

Nach diesen Morden wurden Falcone und Borsellino mit ihren Familien auf die Insel Asinara geschickt. Die offizielle Begründung lautete, sie sollten dort ganz ungestört den Maxiprozess vorbereiten. Tatsächlich ging es jedoch darum, sie vor der Mafia zu schützen. Aber was denkst du über diesen zeitweiligen Schutz?

Roberto Antiochia und die anderen Mitglieder seiner Einheit mussten selbst für die Benzinkosten aufkommen, die durch die Observierung der verdächtigen Mafiosi entstanden. Falcone und Borsellino mussten finanziell für ihren Aufenthalt im Gefängnis von Asinara aufkommen, wohin zu flüchten sie gezwungen waren, um nicht ermordet zu werden. Dies zeigt doch ganz deutlich, wie sich die Justiz in unserem Land angesichts eines verbrecherischen Phänomens wie der Mafia verhalten hat.

Was wie Sparsamkeit aussieht, war tatsächlich nichts anderes als eine Verzögerungstaktik.

Den Ermittlern schlug vonseiten mancher Teile des Staates Widerwillen und Gleichgültigkeit und auch eine Art Bitterkeit entgegen. Und sicher gefiel auch manchem Parlamentarier nicht, dass der Maxiprozess stattfand. Ich erinnere mich noch, wie bekannt wurde, dass Buscetta einem bekannten Wochenmagazin die Namen der Mafiabosse preisgeben wollte. Diese Nachricht löste bei den Ermittlern des Mafia-Pools hektische Aktivität aus: Anklageanträge mussten gestellt und vorläufige Haftbefehle erwirkt werden – die Richter mussten mit atemberaubender Geschwindigkeit Hunderte und Aberhunderte von Maßnahmen ergreifen, damit die Mafiosi, die noch in Freiheit waren, ihre Namen nicht in Buscettas Interview lasen und die Flucht ergriffen.

So wird das unablässige, professionelle und riskante Engagement dieser Männer immer wieder durch unvorhergesehene Zwischenfälle und heikle Situationen, aber auch durch mangelnde Wertschätzung und Feindseligkeit vonseiten derjenigen behindert, die ihnen eigentlich zur Seite stehen müssten.

Ich möchte gern noch einmal auf das Klima zurückkommen, das sich mit dem Amtsantritt Melis sowie mit den berühmten Briefen des „Raben" (corvo), die auf eine Diskreditierung des Antimafia-Pools hinzielten, im Justizpalast von Palermo entwickelt hat. Es entstand der Eindruck, ein Einzelner oder eine Gruppe arbeite gegen den Antimafia-Pool.

Zweifellos ruderte jemand in die andere Richtung. Und das Machtsystem aus Geschäftswelt und Mafia setzte alle zur Verfügung stehenden Mittel ein, um den Antimafia-Pool zu diskreditieren.

Die Mafiosi sahen sich in einer ganz neuen und unvorhergesehenen Situation. Noch nie zuvor hatte der Rechtsstaat nicht nur Prozesse gegen die Mafiosi angestrengt, sondern sie auch zu harten Strafen verurteilt, die sie auch wirklich verbüßen mussten! Es war den Mafiosi geradezu unbegreiflich, wie der Staat ihnen mit Falcone, Borsellino, Chinnici, Dalla Chiesa und all den anderen Männern des Gesetzes, die wir genannt haben, regelrecht den Krieg erklärt hatte. Sie waren es gewohnt gewesen, mit den Institutionen zu verhandeln.

Das System aus Politik und Mafia wurde in jenen Jahren buchstäblich von einer ganz außergewöhnlichen Flutwelle erfasst, von einem Tsunami bestehend aus den Streiks der Studenten, aus bisher undenkbaren Untersuchungen und Ermittlungen zwecks Aufdeckung geheimer Komplizenschaften zwischen Politik und Mafia, aus dem Maxiprozess, der durch die Arbeit des Antimafia-Pools zustande gekommen war, und aus den vielen Demonstrationen in Palermo und Sizilien, die ein Loblied auf Legalität und Gerechtigkeit sangen. Angesichts so vieler Menschen, die Stellung bezogen, musste das System aus Politik und Mafia irgendwie reagieren. Eines Tages werden wir entdecken, dass es Kriminelle und Mafiosi, Unternehmer, Politiker und außer Kontrolle geratene Elemente des Staates gab, die ein Interesse daran hatten, den Antimafia-Pool zu diskreditieren und dafür zu sorgen, dass das alte, sakrosankte System aus Geschäftswelt, Politik und Mafia wiederhergestellt würde.

Hätte es die Prozesse und einen Mafioso wie Buscetta nicht gegeben, der bereit war, mit der Justiz zusammenzuarbeiten, wir hätten weder die Mafia als Machtsystem besser enttarnt noch die perversen Verflechtungen zwischen Politik und Mafia aufgedeckt. Am Anfang versuchte die Mafia diejenigen zu stoppen, die ihrem System am meisten schaden konnten, indem sie einen nach dem anderen tötete. Wir haben diese Helden unserer Zeit schon öfter erwähnt, die auf sich allein gestellt versucht haben, gegen etwas anzugehen, was viel mächtiger war als sie selbst. Die Mafia ging lange so vor, Angehörige der Institutionen, die sich konsequent für die Verteidigung der Legalität eingesetzt hatten, einfach zu ermorden.

Parteigänger der Mafia aus verschiedenen Institutionen versuchten mit einer Vielzahl von Mitteln die Botschaft zu verbreiten, Mattarella sei aus einem Grund ermordet worden, der mit seinem politischen Handeln gegen Korruption, heimliche Komplizenschaften und die Mafia nichts zu tun habe; dass Russo aus privaten Motiven mit Revolverkugeln durchsiebt worden sei und General Dalla Chiesa vermutlich von Terroristen aus dem Norden ermordet wurde. Und sie versuchten bei weiteren Morden immer wieder auf dieselbe Weise, die Ermittler auf die falsche Fährte zu locken. Diese wiederum waren juristisch mit einzelnen, wenn auch zahlreichen Morden konfrontiert: Die Opfer standen durch ihre berufliche Tätigkeit miteinander in Verbindung, kämpften gegen dasselbe System aus Geschäftswelt, Politik und Mafia – und doch war es vor Gericht alles andere als leicht, den gemeinsamen Ursprung all dieser Morde zu beweisen.

Die Mafia handelte in jenen Jahren so, um die Ermittler in die Irre zu führen. Daher frage ich mich spontan, was für ein Mensch Riina wirklich war, welchen Charakter, welche Bildung und Persönlichkeit er hatte. Scheint es dir nicht absurd, dass ein krimineller und roher Mensch, der kaum lesen und schreiben konnte, in der Lage gewesen sein soll, derart raffinierte Pläne auszuarbeiten?

Das hört sich so an, als ob das System aus Geschäftswelt, Politik und Mafia einen einzigen Regisseur hätte. So ist es aber nicht. Riina machte die Drecksarbeit, die Entscheidungen innerhalb der Mafia werden jedoch kollegial getroffen. Wenn jemand beseitigt werden musste, der dem System als Ganzem Schaden zugefügt hat, musste über seinen Tod kollektiv entschieden werden. Es wäre einfacher gewesen, Riina hätte tatsächlich alleine entscheiden können, wen man töten und was man tun sollte. Doch Riina ist nie der große Stratege der Mafia gewesen, sondern der Chef eines kollektiven Machtsystems.

Es wäre falsch zu glauben, Scopelliti sei ermordet worden, weil eines Tages ein Politiker bei Riina angerufen und ihm gesagt hätte: „Lieber Totò, heute musst du Scopelliti umbringen." Tatsächlich ist es einfacher und zugleich viel komplizierter. Es hätte schon ausgereicht, wenn bei einer Sitzung von Politikern, während einer Konferenz von Geschäftsleuten oder bei einer Zusammenkunft von Polizisten in Bezug auf den Prozess und Scopelliti ein Satz gefallen wäre wie: „Wenn uns dieser Scopelliti weiter im Wege steht, dann sehe ich schwarz für den Prozess." Diese Anspielung hätte ausgereicht, um die Ermordung Scopellitis zur beschlossenen Sache zu machen.

Hätten beispielsweise du und ich ein gemeinsames Interesse, dann würden wir auch alles daransetzen, jemanden zu neutralisieren, der diesem Interesse im Wege stünde. Du als Journalist würdest einen Weg finden, ihn mittels der Presse zu bekämpfen; ich als Rechtsanwalt würde einen Weg finden, ihn vor Gericht zu bringen. Und ein anderer, der auf Waffen zurückgreift, würde ihn erschießen.

Und dieser Mord wäre eine autonome Entscheidung dessen, der schießen würde?

Nein! Und ich gehe sogar noch weiter. Es ist eine gemeinsame Entscheidung, die wegen der Übereinstimmung der Interessen und nicht aufgrund spezifischer Kompetenzen ausgeführt wird. Hatte sich also erst einmal herumgesprochen, dass man eine Person beseitigen oder wenigstens zum Schweigen bringen muss, und war man mit normalen Methoden nicht zum Ziel gekommen, dann kam Riina ins Spiel, der seine Methoden anwandte und ihn umbrachte. Tatsächlich wurden die Angriffe auf Feinde der Mafia jahrelang unter den Mafiosi abgesprochen; erst die Corleonesi begannen nach ihrer Machtübernahme zu töten, ohne nach der Meinung der anderen zu fragen. Dieses Vorgehen löste in der Bevölkerung eine große Protestwelle gegen das Establishment in Politik und Geschäftswelt aus, das Riina unterstützte, aber auch die sizilianisch-amerikanischen Mafiosi zeigten sich ungehalten darüber, dass er mit seinen Morden und Massakern den „guten Namen" der Mafia besudelte. Sie forderten die sizilianischen Mafiosi dazu auf, ihre Handlungsweise zu ändern, was in den folgenden Jahren unter Bernardo Provenzano auch geschah. Nach den Massenprotesten gegen das Blutvergießen und dem Eintreffen von Armeeeinheiten im Rahmen der Operation „Sizilianische Vesper" vollzog die corleonesische Mafia Riinas eine strategische Kehrtwende und überließ das Feld der „ruhigen" Mafia Bernardo Provenzanos.

Borsellino ging für einige Zeit nach Marsala. War das seine eigene Entscheidung?

Ja, ich glaube, das war seine Entscheidung. Und diese Entscheidung zeigt noch einmal, dass der Antimafia-Pool die Mafia als System bekämpfen wollte. Da Verbindungen zwischen den Mafiosi in Marsala und denen in Palermo bestanden, mussten auch die jeweiligen Ermittler sich miteinander vernetzen. Eine neue Ermittlungsbehörde, die Bezirksdirektion für den Kampf gegen die Mafia (*Direzione Distrettuale Antimafia, DDA*), wurde gegründet, die alle Staatsanwaltschaften im Bezirk eines Appellationsgerichts – also die von Palermo, Agrigent, Trapani, Marsala usw. – zusammenfasste. So schuf man einen Antimafia-Pool, dessen Tätigkeitsbereich einen großen Teil Siziliens umfasste, und konnte Daten und Informationen über eine Untersuchung, einen Mord oder ein Attentat austauschen. Kurz: Es war eine neue – und riskante, weil effektive – Weise, die *Cosa Nostra* zu bekämpfen.

Nach der Zerschlagung des Antimafia-Pools und dem Massaker von Capaci hätte Paolo Borsellino dem Kampf gegen die Mafia den Rücken kehren und sich eine andere Aufgabe zuteilen lassen können, aber er tat es nicht. Er wusste, dass er nach Falcone das nächste Ziel der Mafia sein würde. Er wusste, dass er ermordet werden würde, aber er wusste nicht, wann.

Paolo Borsellino wusste nach dem Blutbad von Capaci ganz genau, dass er das nächste Ziel der Mafia sein würde. Es ging das Gerücht, er werde zum obersten Staatsanwalt ernannt, ein Posten, den eigentlich Falcone hätte bekommen sollen. Dass er ihn nicht bekam, nützte Borsellino jedoch nichts. Seine Ermordung war aus Sicht der Mafia sowohl „Strafe" für bereits entstandenen als auch Prävention gegen möglichen zukünftigen Schaden. Außerdem wollte sie die Regierung unter Druck setzen; mögliche neue Ansprechpartner sollten sich bemerkbar machen und auf eine Änderung der politischen Direktiven hinwirken. Diese Destabilisierungsstrategie erklärt auch, dass zwischen dem Blutbad von Capaci und dem in der Via D'Amelio nur eine so kurze Zeitspanne lag, nämlich 57 Tage.

Ist das deine persönliche Meinung? Eine von dir selbst entwickelte Rekonstruktion?

Nein. Was ich gerade gesagt habe, kannst du, bis zu einzelnen Formulierungen, in den Urteilsbegründungen im zweiten und dritten Borsellino-Prozess vor dem Schwurgericht in Caltanissetta nachlesen.

Alles, was das Blutbad in der Via D'Amelio betrifft, ist also definitiv von den Gerichten festgestellt worden?

Überhaupt nicht. Für das Blutbad in der Via D'Amelio sind die Auftraggeber, die Bosse der „Kuppel" (*cupola*), rechtskräftig verurteilt worden, aber von den direkten Tätern wurde kein einziger verurteilt; nur der Inhaber der Autowerkstatt, der das mit Sprengstoff gefüllte Auto bei sich untergestellt hatte, hat neun Jahre bekommen. Lediglich ein Heft über die „verborgenen Auftraggeber" in der Staatsanwaltschaft von Caltanissetta belegt, was an Suche nach Wahrheit und Gerechtigkeit noch aussteht. Auch anlässlich des Jahrestages des Massakers kommen diese Auftraggeber alljährlich wieder ins Gespräch, doch einige Tage und zahlreiche Absichtserklärungen später wird die Angelegenheit wieder auf das nächste Jahr verschoben. Vielleicht weil man glaubt, dass sich ein *pentito* findet, der bereit ist, mit den Behörden zusammenzuarbeiten?! Dann müsste er aber schon aus den Institutionen kommen. Ich bin nämlich davon überzeugt, dass die „Kuppel" von diesem Attentat zweifellos gewusst und auch dabei mitgewirkt hat; dass ein „normaler" *pentito* nichts darüber weiß, kann ja gerade ein Beleg dafür sein, dass die Auftraggeber und die direkten Täter nicht der traditionellen Welt der Mafia angehörten.

Es ist sehr wahrscheinlich, dass Paolo Borsellino nach Falcones Tod die Absicht hatte, gegen genau diese Auftraggeber vorzugehen, die auch hinter dem fehlgeschlagenen Attentat in Falcones Villa in Addaura standen und die Buscetta für zu mächtig hielt, um gegen sie vorzugehen.

Wir haben 2007, seit dem Mord an Notarbatolo sind etwa 100 Jahre vergangen, seit der Ermordung Scagliones fast 40 und seit dem Blutbad in der Via D'Amelio 15 Jahre. Wahrheit und Gerechtigkeit haben sich noch immer nicht durchgesetzt. Für ein Land, das sich rühmt, die Wiege des Rechts zu sein, ist das eine Schande.

Und zentnerschwer lasten die Worte auf uns, die Borsellino kurz vor seinem Tod ausgesprochen hat: „Ich habe verstanden ... sie werden mich umbringen, aber es wird keine Rache der Mafia sein ... Die Täter werden vielleicht Mafiosi sein; diejenigen, die meinen Tod gewollt haben, werden aber andere sein."

Borsellino war sich, wie wir schon gesagt haben, darüber im Klaren, dass man ihn töten oder es zumindest versuchen würde. Ich verlange sicherlich etwas Schwieriges, aber versuch doch kurz, dir vorzustellen, wie Borsellinos Leben nach der Ermordung Falcones war.
Ich weiß, was es heißt, auf der Todesliste der Mafia zu stehen. Wenn dazu noch der Wille kommt, die eigene Angst nicht mit den nächsten Angehörigen zu teilen, dann ist man wirklich allein – auch in einem Stadion voller Menschen. Diese Einsamkeit spürte Borsellino die letzten Tage seines Lebens wahrscheinlich sehr schmerzhaft, eine innere Einsamkeit, denn sein normales Leben führte er ja weiter. Büro, Familie und wieder Büro, Tag für Tag, auch im Sommer. Seine einzige Hoff-

nung war, möglichst bald die Beweise zu haben, um die Urheber des Massakers von Capaci hinter Gitter zu bringen. Er ermittelte, suchte Spuren, hoffte, irgendein Indiz zu finden. Seinen Augen sah man damals ganz genau an, dass er seine Pflicht bis zum Letzten erfüllen wollte. Man spürte, wie eilig er es hatte, die Beweise zu finden, und wie überzeugt er war, dass das nur noch eine Frage der Zeit sei. Wäre es ihm gelungen, nicht nur gegen die Mafiosi, sondern auch – und vor allem – gegen ihre Komplizen in den Institutionen Anklage zu erheben, dann hätte er nicht nur sein eigenes Leben gerettet, sondern auch das seiner Leibwächter. Es war also ein Wettlauf mit der Zeit; die einzige Frage war, wer als Erster zuschlug.

„Ich habe alles verstanden ..." – „Ich laufe einen Wettlauf gegen die Zeit", wiederholte Borsellino in diesen Tagen immer wieder.

Es war nicht das erste Mal, dass es zu einem solchen tödlichen Wettlauf zwischen den Mafiosi (mit ihren Verbindungen zu und ihren Komplizen in den Institutionen) und den Vertretern des Gesetzes kam. Als Rocco Chinicci durch den Anschlag in der Via Giuseppe Pipitone Federico ermordet wurde, trug er in seiner Aktentasche wahrscheinlich Dokumente, die die Vettern Salvo aus Salemi hinter Gitter gebracht hätten; nach seiner Ermordung wurden die Ermittlungen gegen die Salvos dann blockiert.

Auch bei Borsellinos Ermordung verschwand ein Dokument, und zwar ein roter, in Leder eingebundener Terminkalender, ein Geschenk der Carabinieri, den Paolo Borsellino benutzte, um Ideen, Tatsachen, Bewertungen und Beweise zu notieren, und den er in seiner ledernen Aktentasche immer bei sich trug. Die lederne Aktentasche wurde im Inferno der Via D'Amelio unversehrt gefunden. Sie enthielt Schlüssel, Zigaretten und sogar eine nasse Badehose – nur der Terminkalender fehlte und mit ihm verschwunden sind auch die Notizen, die Borsellino sich in diesen Tagen gemacht hatte.

Aber wo warst du selbst an diesem Tag?
Auch ich stand im Visier der Mafia. Ich wusste nur nicht, dass auch auf mich schon ein Attentat vorbereitet wurde.

An diesem 19. Juli war ich in Kalabrien, bei einem Treffen der politischen Bewegung La Rete. Meine Frau war in Palermo mit dem Auto unterwegs und befand sich im Moment des Attentats ganz in der Nähe der Via D'Amelio. Als der fürchterliche Knall der Explosion ertönte, fuhr sie sofort rechts ran und fragte einen Passanten, was passiert sei. Er wusste nichts Genaues, mutmaßte aber, es sei vielleicht ein Attentat, möglicherweise auf jemanden, der gegen die Mafia gekämpft habe. „Aber wer?", fragte meine Frau. Daraufhin nannte er die Namen von Borsellino, Ayala und auch meinen eigenen.

In Kalabrien erhielt ich dann zwei Anrufe: einen von meiner Frau und den anderen vom Chef meiner Leibwache, der mir sagte, ich solle nicht mit dem Auto nach Rom zurückfahren, weil gerade ein Hinweis darauf eingegangen sei, dass während dieser Fahrt ein Attentat auf mich geplant sei.

Mein Wagen und die der Leibwächter wurden nun Richtung Bari gefahren, ein reines Ablenkungsmanöver, während ich im Hubschrauber zum Flughafen von Lamezia Terme gebracht wurde. Einige Stunden später und mitten in der Nacht flog ich von dort aus zum römischen Flughafen Fiumicino, versteckt zwischen den Briefpaketen eines Postfluges. Im Morgengrauen eskortierte man mich dann zu meiner römischen Wohnung, einem auf jede nur erdenkliche Weise gesicherten Zimmer im obersten Stock der Ausbildungskaserne der Polizei in Casal Lombroso.

Du hast in Rom in einer Kaserne gewohnt?

Nach dem Massaker von Capaci, im Juni 1992, hat die Polizei mich eines Nachts gezwungen, meine Wohnung an der Piazza Maddalena, beim Pantheon, zu verlassen, und hat mich in diese Ausbildungskaserne gebracht.

Ich bin nie wieder in meiner Wohnung gewesen ... Die Polizisten haben alles ausgeräumt und mir meine Kleider und Küchenutensilien rübergebracht ...

Was für Sicherheitsvorkehrungen! Inzwischen warst also auch du in Gefahr?
Seit dem 29. Juli 1985, also schon seit über zwanzig Jahren, weiß ich nicht mehr, was es heißt, in Italien (und auch im Ausland) allein spazieren zu gehen, allein eine Zeitung zu kaufen, allein in ein Restaurant zu gehen, allein im Kino einen Film anzuschauen ... ohne bewaffnete Eskorte.

Jahrelang haben meine Frau und unsere beiden Töchter mich immer nur zu Hause getroffen, niemals anderswo – in einer Bar, im Kino oder im Restaurant. Ich glaube, es ist in Italien auch bekannt, dass ich so lebe. Manche interessiert es nicht, andere ärgern sich sicherlich auch darüber und möchten, dass ich mich für die Leibwache rechtfertige, vielleicht auch dafür, dass ich noch lebe.

In meinen Büchern, die im Ausland, aber nicht in Italien erschienen sind, erzähle ich viele solcher Geschichten. Dort macht mir niemand zum Vorwurf, dass ich noch am Leben bin.

Ich sitze gerade an der italienischen Ausgabe meiner Bücher, die auf Englisch, Spanisch, Arabisch und Deutsch erschienen sind. Eines davon, 2003 auf Deutsch erschienen, trägt den Titel: *Ich sollte der Nächste sein.* Der Nächste sein sollte ich viele Male – und einmal eben auch 1992, nach Falcone und Borsellino, nach den Massakern bei Capaci und in der Via D'Amelio.

Hast du nach dem Tod Borsellinos und seiner Leibwächter nicht ge-
dacht, dass dieses Blutbad sich hätte verhindern lassen, wenn in der
Nähe der Wohnung von Borsellinos Mutter ein Parkverbot erlassen
worden wäre?

Ich weiß noch genau, dass es vor Borsellinos Haus ein Parkverbot gab, während man in der Nähe und vor dem Eingang des Hauses, in dem seine Mutter wohnte, parken durfte. Auch heute werden Parkverbote nur in der Nähe der Häuser von Richtern erlassen, denen ein Attentat droht. Das Problem ist auch, dass es hinter den großen Blutbädern immer eine Verbindung in die Institutionen gibt. Ein Halteverbot in der Via D'Amelio ist sicherlich in Erwägung gezogen worden und wahrscheinlich hat dann jemand über diese Idee die Nase gerümpft. Damals „ärgerte" man sich über die Halteverbotszonen und auch über Autos mit eingeschalteter Sirene. Kannst du dich noch erinnern, wie einmal der Leibwächter eines Richters ein paar Kinder an einer Bushaltestelle überfahren hat? In einer solchen Atmosphäre dürfte das (vielleicht auch kalkulierte) Nein irgendeines der Mafia nahestehenden Beamten genügt haben, um den Antrag auf Halteverbot nicht weiter in Erwägung zu ziehen.

Angesichts dieses Vorgehens lasten die Worte von Agnese Piraino Lete, der Witwe Borsellinos, besonders schwer: „Obwohl alle wussten, dass Paolo der Nächste sein würde, obwohl er einigen Leuten schon gesagt hatte, der für ihn bestimmte Sprengstoff sei schon da, sind hier, in der Via D'Amelio, keinerlei Vorsichtsmaßnahmen getroffen worden."

Solltest du dann der Nächste sein?
Die außerordentlich große Zustimmung bei den Wahlen vom April 1992, der überraschende Erfolg des *Movimento per la Democrazia La Rete* (Bewegung für die Demokratie – Das Netz) und meine vierfache Wahl ins Parlament (ins Abgeordneten-

haus im Veneto, in Latium und in Sizilien und in den Senat im Wahlkreis Partinico-Monreale) sowie anschließend die Reaktion, die Wut und die Solidarität, die die Bürger mir gegenüber zeigten, und schließlich auch die entschlossene Reaktion des Staates auf die Massaker von Capaci und in der Via D'Amelio – all das hat mich beschützt, hat mein Leben gerettet.

Findest du diese Antwort nicht allzu naiv?
Naiv? Nein, sie ist sogar sehr vorsichtig, weil sie unvorsichtig scheint; sie ist unglaublich, eben weil sie wahr ist!

Die Prozessakten zeigen, dass Totò Riina nach diesen Massakern beschlossen und vorgeschlagen hat, dass ich der Nächste sein sollte. Doch die „Kuppel" lehnte den Vorschlag des Bosses der Bosse ab, und zwar während eines Gipfeltreffens, auf dem die Mehrheit der Bosse die Meinung vertraten, es sei jetzt an der Zeit, aufzuhören, weil die Massaker von 1992 den Interessen der Mafia schon genug Schaden zugefügt hätten und es schließlich zu gefährlich sei, gegen einen Politiker vorzugehen, der so viel Zustimmung erfahre, den die Bürger so machtvoll „beschützten".

Welche Erinnerungen kommen dir, wenn du an jene Jahre denkst?
Ich wünsche mir, den Frauen und Kindern, den Alten und Jungen, allen Bürgern zu danken, die mir auf so unterschiedliche Art und Weise, aber doch laut und deutlich gezeigt haben, dass ich nicht allein war, wenn ich die Dinge öffentlich beim Namen nannte.

Ich möchte auch all jenen danken, die begriffen haben, dass man mich am besten schützt, indem man die Realität bekannt macht und hinausschreit, und nicht, indem man sie verbirgt und verschweigt; und vor allem damit, dass man auf die oberste Ebene der kriminellen Verantwortlichkeit und der institutionellen Komplizenschaft zielt – ohne Kompromisse. Ich habe gelernt, dass man sich gegenüber dem Machtsystem der Mafia nicht isolieren darf, aber ich habe auch gelernt, dass die wahre Vorsicht darin besteht, unvorsichtig zu sein. Selbstverständlich habe ich den Sicherheitskräften zu danken, die mich Tag und Nacht geschützt haben und schützen. Aber ich glaube, dass auch die Polizisten den Frauen und Kindern, den Alten und Jungen, allen Bürgern zu danken haben, die nicht geschwiegen, die hingehört und hingesehen haben. Sie verkörpern ein anderes Sizilien, eine Alternative zu dem Sizilien, dessen Symbol die drei Affen sind, die nichts sagen, nichts hören, nichts sehen.

Ist das alles so dramatisch einfach?
Ja und nein. Mich hat sicherlich auch die Entscheidung von *La Rete* geschützt, auf die höchste Ebene zu zielen und Dutzende von Initiativen gegen die Allianz von Politik, Geschäftswelt, Mafia und Freimaurertum (*Politica, Affari, Mafia, Massoneria – P.A.M.M.*) zu organisieren, nämlich dadurch, dass sie Ross und Reiter beim Namen genannt und die Vertragsparteien bekannt gemacht hat – und zwar auf internationaler Ebene, in Rom und in den verschiedenen Regionen unseres Landes.

Politik, Geschäftswelt, Mafia, Freimaurer ... Eine große Allianz?
Eine große und „heilige" Allianz.
   Ja, genau so. Ja, P.A.M.M.: So nannten wir ein Programm mit vielen Dutzenden von Vorträgen, Diskussionsveranstaltungen, Sit-ins und öffentlichen Demonstrationen – ein Programm, das zu den wirkungsvollsten Antworten von *La Rete* auf die Massaker von Capaci und in der Via D'Amelio in den Jahren 1992 und 1993 gehört.

*Eine Provokation mit hohen Zielen oder ein Akt der Verantwortungs-
losigkeit?*
Eine Provokation, ein Akt der Weisheit und eine entschlossene
Antwort auf ein erdrückendes Machtsystem. Aber unser Programm war auch ein Angriff auf zwielichtige und manchmal
kriminelle Personen, auch solche mit Soutane und römischem
Kragen, und zwar um die Würde derer zu verteidigen, die weder Soutane noch Römerkragen in den Dreck ziehen wollten.

Die scharfen Angriffe, die ich von Leuten wie Licio Gelli,
dem Chef der Loge P2, und von seinen zahlreichen, oft überhaupt nicht erkennbaren Komplizen ertragen musste und
noch ertragen muss, zeigen noch heute, wie provokant unser
Programm war.

Gehören Mafia und Freimaurertum immer zusammen?
Ich bin nie Freimaurer gewesen. Organisationen wie die Freimaurer, besonders ihre Riten und ihre Geheimhaltung, irritie-
ren und verstören mich ein wenig. Ich denke, man kann Freimaurer sein, ohne Mafioso zu sein, und man kann es auch
sein, wenn man ein entschiedener Gegner der Mafia ist.

Eins ist jedoch sicher: Es gibt unzählige Fälle von Verbindungen zwischen Mafia und Freimaurern. Falls nun manche
sagen, dabei handle es sich um ein pervertiertes Freimaurertum, dann antworte ich, dass es dann Sache der Freimaurer
ist, zu erklären, dass es sich um Abwege von der freimaureri-
schen Ethik handelt. Mir geht es nur darum, die zahlreichen
kriminellen Verbindungen beim Namen zu nennen.

*Nach dem, was du mir gesagt hast, auch im Hinblick auf deine eigene
Geschichte, scheinst du den Ermittlungen über das Blutbad in der Via
D'Amelio und den Ermittlungen Paolo Borsellinos in seinen letzten Le-
benstagen eine besondere Bedeutung zuzuschreiben. Glaubst du, dass
wir jemals die Wahrheit über seinen tragischen Tod erfahren werden?*

Die Wahrheit über das Blutbad in der Via D'Amelio ist der Schlüssel zu den Beziehungen zwischen der Politik, den Institutionen (auch ausländischen), dem pervertierten Freimaurertum, der Geschäftswelt und der Mafia. Falls dieses Massaker vom 19. Juli 1992 eines Tages (wenn überhaupt) aufgeklärt wird, dann wird es auch möglich sein, Licht in eine ganze Reihe von weiteren ungelösten Fällen zu bringen: die Zusammenhänge zwischen der Mafia und dem Kalten Krieg, die Fälle Mattei und De Mauro sowie die Fälle Sindona und Calvi, die Rolle der P2, die Rolle von Leuten wie Andreotti als Statist in der internationalen Politik und als Strippenzieher bzw. Marionette in der italienischen Politik.

Man wird die Verflechtungen zwischen der Mafia und der militärisch-strategischen Rolle Siziliens verstehen und auch die Versuche, die Mafia beim Borghese-Putsch und bei der Entführung Aldo Moros mit ins Boot zu holen.

Man wird auch aufklären können, warum die Institutionen im Kampf gegen die Mafia immer wieder nachgelassen haben, wie es wiederholt zu Verleumdungskampagnen kam, die im Justizpalast von Palermo für Unruhe gesorgt haben, wie Mitarbeiter der Geheimdienste sowie Dokumente aus dem Safe des Generals Dalla Chiesa verschwinden konnten und wie es zur Ermordung des Polizisten Agostino und seiner schwangeren Ehefrau kam.

Man wird auch das Verschwinden von Chinnicis Aktentasche bei dem Blutbad von 1983, das fehlgeschlagene Attentat in der Villa Giovanni Falcones in Addaura, die Geschichte um die Tätigkeit und die Verurteilung des leitenden Beamten des *SISDE*, Bruno Contrada, die „Verhandlungen" der Mafia mit dem Staat sowie die „Verhandlungen" im Zusammenhang mit der Festnahme Totò Riinas erklären können ...

8. Die Verhaftung Totò Riinas

Salvatore Riina, genannt *Totò u curtu* („Totò der Kurze"), wurde an einem trüben Wintermorgen, am 15. Januar 1993, in Palermo festgenommen. Er fuhr gerade durch eine belebte Straße unweit seiner Villa, als ihn gegen 8.15 Uhr eine Patrouille der Spezialeinheit *Raggruppamento Operativo Speziale (ROS)* stellte. Mit seiner Frau Ninetta und den vier Kindern wohnte Riina in einer exklusiven Wohngegend mit wenigen, vereinzelt stehenden Villen: Häuser von Millionären mitten im Grünen, nahe beim historischen Stadtzentrum. Riinas Festnahme erfolgte rasch und ohne Widerstand; in der stark befahrenen Straße haben sie vielleicht nur wenige überhaupt bemerkt.

Radio und Fernsehen berichteten sofort, schließlich handelte es sich nicht um einen x-beliebigen Mafioso, sondern um einen Boss, der innerhalb der *Cosa Nostra* die Hegemonie erlangt hatte, indem er den Boss Stefano Bontate samt Anhängern hatte ermorden lassen. Riina war eine sehr ernste Herausforderung für den Staat: Er hatte Falcone, Borsellino und andere Vertreter des Staates umgebracht und trotz dieser furchtbaren Verbrechen 23 Jahre in Freiheit zugebracht; er hielt sich oft in Palermo auf und besaß neben seinen anderen Wohnsitzen sogar eine Wohnung an einem belebten Platz der Stadt. Obwohl damals eine Fahndung nach ihm lief, hatte er Antonietta Bagarella 1974 kirchlich geheiratet und als „eifriger" Christ auch seine vier Kinder taufen lassen.

Nach seiner Verhaftung rechneten alle damit, dass die Polizei seine Villa nun sehr sorgfältig nach Dokumenten, Aufzeichnungen und Notizen durchsuchen würde: Wenn es diese tatsächlich gegeben haben sollte und sie gefunden worden wären, hätten sie Licht in viele kriminelle Ereignisse der letzten 23 Jahre bringen können, in denen der Boss untergetaucht war.

Doch dann geschah, wie in einem gut gemachten Film noir, etwas Unvorstellbares – es ist wohl eines der zahlreichen Geheimnisse der Republik Italien: Riinas Haus wurde weder überwacht noch durchsucht. Die in der Via Bernini stationierten Soldaten erhielten sogar den Befehl, das Anwesen nicht zu beobachten. Seit dem Nachmittag des 15. Januar 1993 konnte jeder, der wollte, in Totò Riinas Haus ein- und ausgehen.

Am selben Tag wurde Hauptmann Ultimo, der Offizier der Carabinieri, der die Aktion geleitet hatte, befördert und war damit als Oberstleutnant Sergio Di Caprio offiziell vor allem für die Lebensmittelüberwachung zuständig; zugleich wurde Oberst Mario Mori zum Chef des *SISDE* ernannt. Totò Riinas Höhle wurde nie durchsucht oder überwacht.

Doch das war noch nicht alles: Kurz darauf wurden Ermittlungen gegen Sergio Di Caprio und General Mario Mori eingeleitet, wegen Begünstigung der Mafia. Die beiden wurden auch vor Gericht gestellt.

Die Polizei suchte Riinas Villa erst 18 Tage nach seiner Festnahme wieder auf und fand natürlich überhaupt nichts mehr; die Durchsuchung hatten die Mafiosi in der Zwischenzeit selbst durchgeführt.

Der *pentito* Gioacchino La Barbera, einer der Mafiosi, die an dem Massaker von Capaci beteiligt waren, hat dazu vor Gericht Folgendes ausgesagt: „Sie haben alles abgesaugt, Kleider, Dokumente und andere wichtige Sachen weggebracht. Und dann haben sie den Safe aus der Wand gerissen, das Loch wieder zugemauert und die Wände neu gestrichen." Und weiter: „Man beschloss, Riinas Verwandte wegzubringen und dann alles zu vernichten, was Hinweise auf Onkel Totò geben konnte: Sansone, der jetzige Besitzer der Villa, beauftragte einige Maurer, die einzelne Wände abrissen und andere neu hochzogen."

Der Mafioso Giovanni Brusca machte in einem Prozess sogar noch genauere Angaben darüber, was sich in Riinas Safe befunden hatte: „In seinem Safe bewahrte Riina Geld, Dokumente, Notizen, Rechnungen und notarielle Unterlagen auf. Ich kenne den genauen Inhalt nicht, aber ich weiß, dass es damals immer um Aufträge und Drogenhandel ging." Auch die *pentita* Giusy Vitale aus dem Clan von Partinico erinnert sich an den Tag von Riinas Verhaftung: „Ich wusste von meinem Bruder, dass da Dokumente drin waren, die den Staat hätten in die Luft gehen lassen. Wenn die Polizei sie gefunden hätte, wäre das das Ende der Welt gewesen." Giusy Vitale fügte hinzu: „Ich erfuhr von der Verhaftung Riinas durch meinen Bruder Vito, der sich bei mir zu Hause versteckt hielt. Wir sahen uns die Nachrichten an und hörten, dass sie nach seiner Verhaftung überhaupt keine Durchsuchung gemacht hatten. Das wunderte mich. Ich fragte Vito, warum sie das Haus nicht durchsucht hätten, und er antwortete: ‚Alles ist möglich' und ‚Die Wege des Herrn sind unergründlich.'"

Der Prozess gegen Mario Mori und Sergio Di Caprio wegen Begünstigung der Mafia kam erst gegen Ende 2006 zum Abschluss. In den Plädoyers der beiden Staatsanwälte trat dann wieder die „Staatsräson" auf den Plan: Die Staatsanwälte forderten, das Gericht möge die beiden Angeklagten vom Vorwurf der Begünstigung der *Cosa Nostra* freisprechen; sie sahen den Tatbestand der einfachen Begünstigung durchaus als erfüllt, die Tat jedoch als verjährt an.

Wir haben schon viel über Totò Riina gesprochen, und wir kommen immer wieder auf ihn zurück. Was denkst du über diesen Mann, der äußerlich unauffällig, aber doch ein wesentlicher Teil der italienischen Geschichte geworden ist? Und wie ist er der Chef der Cosa Nostra geworden?

Totò Riina ist ein grausamer und erbarmungsloser Mörder. Als er Chef der Mafia wurde, setzte sich auch die neue Strategie der Corleonesi durch: eine Strategie, die ohne große Bedenken auf Massaker und Blutvergießen setzte. Die corleonesische Mafia ist in jeder Hinsicht eine andere Mafia als die sizilianisch-amerikanische: Das Ziel der Mafia jenseits des Ozeans besteht darin, schmutziges Geld in sauberes zu verwandeln, und ihre Wirtschaftsunternehmen, die auf illegale Geschäfte gegründet sind, zu respektablen, legal arbeitenden Firmen zu machen.

Das sizilianisch-amerikanische Mafiamodell, wenngleich genauso kriminell, will vor allem den Söhnen der Bosse eine Wahl ermöglichen, nämlich: ob sie selbst Mafiabosse werden oder lieber an den besten Universitäten studieren möchten, um eine Karriere als Anwalt, Psychologe oder Wissenschaftler einzuschlagen. Die corleonesische Mafia Totò Riinas dachte nicht an die Zukunft, für sie zählte nur die Gegenwart. Sie wollte den maximalen Profit, und zwar sofort, dafür schreckte sie vor nichts zurück und brach jeglichen Widerstand. Diese Philosophie geht ursprünglich auf Luciano Liggio zurück, erreichte mit Totò Riina jedoch den Gipfel der Gewalttätigkeit.

Riina zeigte sein wahres Gesicht als Mafiaboss und einziges Oberhaupt der *Cosa Nostra* just, als Michele Greco verhaftet wurde und seine Karriere als Mafiaboss endete. Damit wird sichtbar, was jener in Wirklichkeit schon seit vielen Jahren gewesen war: das Feigenblatt der corleonesischen Mafia.

Man verstand nun, wie Michele Greco zum „urbanen Aushängeschild", zum „trojanischen Pferd" der corleonesischen Mafia geworden war: Er verschaffte den „Leuten vom Dorf" Zugang zu den Salons der höheren Kreise Palermos, er vermittelte Kontakte zu den Mächtigen Palermos, die Einfluss in den Institutionen hatten – Kontakte, die sonst ganz undenkbar gewesen wären. Diesen Vertretern der Institutionen war sofort klar, welche Gefahr von Totò Riina ausging, und sie fürchteten ihn durchaus zu Recht. Er brauchte sich nun nicht mehr zu verstecken, ging gewaltsam gegen all jene vor, die ihn bekämpften. Diese Welle der Gewalt begann Ende der 70er Jahre mit der Ermordung von Oberst Russo und endete viele Jahre später mit den skrupellosen Massakern von Capaci und in der Via D'Amelio.

Die kriminelle Strategie der Mafia hat in Totò Riina ihren vollkommensten Vertreter gefunden: Unter ihm wurden die schlimmsten Kapitel der Geschichte der Mafiakriminalität in Sizilien geschrieben; durch ihn sah der Staat sich gezwungen, den Vorschriften für die Freiheitsstrafe den Artikel 41a hinzuzufügen, der eine verschärfte Haft und eine weitgehende Einschränkung der Freiheit für Mafiabosse vorsah, die schwere Verbrechen begangen hatten. So wurde es praktisch unmöglich, dass die Bosse noch vom Gefängnis aus weiter ihre Macht ausüben und weitere Morde befehlen konnten. Riinas Untaten veranlassten die Regierung überdies, die Armee nach Sizilien zu schicken, die in jenen Jahren eine Militäroperation namens „Sizilianische Vesper" durchführte und so Bürger und Institutionen gegen die Mafiosi schützte. Staat und Mafia befanden sich im Kriegszustand. Nur die Palermitaner und die, die damals vor Ort waren, können sich an den eigenartigen Anblick dieser Männer im Kampfanzug erinnern, die durch die Straßen patrouillierten oder vor Hauseingängen von Richtern oder anderen Vertretern der Institutionen Stellung bezogen hatten.

Es gibt noch etwas, was wir diskutieren sollten (jetzt oder später), nämlich: den religiösen Aspekt des Krieges der corleonesischen Mafia, der sich auch in den Attentaten auf Kirchen 1993 zeigt und seinen Höhepunkt in der Ermordung des Priesters Pino Puglisi findet.

Darüber werden wir sicher später noch sprechen; die Angriffe auf Männer der Kirche und Symbole des Christentums können uns bes-

ser verstehen helfen, ob es über die bereits diskutierten Beziehungen zwischen der Mafia und dem Vatikan hinaus noch weitere gab.

Haben bei Totò Riinas Verhaftung Faktoren und handelnde Personen zusammengewirkt, die sich zu einer noch nie dagewesenen Allianz zusammengefunden hatten?

Mit Sicherheit. Totò Riina wurde festgenommen, weil der Staat sich die Feindseligkeit der sizilianisch-amerikanischen Mafia gegen die Corleonesi zunutze gemacht hatte. Die Mafiosi jenseits des Ozeans wollten das Verhalten der Corleonesi unter Riina nicht mehr tolerieren. Die Massaker hatten dazu geführt, dass der Staat seinen Kampf gegen die Mafia forcierte, und so auch die Transaktionen zwischen den amerikanischen Familien und den sizilianischen Clans beeinträchtigte. Das Verhalten Riinas und seiner Leute zog den „guten Namen" der sizilianisch-amerikanischen Mafia in den Schmutz – so paradox dies auch erscheinen mag: Das durch seine Taten hervorgerufene Aufsehen, von den sogenannten „prominenten" Morden bis hin zu den Massakern, konnte nicht mehr nur auf das Innere der palermitanischen (oder letztlich der sizilianischen) Mafia beschränkt bleiben, sondern berührte nun das Konzept der Mafia selbst. Riinas Vorgehensweise machte es nahezu unmöglich, den illegal erwirtschafteten Gewinn zu einem Gewinn zu machen, der sich legal rechtfertigen ließ, und darum geht es der sizilianisch-amerikanischen Mafia ja letzten Endes. Das öffentliche Aufsehen durch den verbrecherischen Krieg der corleonesischen Mafia gegen den Staat kostete im Übrigen auch viel Geld – Geld, das aus illegalen Transaktionen stammte, die durch das neue Engagement des Staates schwieriger geworden waren.

Die Ermordung Falcones und Borsellinos, zweier Persönlichkeiten von Weltruf, erschütterte die Duldung der sizilianisch-amerikanischen Mafia in Amerika nachhaltig und führte dazu, dass Riina neben den Ordnungskräften in aller Welt nun auch noch die amerikanische Mafia gegen sich hatte. Riina war aufgrund seiner Handlungsweise auch den Bossen lästig, die ihn in der „Kuppel" unterstützten; er war den Mafiosi alten Schlages verhasst, die nostalgisch an die Zeit Badalamentis zurückdachten, und schließlich auch jener alten Mafia, der es gelungen war, mit dem politisch-institutionellen System zu verschmelzen, ohne Verdacht zu erregen.

Ein weiteres Beispiel für den Schaden der kriminellen Strategie Riinas für die illegale Wirtschaft der Mafia ist die *Lex Rognoni/La Torre*: Maßnahmen des italienischen Staates, die den Zugriff auf das Vermögen der Mafiosi ermöglichen sollten, bis hin zur Beschlagnahmung. Zudem hat die Europäische Union in der zweiten Hälfte der 90er Jahre zur Euro-Einführung einen gemeinsamen Aktionsplan beschlossen, der die Prinzipien der italienischen Antimafia-Gesetzgebung auf europäischer Ebene übernommen hat.

In meiner Funktion als Berichterstatter für diesen gemeinsamen Aktionsplan im Europäischen Parlament habe ich festgestellt, dass es in den maßgeblichen Kreisen, auch in den Finanzkreisen Europas, eine neue Entschiedenheit gibt, gegen die kriminelle und insbesondere die mafiöse Ökonomie vorzugehen.

Sicherlich hat es sehr vielen Mafiosi in den verschiedenen Ländern nicht gefallen, dass sich palermitanische und sizilianische Methoden des Kampfes gegen die Mafia und Methoden, eine Kultur und Ökonomie der Rechtsstaatlichkeit zu schaffen, in der ganzen Welt verbreitet haben, und zwar als Reaktion auf die kriminelle Strategie der Corleonesi.

Ein Beispiel für die internationale Verbreitung dieser Methoden ist auch die Tatsache, dass die UNO im Dezember 2000 in Palermo die erste Weltkonferenz gegen das organisierte Verbrechen veranstaltete – die erste Weltversammlung zu diesem Thema in der Geschichte der Menschheit überhaupt.

Aber kommen wir auf die Verhaftung Riinas zurück. Was du sagst,
bestätigt die Annahme, dass hier viele Faktoren und Personen eine
Rolle spielten, dass vielleicht sogar eine Abmachung zwischen den
Spitzen der staatlichen Institutionen und der Mafia vorausging (bzw.
mit den Teilen der Mafia, die gegen Totò Riina und seine Methoden
waren). Wer trieb diese Verhandlungen mit der Mafia voran?

Oberst Mario Mori und „Ultimo" alias Hauptmann Sergio Di
Caprio haben mit der Festnahme Totò Riinas einen sehr wert-
vollen Dienst getan – auch wenn sie sich der Hilfe einiger Mafiosi bedient haben sollten, was ihnen selbst und den Institutionen, die sie repräsentieren, sicher Schaden zugefügt hat.
Man sollte dennoch nicht vergessen, dass es damals (und
auch heute noch) ein Gesetz gibt, das das Verhältnis zwischen
Untersuchungsrichter und reuigem Mafioso regelt. Hingegen
gab es weder zur Zeit der Verhaftung Riinas noch davor ein
Gesetz, das das Verhältnis von Mafioso und Ordnungskräften
geregelt hätte; daher ist fast jede Mutmaßung über die Rolle
der Mafiosi bei der Festnahme Riinas erlaubt. Letztlich entscheidend ist die Frage, auf welche Kompromisse mit den Mafiosi sich die Ordnungskräfte eingelassen haben. Meiner (und
nicht nur meiner) Meinung nach hat es Abmachungen zwischen Teilen des Staates und Teilen der Mafia gegeben – allein
schon deshalb, weil die sizilianisch-amerikanischen und auch
die sizilianischen Mafiosi von einer Verhaftung Riinas nur
profitieren konnten. Und es war für sie sehr wichtig, allen zu
zeigen, dass erst ihr Eingreifen diese aufsehenerregende Festnahme ermöglicht hatte. Wie wir später sehen werden, standen die Dinge bei Bernardo Provenzanos Festnahme vollkommen anders.

Man sagt (und dabei bin ich nicht sicher, inwieweit es sich um eine
Vermutung handelt), es habe Verhandlungen zwischen Teilen des
Staates und Ciancimino gegeben. Könnten solche Verhandlungen –

wenn sie denn bestätigt würden – nicht zeigen, dass Ciancimino gewissermaßen noch höher stand als selbst Riina?

Ciancimino hat im Laufe seiner „Karriere" drei verschiedene Rollen gespielt. Am Anfang war er Mitglied der sizilianisch-amerikanischen Mafia. In einer zweiten Phase wurde er dann zu einem Strategen der corleonesischen Mafia. Schließlich kehrte er in die Reihen der sizilianisch-amerikanischen Mafia zurück. Er hat also sehr wahrscheinlich bei den Verhandlungen eine Rolle gespielt, indem er die Weisungen der sizilianisch-amerikanischen Mafiabosse ausführte. Trifft dies zu, so wäre Ciancimino letztlich auch ein Mittel der sizilianisch-amerikanischen Mafia gewesen, sich „legal" von Riina zu befreien. Mit dieser Behauptung will ich in keiner Weise die Leistung der Carabinieri schmälern, sondern lediglich bekräftigen, dass die sizilianisch-amerikanische Mafia die Verhaftung Riinas gewünscht und auch alles getan hat, um ihre „Mitarbeit" an dieser Verhaftung bekannt zu machen.

Nach der Verhaftung Riinas geschah dann, was niemand vorhergesehen hatte: Ultimo und seine Leute bringen Riina in die Kaserne, wenige Stunden später schalten einige Carabinieri auf Befehl die Überwachungskameras vor dem Eingang von Riinas Haus aus und es wird niemand geschickt, um das Haus zu durchsuchen; erst 18 Tage später werden die Carabinieri wieder dorthin gehen. Dieses äußerst merkwürdige Verhalten der Ordnungskräfte ließ alle erstarren. Wie ist es zu erklären?

Kompromisse haben meistens ihren Preis. Möglicherweise forderte die Mafia für ihre Mithilfe das Zugeständnis, das Haus des Bosses „ungestört" von Ordnungskräften durchsuchen zu können. Derartige Vereinbarungen stehen nicht in den notariellen Akten. Meist werden sie sogar realisiert, ohne dass die Parteien sich überhaupt persönlich getroffen haben müssen.

Die Mafia durchsuchte das Haus sorgfältig und räumte es komplett aus; am Ende waren sogar die Wände neu gestrichen. Diese Geschichte, die sich wohl nicht einmal Ionesco oder Pirandello hätten ausdenken können, wirft auch nach etlichen Jahren noch ein schlechtes Bild auf den Staat. *Und auch die Annahme einiger* pentiti, *in Riinas Safe hätten sich äußerst wichtige Dokumente befunden, die die Institutionen in die Luft hätten gehen lassen, hätte ihn sehr schlecht aussehen lassen, wenngleich dies nie objektiv bestätigt wurde.*

Offen gesagt fällt es mir sehr schwer zu glauben, in diesem Haus hätten sich wichtige Dinge befunden. Die Botschaft ist eine andere. Die Mafia wollte deutlich machen, dass die Polizei Riina ohne ihr Eingreifen nicht hätte festnehmen können. Der Prozess gegen Oberst Mario Mori und Hauptmann Sergio Di Caprio erregte Aufsehen und zog die Aufmerksamkeit aller auf diese Geschichte, und die Mafia wollte, dass alle, wirklich alle begriffen, dass die Verhaftung Riinas anormal war, dass der Staat dies nur mit Hilfe hatte bewerkstelligen können, zu der er sich nicht öffentlich bekennen konnte. Ich glaube, dass diese Botschaft auch perfekt kommuniziert worden ist. Man streicht nicht die Wände eines Hauses, wenn man nicht ein Signal vermitteln will. Und dieses Signal war (ganz egal, ob das nun stimmte oder nicht): Wir haben dem Staat geholfen, Riina zu fangen, und als Gegenleistung hat er uns im Haus des Bosses in Ruhe gelassen, und zwar so sehr, dass wir sogar die Wände neu streichen konnten.

Allerdings sind doch die Aussagen der pentiti *nicht zu unterschätzen. Einer hat, ohne dass der andere davon wusste, ausgesagt, in Riinas Safe hätten sich äußerst heikle Dokumente befunden: eine Art Archiv oder Verzeichnis von Namen und Ereignissen. Sollte es wirklich existiert haben, so hätten die Mafiosi es in diesen 18 Tagen in der Villa Riinas in aller Ruhe wegschaffen können.*

Ich bezweifle nicht, dass es dieses Archiv gegeben hat. Aber meiner Meinung nach hätte die Mafia andere Mittel gehabt, um es verschwinden zu lassen. Die Mafia verfolgte ein anderes Ziel: Jeder, der glaubte oder wusste, dass sein Name in diesem Archiv stand, sollte glauben, dass es wirklich existierte, und wissen, dass sein Name von jetzt an auch anderen Mafiosi bekannt war. Auf diese Hypothese lege ich wirklich Wert. Hätte die Mafia nur das Archiv verschwinden lassen wollen, hätte sie Riinas Haus anzünden oder in die Luft sprengen können; doch so hätte sie signalisiert, dass sie Riina verteidigte, obwohl er verhaftet worden war, dass sie ihn schützte, auch wenn sein Archiv dabei zerstört werden könnte. Tatsächlich zeigen diese 18 Tage, dass es eine Vereinbarung zwischen der Mafia und dem Staat gab; sie vermitteln die Botschaft, dass das Archiv Riinas nicht den Behörden in die Hände gefallen war, sondern sich noch im Besitz der Mafia befand.

Warum ist erst nach der Verhaftung Riinas die wahre Identität von Hauptmann Ultimo enthüllt worden? Glaubst du nicht vielmehr, dass ein solches Inkognito eher im Verhältnis zu den Institutionen seinen Sinn hatte? Das Inkognito ist ein Mittel, sich gegen äußere und innere Risiken zu schützen ...
Glaubst du wirklich, dass die Mafiosi die wahre Identität von Hauptmann Ultimo nicht kannten?

Die wahre Identität Ultimos zu enthüllen ist meiner Meinung nach ein geschickter Schachzug der Kommandeure der Carabinieri gewesen, und zwar um ihn vor einer wahrscheinlichen Rache seitens der Mafia zu schützen. Diese Enthüllung machte nicht nur den Namen und Vornamen Ultimos bekannt, sondern sagte auch: Falls dieser Mann verschwinden oder ermordet werden sollte, dann wäre sein Tod mit den Ermittlungen in Verbindung zu bringen, die zur Verhaftung Riinas geführt haben.

Im Kampf gegen die Mafia die Identität eines Beteiligten zu

enthüllen erhöht nicht das Risiko von Rachemaßnahmen, sondern vermindert es. Und man darf auch nicht verkennen, dass die Mafia die wahre Identität Ultimos schon herausgefunden hätte, wenn sie gewollt hätte, und zwar schnell. Dann aber wäre Ultimo für die normalen Leute anonym geblieben; und diese Art von Inkognito hätte in der Praxis keinerlei Wert mehr gehabt.

Angenommen, alles hätte sich so abgespielt, wie du sagst. Dann wurde es aber noch merkwürdiger, als nämlich Sergio Di Caprio zum Oberstleutnant befördert wurde, offiziell in der Lebensmittelüberwachung, und Oberst Mori zum Direktor der SISDE. Beide wurden befördert und Riinas Villa blieb ohne Durchsuchung oder Überwachung sich selbst überlassen. Das ist logisch kaum zu erklären.

Nein, durchaus nicht! Sobald die Interessen des Staates und der *Cosa Nostra* sich nicht mehr deckten, konnte der Staat nur gewinnen, indem er sich zu einer großen Fahndungsaktion mit dem denkbar besten Ergebnis fähig zeigte, nämlich der Festnahme eines gefährlichen Kriminellen. Und um seine Dankbarkeit gegenüber den Männern zu zeigen, die die Mafia auf diese Weise schachmatt gesetzt hatten, beförderte der Staat sie.

Der *Cosa Nostra* war sehr daran gelegen, Zweifel an der Lauterkeit der Carabinieri zu säen. Sie wollte ja bekanntmachen, dass sie dem Staat bei der Verhaftung Riinas wesentliche Hilfestellung gegeben hatte. Ich füge aber hinzu, dass Mori und Di Caprio Männer des Staates geblieben sind, auch wenn sie erfolgreich eine „schmutzige" Aktion durchführten. Nach deren Abschluss konnte der Staat nur gewinnen, wenn ihm zu vermitteln gelang, es mit seinen eigenen Ermittlern geschafft zu haben; umgekehrt setzte die Mafia alles daran zu zeigen, dass sie Riina an die Carabinieri ausgeliefert hatte.

Nüchtern betrachtet stellt man fest, dass das Oberhaupt der Mafia in den Händen des Staates geblieben ist, während die Dokumente, die er bei sich aufbewahrte, vermutlich bei den Mafiosi geblieben sind.

Wenig ist besser als gar nichts. Catalano würde in Arbores berühmter Sendung *Quelli della notte* sagen: „Ein Staat, der Riina festnimmt, ist besser als ein Staat, der ihn nicht festnimmt." Eins ist immerhin sicher: Die Massaker hörten auf – und zwar aufgrund einer Entscheidung der Mafia, sei sie nun autonom gefällt oder vertraglich geregelt.

Aber die Mafiosi legten Bomben in ganz Italien; über diese Ereignisse werden wir im nächsten Kapitel noch ausführlich sprechen.

Ich nehme hier schon einmal vorweg, dass diese Bomben meiner Meinung nach das letzte „Ausschlagen" derjenigen Mafia war, die den Spuren Riinas folgte. Mit der Übernahme der Führung durch Provenzano änderte sich die Vorgehensweise der Mafia radikal.

Zurück zu Totò Riina: Was geschah nach seiner Festnahme?

Provenzano versuchte, den Schaden für den Clan der Corleonesi zu begrenzen. Mit anderen Worten: Um den Konflikt mit den Mafiosi in Übersee beizulegen und ihre führende Stellung innerhalb der Mafia aufrechtzuerhalten, mussten sie die Strategie wechseln. Genau deshalb bemühten sie sich auch um Riinas „Vergebung". Wenn Provenzano seine Nachfolge antrat, dann schützte dies die Familie Riinas und sein Vermögen; er hätte nicht zugelassen, dass andere Mafiosi seinen Verwandten etwas angetan oder sich an seinem (bekannten oder geheimen) Vermögen bedient hätten. Und vielleicht hat Provenzano selbst Riina versprochen, er werde durch den Strategiewechsel der Mafia erreichen, dass Artikel 41a auf ihn nicht angewandt oder für ihn aufgehoben werde. Als hätte er zu ihm gesagt: „Du bist im Gefängnis und ich übernehme jetzt deine Position, aber ich werde es so machen, dass die Politik sich gegenüber den Mafiabossen im Gefängnis nicht mehr so streng zeigt: Ich werde Politiker unterstützen, die Ad-hoc-Gesetze zugunsten der Bosse durchzubringen versuchen, die Strafnachlässe vorsehen, ich werde alles tun, um dir deine unangenehme Situation zu erleichtern." Im Übrigen hat er wahrscheinlich versprochen, Vertreter des Staates zu bestechen, um die Prozesse zu manipulieren, die die Corleonesi direkt betrafen und die potenziell auch für ihn selbst gefährlich werden konnten.

Natürlich glaube ich nicht, dass dieses Gespräch zwischen Provenzano und Riina genauso stattgefunden hat. Doch sicher gab es Verhandlungen zwischen ihm und Riina, die diesen darüber hinwegtrösten sollten, dass seine Zeit abgelaufen war. Die Zeit der Massaker und der sogenannten „prominenten Morde" war vorbei. Für die Mafia war die Zeit gekommen, da sie aufs Neue unsichtbar werden musste. Provenzano wird ihm erklärt haben, weshalb diese neue Strategie auch zu seinem Vorteil sein werde, trotzdem er im Gefängnis saß. Aber obwohl nach Riinas Verhaftung jeder sehen konnte, dass die Mafia sich vom Blutvergießen abkehrte, änderte der Staat sein Verhalten keineswegs – was zu einem unverhohlenen Unwillen bei den Mafiosi führte, die den Maßnahmen nach Artikel 41a unterworfen waren. Provenzano wurde zweifellos dafür kritisiert, dass es ihm nicht gelang, die Institutionen umzustimmen.

Welche Dokumente könnten in Riinas Archiv aufbewahrt worden sein?
Ich glaube wirklich nicht, dass ein Mafioso die wertvollsten Dokumente, die er besitzt, bei sich zu Hause aufbewahren würde. (Unter Dokumenten verstehe ich hier Filmmaterial, Video- und Tonaufnahmen, notarielle Akten und allerlei andere Schriftstücke.) Ein Mafioso wie Riina ist doch nicht derart naiv, in seinem Wohnhaus ein Archiv anzulegen! Kein Krimineller auf der Welt

kann wirklich sicher sein, dass er nie verhaftet wird; jedes Kind weiß, dass die Polizei nach einer Festnahme sofort die Wohnräume untersucht.

Verschiedene *pentiti*, darunter Giusy Vitale und Brusca, behaupten, Riina habe in der Villa, in der er wohnte, einen Safe gehabt und dort sehr brisante Dokumente aufbewahrt. Ich werde bestimmt nicht das Gegenteil beweisen können, dazu fehlen mir die Beweise, aber es scheint mir nicht wahrscheinlich.

Meiner Meinung nach gab es in Riinas Haus überhaupt kein Archiv. Gar nichts gab es! Es war alles eine Inszenierung, die der Mafia erlaubte, folgende Botschaft zu übermitteln: Riina ist verhaftet worden, er „musste" verhaftet werden, damit die Phase des Blutvergießens endete und auch das öffentliche Interesse nachließ, letzten Endes also: um die Sympathisanten und Komplizen in den Institutionen und auch die Geschäfte der sizilianisch-amerikanischen Mafia selbst zu schützen. Wollte sie durch Provenzano und Bagarella weiterhin den ersten Platz in der *Cosa Nostra* einnehmen, bliebe der Gruppe der Corleonesi gar nichts anderes übrig, als diese Festnahme zu akzeptieren. So signalisierte Provenzano: Riina ist verhaftet worden, aber jetzt hat die *Cosa Nostra* ein neues Oberhaupt, und zwar immer noch einen Corleonese, der alles tun wird, um die Interessen der Mafiosi und auch Riinas eigene zu schützen, und dabei zu Vereinbarungen mit dem Staat bereit ist. So zeigte er, wer auf dem Territorium das Kommando hat: Ohne solche Zeichen ist die Macht gewissermaßen nackt, nicht nur die Macht der Mafia, sondern jede Macht überhaupt. Ist das einfach oder nicht?

Ja. So gesehen ist die Verhaftung Riinas keine außergewöhnliche Aktion der Carabinieri mehr, sondern die öffentlichkeitswirksamste Bestimmung in einem Vertrag zwischen Staat und Mafia, in dem ein Austausch vorgesehen ist, der beiden Seiten einen Vorteil bringen

soll. Im Übrigen sieht der Vertrag vor, dass die Vereinbarung zwi-
schen dem Staat und der Mafia nicht geheim bleiben soll. Alle sollen
verstehen, unterstellen, vermuten, dass es ihn gibt. Dies würde auch
erklären, wieso 18 Tage lang Hinz und Kunz Zugang zu Riinas Haus
hatten. So wurde dem Ereignis größtmögliche Publizität und Rele-
vanz verliehen. Es war die allerdeutlichste Weise, allen zu verstehen
zu geben, dass das Blutvergießen nur infolge eines Abkommens zwi-
schen Staat und Mafia zu Ende gegangen war. Diese Hypothese ist
wahrscheinlich, aber ich wünsche mir doch, dass sie nicht wahr ist.
Ich sage noch einmal: Wenn die Dinge so gelaufen sind, dann sind
wir es (also der Staat), die das Gesicht verlieren.

Es ist ein Glas, das halb voll und halb leer zugleich ist. Das
Glas des Staates ist halb voll, insofern er Riina festnimmt und
sicher sein kann, dass die Massaker aufhören werden; und es
ist halb leer, weil er sich (wie es scheint) auf eine Vereinbarung
mit der Mafia eingelassen hat. Doch für die Befreiung einer
Geisel musste schon immer ein Lösegeld bezahlt werden. Diesmal hat der Staat der Mafia einen Ausgleich dafür bezahlt, dass
er Riina endlich festsetzen konnte. Allein der Eindruck, es
gebe einen Vertrag zwischen Mafia und Staat, ist an sich schon
(aus den genannten Gründen) eine Gegenleistung, die für den
neuen Chef der Mafia von Nutzen ist.

Können wir die Roten Brigaden mit der Mafia über einen Kamm
scheren?
Nein, das kann man zweifellos nicht, aber die Logik ist dieselbe: eine Vereinbarung mit dem Staat. Welche Konzession der
Staat auch immer macht – Geldzahlungen, Freilassung von politischen Gefangenen, freie Hand für die Mafia oder die Möglichkeit, sich 18 Tage lang unbehelligt in einer Wohnung aufzuhalten –, es ist immer etwas Schlimmes. Die Geschichte
lehrt uns aber, dass in einer bestimmten historischen Konstellation auch ein Staat sich auf Kompromisse einlassen und die

Frage stellen kann: Akzeptiere ich Verhandlungen, einen Vertrag, eine Vereinbarung mit kriminellen Gruppen und damit mit Gegnern des Rechtsstaates, oder nicht?

Jedenfalls geben die Institutionen, wenn sie so handeln, der Mafia den anerkannten Status einer Gegenmacht.
Um nicht in diese Art von Verallgemeinerungen zu verfallen, sieht das Strafgesetzbuch formell vor, dass ein Strafgefangener Straferlass bekommt oder gegebenenfalls auch auf freien Fuß gesetzt wird, wenn er sich entschließt, mit dem Staat zusammenzuarbeiten und ihm zu helfen. Das ist ein Deal, gegen den nichts einzuwenden ist. Im Falle der Verhaftung Riinas gibt es dagegen kein Gesetz, das die Regeln für einen solchen Deal genau festlegen würde. Aber den Deal gab es. Objektiv? Subjektiv? Mit strafrechtlich relevanten Verantwortlichkeiten? Ohne strafrechtlich relevante Verantwortlichkeiten?

Verhandlungen ohne Verhandlungen, wie es sich für eine ganz besondere Konstellation der Interessenkonvergenz zwischen Mafia und Antimafia gehörte, gab es jedenfalls.

Ich denke, es wäre gut, wir hätten eine allgemeine und abstrakte Regelung, also ein Gesetz, um das Schwanken zwischen Beförderung und strafrechtlicher Verurteilung der Diener des Staates zu vermeiden.

Dann ist es logisch, sich zu fragen: Hat es nach der Verhaftung Riinas noch andere Verhandlungen zwischen dem Staat und der Mafia gegeben?
Der Ausdruck „Verhandlungen" bezeichnet eine ganze Palette möglicher Kontakte. Es gab episodische Versuche, die im Geheimen stattfanden und auf Einzelfälle bezogen waren. Die Phase des Blutvergießens durch die Corleonesi und die harte Antwort des Staates darauf brachte das Thema möglicher offener und formeller Verhandlungen dann aber auf die Tagesord-

nung: Verhandlungen, initiiert von führenden Vertretern der Mafia, die jedoch weder *pentiti* noch Abtrünnige sein wollten. Einige Vertreter der Institutionen, denen diese Möglichkeit offenkundig sympathisch war, haben selbstverständlich eine klare Entscheidung der Regierung und eine gesetzliche Ermächtigung verlangt.

Zu den überzeugtesten Befürwortern offener und formeller Verhandlungen aus den Reihen der Mafiosi gehörten einige Häftlinge, auf deren Haftbedingungen schon Artikel 41a Anwendung fand, mit ihren jeweiligen „Freunden" (die sogenannte Partei der Gefängnisinsassen).

Bei dieser Frage hat man unterschieden zwischen den Falken (den unbeirrten Anhängern Totò Riinas) und den Tauben. (Es gibt keine aussagekräftigen Hinweise darauf, was hier die Position Bernardo Provenzanos war.) Ich beschränke mich hier darauf, zu sagen, dass man nicht von allen sogenannten Tauben sicher weiß, ob sie in absoluter Autonomie handelten (und weniger denn je gegen den Willen Provenzanos, des Bosses der Bosse). Und ich möchte auch daran erinnern, dass Liggio, Riina und Provenzano alle der einen großen Familie der Corleonesi angehört haben und es daher schwer vorstellbar (und bisher auch nie wirklich vorgekommen) ist, dass divergierende Positionen bei den dreien und ihren engsten Getreuen zum offenen Streit eskalieren könnten.

Was die Seite des Staates betrifft, so ist der Streit bekannt zwischen Piero Luigi Vigna (dem nationalen Staatsanwalt für den Kampf gegen die Mafia von 1994 bis 2005, einem Nichtsizilianer) und Piero Grasso (dem gegenwärtigen nationalen Staatsanwalt für den Kampf gegen die Mafia, einem Sizilianer): Ersterer sympathisiert offen mit einem Plan, der (wie man es gelegentlich bei terroristischen Phänomenen erwogen hat, die nicht der Mafia zuzuschreiben sind) die Schwächung der *Cosa Nostra* durch eine Vereinbarung mit den Bossen vorsieht; und Letzterer hat sich ausdrücklich dagegen ausgesprochen, weil er es für einen Fehler hält, zwischen Falken und angeblichen Tauben einen Unterschied zu machen – es sei gefährlich, einer Mafia zu vertrauen, die die eigene Niederlage zugebe.

Am Ende hat die Position von Piero Grasso die Oberhand behalten. Und ich erlaube mir hinzuzufügen: Zum Glück!!!

9. Die 90er Jahre: Mafia und Politik

Nach der Verhaftung Totò Riinas wurde Bernardo Provenzano Chef der *Cosa Nostra*. Dem neuen Boss stand Leoluca Bagarella zur Seite, der – ähnlich wie Totò Riina – der Philosophie des Blutvergießens anhing und den Krieg gegen den Staat fortführen wollte. Obwohl Provenzano nun an ihrer Spitze stand, stellte die Mafia ihre Gewalttaten nicht ein, sondern verstärkte ihre Aktivität sogar noch. Und die Auswirkungen waren in ganz Italien zu spüren.

14. Mai 1993: Am späten Abend detoniert in der Via Fauro in Rom, im Parioli-Viertel in der Nähe des gleichnamigen Theaters, eine Autobombe, genau in dem Moment, als Maurizio Costanzo und seine Frau Maria De Filippi mit dem Auto vorüberfahren. Sie sind gerade auf dem Heimweg von der Aufzeichnung der „Maurizio Costanzo Show". Am 27. Mai um 1.02 Uhr explodiert eine Autobombe im Zentrum von Florenz und bringt einen Flügel der Torre dei Pulci und des angrenzenden Hauses zum Einsturz; die Bewohner – Vater, Mutter und zwei Kinder – kommen alle in den Trümmern um. Auch die umliegenden historischen Palazzi werden stark beschädigt – in einem von ihnen kommt ein Student in den Flammen ums Leben. Die Uffizien, der Palazzo Vecchio, die Kirche Santi Stefano e Cecilia am Ponte Vecchio und zahlreiche Kunstwerke, die sich in diesen Gebäuden befinden, werden zerstört oder beschädigt. Am 27. Juli um 23.14 Uhr explodiert in Mailand in der Via Palestro, kurz vor der Kreuzung mit der Via Reale, eine weitere Autobombe. Fünf Passanten sterben.

Es detonierten weitere Bomben und ihr Ziel war klar: Sie waren an den Hausherrn des Vatikans adressiert. Die Mafia hatte die Rede nicht vergessen, die Papst Johannes Paul II. während seines Sizilienbesuchs in Agrigent gehalten hatte und in der er die *Cosa Nostra* scharf verurteilt hatte. Daraufhin ließ sie in der Nacht des 28. Juli 1993 zwei Bomben in Rom hochgehen: eine in der Vorhalle der Kirche San Giorgio in Velabro und eine andere auf dem Platz vor der Lateranbasilika. Am 15. September wurde im Brancaccio-Viertel in Palermo ein sehr aktiver und beliebter Priester ermordet: Pino Puglisi. Am 31. Oktober (immer noch im Jahre 1993) schließlich wäre es beinahe zu einem Blutbad von enormem Ausmaß gekommen: Ein mit Sprengstoff und Eisenteilen vollgestopfter Lancia Thema sollte am Ende eines wichtigen Fußballspiels vor der Carabinieri-Kaserne in der Nähe des Olympiastadions in die Luft gehen. Doch zum vorgesehenen Zeitpunkt versagte die Fernzündung und so wurde durch einen glücklichen Zufall ein Massaker vermieden, das sonst gewaltige Dimensionen erreicht hätte.

Durch diese Gewalttaten zog die Mafia die Aufmerksamkeit auf sich und verfolgte damit jeweils einen präzisen Zweck: Es waren Botschaften an bestimmte Organe des Staates. Die *Cosa Nostra* verlangte die Revision der Verurteilungen im Maxiprozess, die Rückgabe der Vermögensgüter, die durch die *Lex Rognoni/La Torre* konfisziert worden waren, die Aufhebung des Gesetzes über die *pentiti* und vor allem die Abschaffung des neuen Artikels 41a im Strafgesetzbuch. Dieser schadet den Mafiosi besonders, da er die Bosse daran hindert, vom Gefängnis aus mit der Außenwelt zu kommunizieren, und sie so auch keine Befehle mehr geben können. So büßen sie innerhalb kurzer Zeit ihre Rolle als Anführer ein.

Aufgrund dieser neuen, besonderen Haftbedingungen geschah schließlich etwas ganz Neues und Unerwartetes: Hatten die Corleonesi innerhalb der Mafia bislang als Hardliner gegolten, fingen nun auch sie an, mit der Justiz zusammenzuarbeiten. In Italien herrschte in jenen Jahren ein Klima der Angst; niemand wusste, wann und wo sich das nächste Attentat ereignen würde. Aber nach dem misslungenen Attentat am Olympiastadion schlug die Mafia – unerklärlicherweise – kein weiteres Mal zu. Auf den Sturm der Explosionen in ganz Italien folgte eine Windstille, die gleichermaßen zu fürchten war, denn man musste sich fragen, was die Mafiosi nun vorbereiteten. Aber die Zeit verging und nichts geschah. Keine hohe Persönlichkeit wurde ermordet, keine Bombe ging hoch, kein Attentat ereignete sich. Die Mafia grub sich gewissermaßen ein weiteres Mal ein. In Wirklichkeit aber setzte sie ihre Tätigkeit fort, im Stillen und auf einem anderen Feld, auf dem politischen und finanziellen. Das war unter vielen Gesichtspunkten ebenso gefährlich oder sogar noch gefährlicher als die Massaker.

Es hat immer eine – mehr oder weniger enge – Verbindung zwischen Mafia und Politik gegeben. Und es ist wahrscheinlich, dass die unbekannten Verbindungsleute der Corleonesi in der Politik sich nach der Verhaftung Totò Riinas fast alle aus dem Staub gemacht haben; jedenfalls konnte man sich nicht mehr auf sie verlassen. Wie wichtig die Unterstützer in der Politik für die *Cosa Nostra* sind, geht aus den Worten eines *pentito* hervor, nämlich des Mafioso Antonino Giuffrè. Er hat ausgesagt, es sei für die Mafia absolut notwendig, Beziehungen zu Politikern zu pflegen. Man sei nicht unbedingt stolz darauf, doch es sei eine unumgängliche Notwendigkeit, auf die man „nicht verzichten" könne. Nach Giuffrè ist der Politiker eine besondere Art Mensch, wenig beherrschbar und verlässlich, es sei denn, man habe die Mittel, den Betreffenden zu erpressen, wenn er einmal gewählt sei. Vor den Wahlen tue er nämlich, so Giuffrè weiter, alles, um von den Mafiafamilien gewählt zu werden; einmal im Amt, vergesse er dann aber ohne Weiteres wieder, dass er seine Wahl auch den Angehörigen der *Cosa Nostra* verdanke. Wenn schließlich jemand den Verdacht äußere, unter seinen Wählern befänden sich auch Exponenten der Mafia, so gehöre er zu den Ersten, die gegen die Mafia Partei ergriffen, um ja nicht unangenehm aufzufallen. Und wenn gerade irgendwelche Gesetze gegen die Mafia in Vorbereitung seien, sei er der Erste, der öffentlich erkläre, dass er sie unterstützen wolle.

Trotz dieser „Enttäuschungen" und einer gewissen Abneigung der Corleonesi gegenüber den opportunistischen und unzuverlässigen Politikern versuchte die *Cosa Nostra* im September und Oktober 1993 erneut, Verbindungen zur Politik zu knüpfen; vielleicht wurden auch deshalb keine Attentate mehr verübt. Die Mafia braucht Ansprechpartner in der Politik, um voranzukommen, Geschäfte zu machen und sich zu entwickeln. Leoluca Bagarella erfand sich eine neue Partei namens *Sicilia Libera* (Freies Sizilien), um sich nach dem Ende von *Tangentopoli* (dem durch Korruption mitgeprägten System der Ersten Republik) neue Kontakte in der Politik zu schaffen. Die Bewegung *Sicilia Libera* konstituierte sich im Oktober 1993 in Palermo; die *Lega Sicilia Libera* (Liga freies Sizilien) wurde in Catania gegründet. Die neue Partei Bagarellas ist im Prinzip lediglich eine groteske Kopie der *Lega Nord* mit nur scheinbar gleichen Zielen. Etwas vereinfacht gesagt, sieht ihr Programm die Trennung Siziliens von Italien vor. Die Insel soll von einem vollkommen autonomen Parlament regiert werden, das Gesetze verabschieden könnte, die für die *Cosa Nostra* vorteilhafter wären. Weitere wesentliche Ziele sind, die *pentiti* zu stoppen und den Artikel 41a außer Kraft zu setzen. Was schließlich die Justiz in Sizilien betrifft, so wird an die Einrichtung eines völlig autonomen Kassationsgerichts gedacht. Damit wird ein Artikel des *Statuto Siciliano*, des Autonomiestatuts für Sizilien von 1946, aufgegriffen.

Nur wenige waren von der Lösung überzeugt, politisch unabhängig zu werden, um nicht mehr auf nationaler Ebene nach käuflichen Politikern suchen zu müssen. Die neue Partei zog das Interesse vieler Mafiosi geradezu magnetisch auf sich und Bernardo Provenzano begriff, dass dieser Weg nicht gangbar war. Wie Giuffrè in seinen „Bekenntnissen" sagt, standen dem neuen Boss verschiedene Kanäle zur Verfügung, über die er Kontakt zu Politikern aufnehmen konnte, und einer von ihnen war Marcello Dell'Utri, der ihn in Kontakt mit Berlusconi selbst brachte. Den Kontakt zu Dell'Utri hatte Vittorio Mangano vermittet, der „Stallknecht" von Berlusconis Villa in Arcore und ein bekannter palermitanischer Krimineller, der schon etliche Male verhaftet und verurteilt worden war. Nach zwei Jahren in Arcore verhaftete man ihn wegen des Verdachts, die Entführung von Luigi d'Angerio, des Fürsten von Sant'Agata, organisiert zu haben.

Der *pentito* Giuffrè hat ausgesagt, alle Wege hätten zu Silvio Berlusconi geführt, „einer Person, die durchaus in der Lage ist, die Geschicke Italiens, sagen wir, ein wenig voranzubringen". Ein andermal berichtet er, wie es zu einer „Übereinkunft" zwischen der im Entstehen begriffenen *Forza Italia* und den Corleonesi kam. Dass es ein solches Abkommen gab, wusste man bereits – es erscheint in den „Papieren" des Prozesses gegen Dell'Utri –, doch man glaubte, es sei durch Mittelsmänner geschlossen worden. Zur Überraschung aller sagte Giuffrè jedoch aus, es habe eine direkte Verbindung zwischen der Mafia und Berlusconi gegeben. Giuffrè sagte: „Ich habe Carlo Greco gefragt, ob man sich auf diese Leute, die die ‚Kontakte' hätten, verlassen könne; also ob sie zuverlässig seien. Carlo Greco antwortete, dass es da keine Probleme gebe, weil diese Leute das machten, was wir wollten." Es handelt sich um die Brüder Giuseppe und Filippo Graviano aus der „Familie" von Brancaccio und ihr „Strohmann" ist Gianni Jenna. Doch auch die Mafia schickte damals in der ihr eigenen Art offene „Botschaften" an die Politik, vor den Augen ganz Italiens. So verkündete ein

Werbeband im Stadion von Palermo während eines Fußballspiels: „Gemeinsam gegen 41a: Berlusconi vergisst Sizilien".

Man dachte, dass die Epoche des Blutvergießens mit der Verhaftung Riinas zu Ende ginge. Aber unerwartet explodierten Bomben überall in Italien. Wer wollte mit den Morden fortfahren?

Meiner Meinung nach waren diese Bomben die letzten Ausläufer einer Strategie der Spannung, deren Ende bereits beschlossene Sache war. Die Leitung der *Cosa Nostra* ging von Riina auf Provenzano über: Im System der Mafia ist ja vorgesehen, dass es immer einen Chef gibt, an den man sich halten kann. Der Strategiewechsel der Mafia, die neue Art und Weise, Menschen und Dinge zu lenken, brauchte jedoch Zeit. Provenzanos Berater war damals Leoluca Bagarella, und wahrscheinlich wollte oder musste er dessen Plan folgen, den Staat durch Gewaltakte dahin zu beeinflussen, dass er den aktiven Druck auf die Mafia verminderte.

Die Mafia startete einen parallelen Angriff, der in der Tradition der Massaker stand, und zwar gegen die katholische Kirche und gegen den Staat.

Die Bomben, die vor den Kirchen gezündet wurden, waren eine klare Botschaft gegen die Rede Papst Johannes Pauls II. in Agrigent und sie richteten sich auch gegen das, was Kardinal Pappalardo mit Rückendeckung des Papstes begonnen hatte: Er griff die Mafia bei jeder Gelegenheit öffentlich an, ob religiös oder politisch. In besonderer Erinnerung bleibt die Ansprache Pappalardos von 1982, die er bei der Beisetzung Carlo Alberto Dalla Chiesas gehalten hat. Um den Politikern klarzumachen, wie weit es mit Palermo und Sizilien gekommen war, zitierte er während der Predigt den Satz des Livius „Dum Romae consulitur, Saguntum expugnatur" („Während in Rom beraten wird, wird Sagunt erobert"). Im Eifer des Gefechts schrieb er den Satz zwar Sallust zu, der Bezug war jedoch klar: Palermo war zum Niemandsland geworden, von der Mafia erobert und besetzt; sie tötete dort wen, wie und wann sie wollte.

Die Bomben gegen das kulturelle Erbe der Nation, gegen symbolträchtige Kunstwerke, kann man dagegen interpretieren als ein letztes Aufbäumen eines Typs von Mafia, der bereits im Untergang begriffen war. Sie zeigen, wie sehr der Angriff gegen den Staat bereits eskaliert war, was der neue Boss Provenzano vielleicht gar nicht gewollt hatte. Doch noch bevor er die Strategie wechseln und seinem Modell von Mafia Geltung verschaffen konnte, fand er sich in einer Situation wieder, in der er einen auf Blutvergießen ausgerichteten Plan umsetzen und zu Ende bringen musste, der von „der Kuppel" (cupola) der Mafia gebilligt worden war und den Staat einschüchtern sollte. Erst von dem Augenblick an, als es Provenzano gelang, seine Methode durchzusetzen, gab es keine Bomben mehr: Und so unerwartet es mit den Bomben angefangen hatte, so unerwartet hörte es auch wieder auf.

Diese Bomben, die so unbegreiflich waren für uns, die wir außerhalb der Mafia stehen – glaubst du nicht, dass sie ein klares und präzises Signal waren an diejenigen, die versprochen hatten, etwas für die von Artikel 41a betroffenen Mafiosi zu tun, und es dennoch nicht taten oder aber sich nicht in der Lage sahen, es zu tun?
Heute, mehr als zehn Jahre nach diesen Ereignissen, kann man diese Zeit, in der die Mafia zum ersten Mal Anschläge auf Symbole des Staates außerhalb Siziliens verübte, unbefangener analysieren. In unserer Region hatte die Mafia ihre Angriffe bereits gegen alle gerichtet, die als Verkörperung der Institutionen gelten konnten. Sie hatte Mattarella ermordet, den Präsidenten der Region Sizilien, sowie Falcone und Borsellino, zwei Persönlichkeiten, die auch außerhalb Italiens bekannt wa-

ren, aber vor allem die Staatsgewalt repräsentierten. Ihre Anschläge hatten alle Ebenen des Staates, der Region und der Kommunen getroffen, und sie hatte diejenigen ermordet, die diese am unmittelbarsten repräsentierten – nicht nur, weil sie persönlich eine Gefahr für die Mafia waren, sondern auch, weil sie mit ihren institutionellen Funktionen symbolische Bedeutung hatten. Die Anschläge trafen Personen, trafen zugleich aber auch den Staat, der trotz dieser schweren Angriffe mit zahlreichen harten Maßnahmen geantwortet hatte: Er hatte Artikel 41a in Kraft gesetzt, die *Lex Rognoni/La Torre* beschlossen und verschärfte Haftbedingungen eingeführt. Diese Gesetze waren für die Mafiosi ein harter Schlag – und sie reagierten mit Gewalt. Es ist davon auszugehen, dass die Mafia ihre Terrorakte auf ganz Italien ausweitete, gerade weil sich der Staat erstmals so stark und unbeugsam gezeigt hatte. Hätte sie ihre Anschläge weiterhin nur auf Personen und Institutionen unserer Region verübt, so wäre das nichts Neues gewesen, sie hätten die öffentliche Aufmerksamkeit nicht dermaßen erregt. Man wollte sämtliche Institutionen einschüchtern, Furcht und Schrecken einjagen. Und die Mafia versteckte sich nicht, sondern erklärte sich geradezu als Urheberin der Attentate. Auch deshalb rief am 14. Mai 1993, kaum zwei Stunden nach dem Attentat auf Maurizio Costanzo, jemand in der Direktion des Senders an, um mitzuteilen, die Mafia habe ihn treffen wollen, weil er „schlecht über sie geredet" habe. Ziel des Anrufs war natürlich, die Nachricht durch die Medien noch weiter zu verbreiten. Maurizio Costanzo hatte häufig Gäste, die gegen die Mafia Partei ergriffen; auch ich war 1992 einmal dort, zu einer dramatischen Sendung am Tag der Beisetzung von Paolo Borsellino und der Männer seiner Eskorte. Costanzo machte – als Person und als Journalist – keinen Hehl daraus, dass er gegen die Mafia war. Und wegen dieses Engagements wurde er Ziel eines Attentats der Mafia: Eine Autobombe explodierte gerade, als er mit seinem Auto vorbeifuhr; zum Glück wurden lediglich zwei private Sicherheitsleute aus seiner Eskorte leicht verletzt.

Die blutige Strategie Riinas und dann Bagarellas, von Provenzano gedeckt und von den Brüdern Graviano in die Tat umgesetzt, verschonte niemanden: Nichts ahnende Bürger wurden von Bomben getötet, die überall hochgingen, an jedem beliebigen Ort, in jeder beliebigen italienischen Stadt. Der Terror und der Wille der Mafiosi, immer mehr Schaden anzurichten, eskalierten. Ich habe die Autobombe, die nach einem Fußballspiel im Olympiastadion hätte explodieren sollen, bereits erwähnt. Wäre sie detoniert, hätte sie ein furchtbares Blutbad verursacht.

Hättest du mich damals gefragt, ob dieses um Haaresbreite vermiedene Blutbad das Ende einer Epoche in der Geschichte Italiens und der Gewalttaten der Mafia sei, hätte ich dir voller Überzeugung geantwortet, dass es noch schlimmer kommen würde, dass Spannung und Angst noch zunehmen würden. Heute, fast vierzehn Jahre später, wissen wir alle, dass dies der letzte Akt eines nationalen Dramas war, das sich nie mehr wiederholt hat. Die Mafia war vom Klappmesser zum Gewehr übergegangen, von dort zur Kalaschnikow, dann zur Autobombe und schließlich zum Blutbad. Die Mafia hatte sich gewandelt, und auch der Staat war dabei, sich zu verändern. Das Blutvergießen hätte endlos weitergehen können, doch bereits Ende 1993 zeichnete sich ein radikaler Wandel in der Politik ab.

Worin bestand der?
Einem veränderten Verhalten der Mafia musste ein verändertes Verhalten des Staates entsprechen. Die Epoche der Blutbäder endete im Herbst 1993. Und einige Monate nach ihrem rätselhaften Abschluss, gegen Ende dieses Jahres, ahnte man schon ein Ereignis voraus, das wenige Monate zuvor noch ab-

solut unvorhersehbar gewesen war, das aber etwas Revolutionäres hatte: den Einstieg Silvio Berlusconis in die italienische Politik.

Bevor wir über das Erscheinen Berlusconis auf der politischen Bühne diskutieren, möchte ich an Don Puglisi erinnern. Hat seine Ermordung ihren Platz in der Logik der Blutbäder, oder war sie eine Episode, die für sich steht?

Die Mafia beschloss, religiöse Symbole in Italien anzugreifen, und in ähnlicher Weise suchte sie sich als Ziel keine Heiligenstatue oder ein Kirchenportal aus, sondern einen Priester. Wollte man unterstellen, Don Puglisi sei ermordet worden, weil er die Geschäfte der Mafia in einem Stadtteil von Palermo, in Brancaccio, gestört habe, nähme man seinem Opfer damit etwas von seinem Gewicht. In dem Stadtteil, in dem er arbeitete, stellte er für die Mafia zwar tatsächlich ein Problem dar, doch die Vorstellung, die Familie Graviano hätte das Plazet für seine Ermordung allein deswegen bekommen, ist absurd. Dann hätte die *cupola* ihre Genehmigung nicht gegeben. Es gibt tausend Mittel, um einen Priester zum Schweigen zu bringen, auch ohne ihn zu ermorden: Man kann ihn diskreditieren, ihn diffamieren, ehrenrührige Vorwürfe gegen ihn konstruieren oder dafür sorgen, dass die Mitglieder seiner Gemeinde gegen ihn protestieren ... Aber um ihn umzubringen, brauchte es reale und schwerwiegende Gründe, etwas, wodurch sich die *Cosa Nostra* weit über die Grenzen eines einzigen Stadtbezirks von Palermo hinaus getroffen sah. Dies ist natürlich nur eine Hypothese, aber ich tue jetzt einmal so, als wäre meine Annahme zutreffend, und drehe den Gedankengang um: Ich unterstelle also, nicht die für Brancaccio zuständige Familie Graviano habe die Ermordung Puglisis verlangt, sondern vielmehr die Mafia überhaupt, die – als Antwort auf die Rede des Papstes in Agrigent – ein Symbol der Religion in

Palermo habe treffen wollen und deshalb die Gravianos gebeten habe, ihn umzubringen. Wenn die Ereignisse sich so abgespielt haben, dann kann Don Puglisi nach den strengen kirchenrechtlichen Maßstäben tatsächlich als echter Märtyrer bezeichnet werden. Genauso hat die Kirche in den Jahren nach 1993 den Tod von Don Pino kanonisch als Martyrium qualifiziert und den Seligsprechungsprozess eingeleitet. Don Puglisi starb eben deswegen wie ein Märtyrer des Altertums, weil er Symbol eines Glaubens war, nicht weil er ein Gegner und Feind der Mafia in einem Stadtteil von Palermo war. Meine Überlegungen hören sich vielleicht kompliziert an, sind es aber nicht. Es handelte sich nicht um einen persönlichen Konflikt in einem Stadtbezirk, sondern nochmals um eine Botschaft der Mafia an die Institutionen. Und unter den symbolischen Zielen wählte man dasjenige aus, das am leichtesten zu treffen war; es fand sich leicht ein Mafioso, der die Aufgabe auf sich nahm, Puglisi zu töten, auch aus Gründen der „Verbrecherehre".

Was war denn mit den Bomben, die in Rom in der Nähe von Symbolen des Christentums explodiert waren? Genügten sie denn nicht, um den Papst empfindlich zu treffen?
Weswegen hätte die Mafia denn die katholische Kirche schonen sollen? Die Mafia, die zahlreiche Vertreter des Staates umgebracht hat, ist dieselbe, die Bomben in der Nähe der Kirchen gelegt hat. Sie konnte sich nicht auf rein symbolische Angriffe beschränken, sondern wollte eine starke Botschaft an den Papst richten. Und deshalb ermordete sie meiner Ansicht nach Don Puglisi, der zu einer Art von lebendem Symbol der katholischen Kirche im Kampf gegen die Mafia geworden war und damit ein konkretes Zeugnis gab für die Erklärung des Heiligen Vaters, die Mafia sei eine „Struktur der Sünde".

Was bedeutet diese Bezeichnung?
Die Mafia als „Struktur der Sünde" zu bezeichnen ist ein sehr hartes Urteil, das stärkstmögliche Urteil. Mit dieser Aussage traf die katholische Kirche eine ähnliche Entscheidung wie der Staat mit Artikel 416a: Schon die Zugehörigkeit zu der Organisation ist eine Straftat (oder für die Kirche: eine Sünde), selbst wenn sie nicht mit der Begehung anderer spezifischer Straftaten (für die Kirche: anderer spezifischer Sünden) einhergeht.

Haben nach dieser klaren, starken Verurteilung seitens des Papstes sämtliche Kontakte zwischen Mafiosi und Kirchenleuten aufgehört?
Die Kirche hat nicht länger über die Mafia geschwiegen. So gab es auch kein Alibi mehr für Kirchenleute und Gläubige, die sich mit der Mafia eingelassen hatten.

Das ist eine enorme positive Veränderung. Diese Leute genießen nun nicht mehr das schweigende Einverständnis hoher Stellen im Vatikan, doch es geschehen weiterhin schlimme Dinge, die bestätigen, wie viele Kirchenleute sich noch immer auf die Mafia einlassen. Nur ein Beispiel ist das verwerfliche Geflecht von Finanz- und Klientelbeziehungen, das ein Priester aus Palermo, Giuseppe Bucaro, aufgebaut hat: Nach den Massakern der Jahre 1992 und 1993 und der Ermordung Don Puglisis und auch nach jener eindeutigen Verurteilung durch den Heiligen Vater trat er als Initiator eines Zentrums auf, das nach Paolo Borsellino benannt war; paradoxerweise ein Ort, an dem sich zweifelhafte und skrupellose Geschäftsleute mit Massimo Ciancimino trafen. Der Sohn des früheren Bürgermeisters verwaltete jetzt das Vermögen, das sein Vater in langen Jahren schmutziger und mafiöser Geschäfte angehäuft hatte. Hier wurden eine zur Schau getragene Stellungnahme gegen die Mafia und das Bekenntnis des Glaubens verflochten mit mafiösen Interessen!

Kehren wir zur Ermordung Don Puglisis zurück. Ohne seine Ver-
dienste in irgendeiner Weise schmälern zu wollen – aber mir scheint,
wenn die Mafia die Kirche treffen wollte, so, wie du es meinst, dann
hätte sie Kardinal Pappalardo töten können, der zweifellos auch kein
Freund der Mafia war. Seine Ermordung hätte ja noch größeres Auf-
sehen erregt.

Als Regisseur und Autor eines Films über diese Zeit würde ich
mir ungefähr folgende Handlung vorstellen: Die Kommission
tritt zusammen. Innerhalb weniger Stunden kommen die Mafiabosse zu dem Entschluss, dass man dem Staat und der katholischen Kirche ein deutliches Signal geben müsse; der Staat
hat gegenüber der Mafia sämtliche Grenzen überschritten – er
hat Riina festgenommen und dennoch Artikel 41a nicht aufgehoben, sondern ihn sogar rigoros angewandt, außerdem laufen überall Ermittlungen. Als Drehbuchautor würde ich mir
nun vorstellen, dass in der Kommission beraten wird, einen
bedeutenden Repräsentanten der katholischen Kirche zu ermorden, entweder Kardinal Pappalardi oder Don Puglisi, die
beide gegen die Mafia Partei ergriffen haben. Die Extremisten
würden sich für Pappalardo aussprechen; diejenigen, die noch
eine Zukunft für die Mafia wollen und den Ausgleich mit den
Institutionen suchen, würden Don Puglisi wählen. In der
Wirklichkeit setzten sich die diplomatischeren Stimmen
durch, und Provenzano, der neue Boss der Bosse, beschloss
Don Puglisis Tod. Die Ermordung Pappalardos wäre ein zu
starkes Signal gewesen, dessen Folgen man nur schwer hätte
beherrschen können.

Ich denke, die Ermordung Don Puglisis war die Folge eines
Kompromisses zwischen denjenigen Mafiosi, die die Muskeln
spielen lassen wollten, und denen, die zwar ein deutliches Signal geben, sich aber zugleich die Tür zu einem möglichen Ausgleich offenhalten wollten. Wir sollten nämlich nicht vergessen, dass all diese Ereignisse in einem Zeitraum (nämlich

zwischen Januar und Oktober 1993) stattgefunden haben, in dem Provenzano innerhalb der *Cosa Nostra* einen Strategiewechsel einleitete.

Dürfen wir vermuten, dass es eine Übereinkunft gegeben hat zwischen Provenzano und Bagarella, der die auf Mord und Blutvergießen ausgerichtete Linie Riinas teilte?

Es ist tatsächlich wahrscheinlich, dass innerhalb der Mafia einige Leute wie Bagarella den Angriff auf die Institutionen fortsetzen wollten und andere auf Kompromisse setzten; durchsetzen konnte sich schließlich Provenzanos Konzept des Wirkens im Stillen. Bevor er seine Strategie in die Tat umsetzen konnte, musste jedoch einige Zeit vergehen, und in dieser Zeit wurden – wahrscheinlich gegen Provenzanos Willen – Mordanschläge verübt, die dann endeten, als alle innerhalb der Mafia die Strategie des neuen Bosses akzeptiert hatten. Würde nun jemand nachweisen, die Autobombe am Olympiastadion sei von einigen Mafiosi entschärft worden, weil das enorme Ausmaß einer solchen Explosion selbst der Mafia übermäßig erschien – es würde mich nicht wirklich wundern. Ich verhalte mich diesen Ereignissen gegenüber auch nicht anders als jeder andere Bürger, der davon aus der Zeitung erfährt. Und dann können wir nicht bloß darüber diskutieren, sondern auch Vermutungen und Hypothesen aufstellen, warum bestimmte Ereignisse sich so und nicht anders abgespielt haben. Natürlich können wir dabei die Sache verfehlen – aber vielleicht auch ins Schwarze treffen.

Sicher können wir das so machen! Auf der anderen Seite diskutieren wir über Dinge, die schon geschehen sind und aus denen wir unsere Schlüsse ziehen. Aber nochmals zu dem, was du eben gesagt hast: Damals hatte unser Land nicht nur unter Angriffen der Mafia zu leiden, sondern es durchlief auch politisch eine eher verworrene Phase.

Das Merkwürdige ist, dass die Mafia plötzlich wieder von der Bildfläche verschwand, ohne irgendetwas erreicht zu haben. Artikel 41a blieb, ebenso wie andere Gesetze gegen die Mafiosi auch, in Kraft, zugleich gewann ein ganz neu auf der politischen Bühne erschienener Politiker die Wahl und wurde Ministerpräsident. Zufall oder nicht?

Die Krise der Parteien. Die Implosion der *Democrazia Cristiana*, der Christdemokraten. 1992 waren sie bei den nationalen Parlamentswahlen stärkste Partei, 1994 stellten sie nicht einmal eine Kandidatenliste auf. Innerhalb zweier schrecklicher Jahre, von der Ermordung Falcones und Borsellinos bis 1994, ereignete sich ein Erdbeben für die Mafia wie für die Politik; ohne Zweifel war 1993 für beide Seiten das eigentliche Jahr des mühevollen Übergangs.

Ein Erdbeben, das Italien meiner Meinung nach wieder in einen Zustand versetzt hat, vergleichbar dem der unmittelbaren Nachkriegszeit. Besonders eines lässt mich davon überzeugt sein: Nach dem Krieg hatte die Democrazia Cristiana *in Sizilien eine unglaubliche Ausbeute an Stimmen. Die* Forza Italia *siegte nach 1993, dem annus horribilis, in allen sizilianischen Wahlkreisen. Die Mafia schweigt und Berlusconi gewinnt: Kann man hier einen Zusammenhang unterstellen? Und wie deutest du dieses Ergebnis?*

Zweifellos präsentierte sich Berlusconi den Wählern auf sehr ermutigende Weise. Er gab zu verstehen, dass mit ihm an der Regierung viele, wenn nicht alle Widrigkeiten und sozialen Schwierigkeiten überwunden werden könnten, die bisher die Politik und das Leben eines jeden Italieners geprägt hätten. Die Aussage Berlusconis und der Kandidaten von *Forza Italia*, es sei jetzt an der Zeit, Schluss zu machen mit einem von der Polizei beherrschten Staat, mit einer Linken, die eine Vorliebe für Kasernen wie für Gefängnisse habe – das war etwas durchaus Ermutigendes für hochrangige Mafiosi, die jetzt eine neue

Phase bewältigen und neue Ansprechpartner finden mussten; diese Analyse stützt sich auf die bereits zitierten Akten des zweiten und dritten Prozesses zu dem Blutbad in der Via D'Amelio. Die Aussagen Berlusconis verwiesen signalhaft auf eine andere Kultur, als es die der Jahre von *Tangentopoli* und *Mafiapoli* gewesen war. Berlusconi verhalf der Alternative, der Modernität zum Ausdruck. Gegenüber einer gealterten Linken verkörperte er das Moderne. Diese Besonderheiten seiner Politik schufen Einklang zwischen seiner Partei und der Wählerschaft überhaupt. Ob insbesondere der Einklang mit einem Teil der sizilianischen Wähler bloß zufällig oder das Ergebnis eines Abkommens mit der Mafia oder der vermittelnden Tätigkeit Marcello Dell'Utris war, ist für unsere jetzige Analyse einerlei (was es allerdings für einen Strafprozess nicht wäre). Aber uns geht es jetzt um eine politische Analyse, die auch nicht bewusst gewollte Übereinstimmungen beschreibt.

1993, im Jahr des Übergangs, setzte die Mafia das Blutvergießen zunächst fort. Erst nach Riinas Festnahme und unter Provenzanos Führung verkündet man, Verhandlungen mit dem Staat und ein Wandel der Methode seitens der Mafia seien möglich. Genau jetzt tritt eine neue politische Formation auf den Plan, die *Forza Italia*, und erklärt, sie habe mit den krisengeschüttelten Parteien nichts zu tun. In einer Nation, deren Regierungsgrundsätze, Mandatsträger und Parteien alt sind, möchte sie das Neue und Moderne darstellen. Ich erinnere mich noch gut an Berlusconis Worte, mit denen er die alte Politik und die „Logik der Kaserne und der Polizeipräsidiums" kritisierte.

Natürlich stellt ein Kandidat für das Amt des Premierministers mit solchen Aussagen Übereinstimmung mit den zahlreichen illegalen Kräften her. Ich rede hier nicht von Berlusconis Absichten, die festzustellen anderen zukommt. Auch ohne ein Abkommen zwischen Berlusconi und der Mafia könnte jeder,

der mit ihr in Verbindung steht und die Legalität als eine Option unter anderen ansieht, sich durch einen Politiker ermutigt fühlen, der bereit ist, die Mafia aus ihrer inzwischen zur Belastung gewordenen Verbindung mit der *Democrazia Cristiana* zu lösen. So wird es auch möglich, die Mafia zu modernisieren. Provenzano möchte nicht mehr auf Politiker angewiesen sein, die in einem technischen, justiziablen Sinne mit der Mafia gemeinsame Sache machen; die Mafia braucht eine Politik, die kulturell mit ihr zusammenarbeitet. 1994 vollzieht sich die Erneuerung der Politik und gleichzeitig der Mafia – und zwar nach ähnlichen kulturellen Grundideen. Was die Sozialisten (also der *PSI*) bei den Wahlen des Jahres 1987 versucht hatten und was ihnen (unter dem Schlagwort der „gerechten Justiz") viel Zustimmung eingebracht hatte, gelingt nun Berlusconi.

Wenn dem so ist, haben dann die Millionen und Abermillionen von Italienern und die Millionen von Sizilianern, die für Berlusconi gestimmt haben, ein System der Illegalität gestützt, ohne es zu wissen? Berlusconi verkündete eine Botschaft, die einfach und eingängig war. Er erklärte: Wir wollen Italien modernisieren. Wir wollen den Leuten helfen, Erfolg zu haben, und zwar in allen Bereichen. Und er setzte Freude, Wohlstand und Wohlbefinden der Traurigkeit und den alten Ideen der politischen Gegenseite, also der Linken, entgegen. Die Italiener haben Berlusconi gewählt, weil er gegen den Kommunismus war. Weil er gegen das alte System war. Wenn seine Sprache dann unterschwellig in Sizilien die Mafiosi und in der Lombardei die Korrupten ansprach, so konnten all die rechtschaffenen Leute, die ihn gewählt haben, das nicht unbedingt wissen.

Gilt das, was du über Berlusconi sagst, ebenso für Cuffaro, den einzigen Präsidenten der Region Sizilien, der wiedergewählt wurde? Ja, es gilt auch für Cuffaro. Wie immer ist der Wahlerfolg, den eine Person oder ein politisches Programm hat, das Resultat mehrerer Faktoren.

Berlusconi gewann Zustimmung aus allen sozialen Schichten, mehr sogar, als Andreotti oder Prodi gewinnen konnten: Hast du einer Erklärung, wie er so viele „verzaubern" konnte?
1994 war gerade ein Jahr vergangen seit der ersten Anklage gegen Giulio Andreotti. Die *Democrazia Cristiana (DC)* existierte nicht mehr und dadurch hatte die politische Landschaft in Italien eine Partei verloren, die jahrzehntelang ein fester Bezugspunkt gewesen war. Was von der alten *DC* geblieben war, zog die Aufmerksamkeit der vielen Wähler nicht mehr auf sich; allen war klar, dass sie bald vollkommen verschwinden würde. Berlusconi und seine *Forza Italia* erschienen modern und innovativ. Die *DC* konnte dem Vergleich mit ihr nicht mehr standhalten, und Berlusconi schaffte es, viele ihrer Wählerstimmen zu gewinnen. Und seine unbekümmerte, möglichkeitsorientierte und vor allem optimistische Art, sich den Wählern und der nationalen und internationalen Politik zu präsentieren, ließ ihn sympathisch und glaubwürdig erscheinen – auch dann, wenn er Dinge versprach, die sich unmöglich realisieren ließen.

Andererseits ist es auch leicht, sich bei den Wählern beliebt zu machen. Wenn ich sage „Wählt mich, dann erlasse ich euch die Steuern", bin ich sofort allen willkommen.

Das ist wahr! Aber auch mit seinen Versprechungen konnte er weder seine brüderliche Freundschaft zu Dell'Utri verdecken noch die Last aller laufenden Prozesse, deren Ausgang er erwartete. Nichtsdestotrotz bekam er ein sagenhaftes Wahlergebnis.
In der kollektiven Vorstellung war Berlusconi jemand, der von außerhalb der Politik kam: Er war kein früherer Minister, kein früherer Abgeordneter und auch kein früherer Kandidat, der

bei den letzten Wahlen verloren hatte. Berlusconi war ein *homo novus*, ein Neuling in der politischen Landschaft Italiens. Er war ein erfolgreicher Unternehmer, und wenn einige Gerichtsverfahren gegen ihn liefen, so war das eher unbedeutend; es machte ihn sogar noch weniger zum Politiker, sondern ließ ihn als Mann aus der Nachbarschaft erscheinen. Man sprach damals kaum über seine Kontakte zur Mafia, und selbst wenn, dann glaubten das nur wenige. Eher glaubte man, die alte Garde der italienischen Politik setze sich mit allen Mitteln zur Wehr gegen das Neue, das auf dem Vormarsch war.

Als Politiker stand Berlusconi für etwas Neues. Er schilderte den Italienern eine rosige Zukunft und er war glaubwürdig, denn es gab keine Gegenbeweise, die widerlegt hätten, was er behauptete. Er hatte noch nie Regierungsverantwortung gehabt und so konnte man seinen Versprechungen umso leichter Glauben schenken. Natürlich wollten die Leute seinen Versprechungen auch glauben, vielleicht in der Hoffnung, dass er wenigstens einen Teil davon umsetzen würde. Und dies war wohl der Grund, weshalb Millionen von Italienern seine private Geschichte vergaßen, wobei man auch darauf hinweisen muss, dass Berlusconi selbst alles dafür tat, sein Leben als Privatmann unsichtbar zu machen.

Jedenfalls siegte er 1994. Die Zeit zum Regieren fehlte ihm dann trotzdem. Es ist allgemein bekannt, wie seine Amtszeit endete, darauf brauchen wir hier also nicht einzugehen.

Indro Montanelli hat in einem Interview der Tageszeitung La Repubblica *gesagt: „Berlusconi ist eine Krankheit, die nur durch Impfung zu behandeln ist, mit einer kräftigen Dosis Berlusconi im Palazzo Chigi, Berlusconi auch auf dem Quirinal, Berlusconi, wo immer Sie wollen, Berlusconi auch im Vatikan. Erst danach werden wir immun sein: mit einer Immunität, wie man sie eben durch Impfung erwirbt." Und dieser Meinung Montanellis haben sich auch andere angesehe-*

ne Persönlichkeiten des öffentlichen Lebens in Italien angeschlossen.
Wie kann es sein, dass die Italiener ihn trotzdem gewählt haben?
Nur in einer Diktatur gewinnt oder verliert man aus einem
einzigen Grund. In der Demokratie gewinnt der, der die meisten Stimmen hat. Und 1994 gewann Berlusconi die Wahlen,
schaffte es aber in der Praxis nicht, zu regieren. In gewisser
Weise blieb er „unschuldig" und seine Wahlversprechen blieben Versprechen. Seine Anhänger sagten: „Man hat ihn eben
nicht regieren lassen." 2001 tritt er noch einmal an und gewinnt wieder. In einem demokratischen Staat gibt es eine
Vielzahl von Gründen, um eine Wahl zu gewinnen, und
manchmal widersprechen sich auch die Gründe, warum ein
Kandidat und nicht ein anderer gewählt wird. Ich bin sicher,
dass 2001 für Berlusconi sowohl Leute gestimmt haben, die
Verbindungen zur Mafia hatten, als auch Leute, die bereit gewesen wären, im Kampf gegen die Mafia ihr Leben zu lassen.
Eine politische Botschaft findet dann am meisten Zustimmung, wenn sie alle Mentalitäten erreicht, das garantiert den
Wahlerfolg. Die Erhöhung der Renten oder eine Steuersenkung lassen leicht vergessen, wer diese Dinge vorgeschlagen
hat. Die Leute wählen im Allgemeinen eben lieber jemanden,
der ihnen die Rente erhöht und die Steuern senkt, und kümmern sich – vielleicht nicht aus kulturellen Gründen, sondern
einfach aus Desinteresse – nicht darum, wer diese Maßnahmen initiiert oder in sein Programm aufgenommen hat. Berlusconis Botschaft war: Wenn du mich wählst, wirst du in einer anderen und besseren Welt leben. Das haben die Leute
ihm geglaubt, ohne sich über die gegen ihn laufenden Prozesse allzu viele Sorgen zu machen. Sie wollten es für fünf Jahre
mit ihm probieren.

Berlusconi gewinnt nur, wenn er in der Opposition ist und
eine Regierung angreift, die schon regiert hat. Er gewinnt
nicht, wenn er wiedergewählt werden will. Das zeigt, dass die

Italiener vielleicht die Impfung bekommen haben, von der Montanelli sprach. Ob sie wirklich geimpft und gegen Berlusconi immun geworden sind, wird sich – angesichts des geringen Stimmenabstandes, der die Rechte von der Linken trennt – mit der Zeit zeigen. Jedenfalls ist Berlusconi, und sei es auch nur wegen weniger Stimmen, wieder in der Opposition.

In der politischen Biografie Berlusconis gibt es etwas ganz Erstaunliches: seine politischen Bündnisse. Viele begreifen nicht, wie Fini, Casini, Follini, aber auch Bossi, der sich mehr als deutlich über Berlusconi geäußert hat, ein Bündnis eingehen konnten mit einem Parteiführer, der es inzwischen auf eine beachtliche Zahl von Strafprozessen bringt, in denen es durchaus nicht um Lappalien ging. Haben sie, indem sie Berlusconi unterstützt haben, nicht auch das Image ihrer eigenen Parteien beschädigt, die in der Geschichte des republikanischen Italien oft eine führende Rolle gespielt haben?

In der Politik lautet das Argument der Argumente (ich zitiere hier ein Wort Ennio Flaianos, in dem das gut zum Ausdruck kommt): „Dem Sieger zu Hilfe eilen." Casini begreift, dass Berlusconi gewinnen kann. Fini begreift, dass Berlusconi gewinnen kann. Casini und Fini wollen gewinnen. Das Grundthema deiner Frage ist: Der Chef einer politischen Partei hat tausendundeinen Wert, den er verteidigen will, sieht aber oft den Wahlsieg und das Regieren als den Wert aller Werte an. Berlusconi war für Fini und Casini sozusagen der Zug, der sie zum Sieg brachte: Fini bot er *die* Gelegenheit, seine Partei vom Erbe des Faschismus zu reinigen, und Casini, aus der Krise der *DC* herauszukommen. Die Motive für eine geschäftliche Entscheidung – ob Hauskauf, Eheschließung oder Jobentscheidung – sind komplex. Und noch komplexer sind die Motive, die dazu führen, dass man eine bestimmte Wahl trifft. Hier spielen viele Faktoren eine Rolle, und diese hängen auch davon ab, wie viele Personen entscheiden und wie viele Alternativen zur Wahl stehen. Das einzige System, in dem eine Wahl einfach zu treffen ist, ist die Diktatur. Denn hier besteht die einzige Wahlmöglichkeit darin, sich einen Ort außerhalb des Systems zu suchen, also zu fliehen.

Tatsächlich machen einen einige Gesetze der Regierung Berlusconi perplex; ich meine besonders die sogenannten Gesetze „ad personam". Diese Gesetze dienten seinem eigenem Vorteil. Wie kann es sein, dass die Bündnispartner in der Koalition diese Gesetze unterstützt haben?

Es gibt einen alten Spruch, der lautet: „Verachte nicht den Wagen, mit dem du fährst." Und das galt für Fini, für Casini und für Bossi; und sie leisteten keinen Widerstand gegen diese Gesetze, sie unterstützten sie sogar und stimmten für sie, wenn auch mit dem Vorbehalt, dass das lediglich wegen der Umstände so geschehe. Seit einigen Jahren gibt es wieder Spannungen im „Haus der Freiheiten". Jedenfalls brach schon vor den ungünstigen Wahlergebnissen eine Reihe von Gegensätzen auf, die sich innerhalb der Koalition vorher nie gezeigt hatten. Als man begriffen hatte, dass Berlusconi wohl kaum wiedergewählt werden würde, begannen seine Verbündeten, das Terrain zu sondieren mit dem Ziel, neue Bündnisse zu knüpfen. Jetzt war die Zeit gekommen, in den Teller zu spucken, von dem sie gegessen hatten. Berlusconi merkte wohl, dass er gerade seine Partner verlor, und fuhr deshalb täglich schwereres Geschütz auf. Er musste sie in der Illusion wiegen, er könne noch immer gewinnen. Hätte Berlusconi die Wahlniederlage akzeptiert, hätten sich seine Unterstützer im Nu aus dem Staub gemacht. Und so fing Berlusconi nach der Niederlage an, ihnen zu suggerieren: Wir haben gar nicht verloren, die Umfragen geben uns einen Vorsprung, wir müssen die Stimmzettel neu auszählen, es hat Unregelmäßigkeiten gegeben, wir wollen Neuwahlen. Die auf seiner Seite standen und eine ganze Legislaturperiode mit ihm durchgestanden hatten, mussten sich nun unausweichlich ein paar Gedanken machen und sich – abgesehen von diesem oder jenem Motiv, das den privaten Vorteil betraf und zum Bleiben bewog – die Frage stellen: Was passiert, wenn Berlusconi zum Schluss doch noch einmal gewinnt? Dann bleibe ich bei diesem und bei jenem außen vor.

Nun wird vermutet, in dieser aufgeheizten politischen Situation sei Dell'Utri derjenige gewesen, durch dessen Vermittlung Berlusconi der Mafia Botschaften habe zukommen lassen, und zwar vor und nach den Wahlen von 1994 und 2001.
In Sizilien haben in diesen Jahren zwei Persönlichkeiten – in verschiedenen Bereichen – einen Strategiewechsel vollzogen. In der Mafia heißt diese Persönlichkeit Provenzano und in der Politik Dell'Utri.

Dell'Utri musste sich in einem Strafprozess vor Gericht verantworten und ist auch verurteilt worden. Wie konnte er dann überhaupt ins Parlament gewählt werden? Und wie konnte er weiter in der Nähe der Regierung bleiben?
Ich habe ja schon gesagt, dass wir ein ziviles, aber kein zivilisiertes Land sind, und zwar deshalb, weil es bei uns in Italien nur ein einziges ethisches Urteil gibt, das Strafurteil. Darin besteht unsere Krise. Ob jemand es verdient, in der nationalen oder internationalen Politik ein Amt auszuüben, hängt bei uns davon ab, ob er im strafrechtlichen Sinne unschuldig ist oder nicht. Meiner Ansicht nach werden wir jedoch erst dann zivilisiert sein, wenn Leute wie Dell'Utri aus den Institutionen hinausgeworfen werden – nicht durch richterliches Urteil, sondern aus ethischen Gründen. Man kann nicht bloß aufgrund juristischer Regelungen entscheiden, wer uns im Parlament vertreten soll und wer das nicht tun darf. Hast du dir je die Frage gestellt, warum ich nie an Fernsehdiskussionen mit Cuffa-

ro, dem Präsidenten der Region Sizilien, teilgenommen habe? Jedes Mal, wenn ich zu einer solchen Debatte eingeladen worden bin, habe ich den Journalisten gesagt: „Ich komme gerne, aber ich habe eine Bedingung: Es darf nicht über die Strafprozesse gesprochen werden, die gerade gegen Cuffaro laufen und in denen das Urteil noch aussteht."

Denn was die Journalisten, die doch behaupten, sie wollten Italien von Cuffaro befreien, nicht begreifen, ist Folgendes: Wenn sie Sendungen machen, in denen es immer wieder um die Prozesse geht, die gegen Cuffaro laufen, geben sie ihm so die Möglichkeit, immer wieder melodramatisch seine Unschuld zu bekräftigen und dann zu sagen: „Ich erwarte zuversichtlich das Ende des Prozesses." Abschließend kann er dann den überzeugten Staatsmann geben und sagen: „Ich habe großes Vertrauen in die Justizbehörden" und dann noch als eifriger Katholik beten: „Ich bitte Gott, er möge mir und meiner Familie die Kraft zum Durchhalten geben." So wie Cuffaro sich präsentiert und argumentiert, könnte nur ein roher Wilder die Oberhand behalten. Doch mein Grundthema ist: In unserem Land fehlt die ethische Elementarbildung. Die Moral ist etwas Individuelles, das Gesetz dagegen ist allen gemein und gründet sich auf die Souveränität des Staates. Und zwischen Moral und Gesetz muss die Ethik stehen. Die Ethik ist eine Sprache, und Sprache ist eine Konvention. Uns verbindet die italienische Sprache, die Ethik dagegen verbindet uns nicht. Solange wir keine gemeinsame, von allen geteilte Ethik haben, werden wir ein ziviles, aber unziviliertes Land bleiben. Die Anklagepunkte aufzuzählen heißt, sich auf das Terrain der Nichtzivilisierten zu begeben. Und dann kann man das Handeln dieser Herren überhaupt nicht mehr ethisch bewerten – abgesehen von den laufenden Verfahren auf der Ebene des Gesetzes.

Aber die Mafia hat doch fundamentale „ethische" Werte. Und wer dagegen verstößt, den trifft die Strafe!
Ja, das stimmt. Wir drohen feststellen zu müssen, dass wir in einer Nation leben, in der die Mafiosi die Einzigen sind, die über durch Übereinkunft akzeptierte Werte verfügen. Allerdings ist das, was die Mafiosi eint, eher ein gemeinsames Alphabet als eine Ethik. Apropos Alphabet, neuerdings steigt die Analphabetenquote in der Bevölkerung wieder an, während die Mafiosi jetzt anscheinend größtenteils alphabetisiert sind. Es ist dramatisch. Aber es ist die Realität. Wenn wir in einem zivilisierten Staat leben würden, müsste ein Abgeordneter, der sich mit einem Mafioso trifft, sein Mandat zurückgeben – auch wenn er nicht angeklagt würde, auch wenn festgestellt worden wäre, dass er strafrechtlich nicht belangt werden könnte. Zur Verdeutlichung vergleiche ich Italien mit den Vereinigten Staaten. Wenn in den USA herauskäme, dass ein Politiker und eine Politikerin eine außereheliche Beziehung führen und sie dieses Verhältnis dann leugnen würden, es also ein heimliches Verhältnis wäre, würden diese Personen doch aus eigenem spontanem Entschluss zurücktreten und an keiner Wahl mehr teilnehmen. Und sie würden das tun, ohne auf rechtliche Schritte gegen sie zu warten oder einzuwenden, sie hätten ja kein Verbrechen begangen. Sie würden zurücktreten, weil sie eine konventionelle ethische Übereinkunft gebrochen hätten. Ein anderes Beispiel: Einmal wurde dem Kandidaten von Präsident Bush für das Amt des Arbeitsministers die notwendige Zustimmung vom Senat verweigert, und zwar nur, weil er die Abgaben für das Dienstmädchen nicht innerhalb der gesetzlich vorgeschriebenen Frist bezahlt hatte. Er hat sie nachträglich bezahlt, aber das genügte nicht und er bekam das Amt nicht. In keinem der beiden Beispielfälle liegen Anhaltspunkte für eine Verletzung von Strafgesetzen vor, vielmehr haben wir es mit der Verletzung von konventionellen ethischen Prinzipien zu tun.

In den Vereinigten Staaten ist es, ebenso wie in Italien, kein Straftatbestand, eine Affäre zu haben, und es ist auch kein Straftatbestand, die Abgaben für eine Hausangestellte verspätet zu bezahlen. Aber diese Art zu leben und zu handeln genügt bereits, damit eine Persönlichkeit des öffentlichen Lebens von seinem Amt zurücktritt oder bei keiner Wahl mehr antritt. In Italien gibt es all das nicht. Es scheint sogar so, dass in den letzten Jahren immer öfter ermittelt wird und dies in der Politik immer mehr akzeptiert wird. Ein Beispiel dafür ist Berlusconi. Er gewinnt hauptsächlich deshalb, weil er die Sprache von heute spricht. Und er scheint besser zu sein als ein Politiker, der die Ethik zur Basis seiner Regierungskunst macht. Wenn die Leute dann merken, dass sie ihre Stimme einer Illusion gegeben haben, und entdecken, wer Berlusconi wirklich ist, dann ist es schon zu spät. Dann bekommt man ihn nicht mehr aus dem Parlament. Und das schaffen dann auch die Gerichte nicht mehr. Denn er wendet so viele juristische Tricks an, dass die Richter nicht wirksam gegen ihn vorgehen können. Mehr sage ich dazu jetzt nicht. Jedenfalls ist das, was der Mafia in unserem Land und im gesamten Staatsapparat so viel Raum verschafft, der Mangel an Ethik.

Und wie schon erwähnt, wurde während eines Fußballspiels im Stadion von Palermo wie von Geisterhand in der Nordkurve ein Transparent hochgehalten, auf dem stand: „Gemeinsam gegen den 41a: Berlusconi vergisst Sizilien". Eine neue Art der Cosa Nostra, *etwas mitzuteilen?*
Es ist eine Bestätigung dafür, dass es eine Harmonie der Werte gab zwischen Berlusconi und der Mafia. Auf dieser Basis entstand ein kulturelles Feld, auf dem sich ein unbestimmtes und auch übertriebenes Vertrauen in die Macht Berlusconis und seine mögliche Hilfe für die Mafia und die Mafiosi entwickelte. Dass viele das Transparent hochhielten, weist darauf

hin, dass damals ein Teil der sizilianischen Gesellschaft überzeugt war, Berlusconi vermöchte die Gesetze nach seinem Gutdünken und auch zugunsten der Mafia zu ändern. Mit diesem Transparent scheint die *Cosa Nostra* ihren Beitrag dazu ins Gedächtnis rufen zu wollen, dass Berlusconi an die Macht gekommen ist, und sie scheint ihn auch daran erinnern zu wollen, dass er eine „Verpflichtung" zu erfüllen habe. Das Transparent ist also zumindest als Versuch zu werten, einen Dialog zwischen der Mafia und Berlusconi in Gang zu bringen, und gibt gleichzeitig die Absichten der *Cosa Nostra* zu erkennen – oder aber die Tatsache, dass sie keine Bedenken hatte, plakative Botschaften zu senden.

Berlusconi hatte vergessen, dass er hier in Sizilien Verpflichtungen eingegangen war?
Wenn Berlusconi eingegangene Verpflichtungen nicht einhält, wundert mich das nicht. Was mich wundert (und ich weiß nicht, wie sehr), ist, dass er sie gegenüber der Mafia eingegangen ist.

Um auf Berlusconis Verpflichtungen zurückzukommen, möchte ich eine Notiz zitieren, die mit den Prozessen gegen ihn im Zusammenhang steht: „Die Ermittlungen der Staatsanwaltschaften in Florenz und Caltanissetta über die mutmaßlichen ‚verdeckten Auftraggeber' der Blutbäder von 1992 und 1993 sind wegen des Ablaufs der Ermittlungsfristen eingestellt worden. In Florenz hat der Untersuchungsrichter Giuseppe Soresina jedoch am 14. November 1998 dargelegt, wie Berlusconi und Dell'Utri ‚Beziehungen von nicht nur episodischem Charakter' mit den Beschuldigten unterhalten haben, denen die planmäßig begangenen Massaker zur Last gelegt werden."
Dazu hätte ich gern deinen Kommentar.
Selbst ein Blinder hätte gesehen, dass die Tatsache, dass Berlusconi „in den Ring stieg", Hand in Hand ging mit den zahl-

reichen Illegalitäten des Systems, bei der Rechten wie bei der Linken. Nur die Feigen blieben stumm. Doch das genügt schon, um sich einem kulturellen und politischen Arrangement zu fügen, das die Legalität lediglich als eine Option ansieht, und das sich der Bildung ethischer Übereinkünfte, wie sie für zivilisierte Länder typisch sind, widersetzt.

Und hat es denn jetzt ein Abkommen zwischen Berlusconi und der Mafia gegeben?
Zu ermitteln, ob es ein Abkommen zwischen Berlusconi und der *Cosa Nostra* gegeben hat und weiterhin gibt und auf welcher Basis es aufgebaut wurde und beruht, ist nicht meine Aufgabe.

Was wohl alle – in Italien wie im Ausland – festgestellt haben (darüber ist ja unendlich viel geschrieben worden), ist, dass es ein Abkommen gab ... auch ohne Abkommen. Nämlich ein Abkommen, das zu verstehen ist als kulturelle Harmonie und Übereinstimmung der Opportunitäten.

10. Die Verhaftung Bernardo Provenzanos

Als in den Fernsehnachrichten die ersten Fotos von Bernardo Provenzano gezeigt wurden, konnten alle sehen, dass sein Gesichts dem polizeilichen Phantombild frappierend ähnlich sah. Wir hatten es in Zeitungen und Zeitschriften gesehen, wie jedes Mal, wenn nach der Mafia gefahndet wurde.

Am späten Vormittag des 11. April 2006, ca. 11.20 Uhr, legte Renato Cortese, der Vizechef einer Spezialeinheit der Polizei (*Servizio Centrale Operativo, SCO*), Bernardo Provenzano Handschellen an. Ein Bauernhof in der Ortschaft Montagna dei Cavalli, zwischen Campofiorito und Corleone, war sein letztes Versteck gewesen. An diesem Tag ging sein Leben im Untergrund zu Ende, eine lange und ungestörte Zeit von fast 43 Jahren, während der Provenzano zu einer geradezu mythischen Persönlichkeit geworden war. Er hatte einige und rasch wechselnde Spitznamen getragen. Einer der ersten, *u tratturi*, stammte aus der Zeit, als er mit der rohen Gewalt eines „Traktors" zu töten pflegte, wie auch 1969, als er an dem Massaker im Viale Lazio in Palermo beteiligt war. Luciano Liggio, der Erfinder des kriminellen Stils der Corleonesi, sagte über Provenzano: „Er schießt wie ein Gott, aber leider ist sein Hirn nicht größer als das eines Huhns." Als die Jahre dann vergingen, die Polizei seiner aber einfach nicht habhaft wurde, änderten sich die Namen, wurden immer positiver und charismatischer: Aus *u tratturi* wurde *u professuri* (der Professor), *u ragioniere* (der Buchhalter), *tabula rasa* und im vertrauten Kreis auch *Binnu*. Provenzano war innerhalb der *Cosa Nostra* immer weiter aufgestiegen, dabei war er ein ungebildeter Mensch, fast ein Analphabet; er hatte die Schule bereits in der zweiten Grundschulklasse verlassen. Nichtsdestotrotz eroberte er die höchste Position in der sizilianischen Mafia.

Provenzano genoss als Chef innerhalb der *Cosa Nostra* große Autorität. Die Staatsanwaltschaft kam nach dem „Frieden" mit der Mafia, der nach den Bomben von 1993 eintrat, sogar zu der Überzeugung, diese Ruhe sei der Politik „Binnus" zu verdanken. Schon mehr als 13 Jahre lang hat es in Palermo keine Massaker und bedeutenden Mafiamorde mehr gegeben. Die Stadt ist ruhig geworden wie viele andere Städte auch, wo es gelegentlich in einer „normalen" Schießerei einen Toten gibt. Manche glauben, „Binnu" sei der Architekt eines „Paktes" zwischen den Mafiafamilien in Palermo und den Clans von Corleone, einer der vielen bestehenden „Pakte", doch diesmal im Innern der Mafia, der allen ermöglichte, Profit zu machen, ohne die Aufmerksamkeit der Ordnungskräfte auf sich zu ziehen. Aus dem „Hühnerhirn" war ein Stratege geworden (oder es immer gewesen).

Provenzanos kriminelle Karriere hatte in den 50er Jahren begonnen, als Luciano Liggio einer der Bosse der *Cosa Nostra* war. Zu seinen Leuten gehörten Salvatore Riina, Calogero Bagarella und Bernardo Provenzano, der innerhalb weniger Jahre zu einem wichtigen Mann für Liggio wurde. In den 70er Jahren übernahm Riina mit Provenzanos Unterstützung die Führung der *Cosa Nostra*, machte sich alle anderen Clans untertan und beseitigte die hartnäckigsten Gegner mit der Kalaschnikow. Zwischen Riina und Provenzano entwickelte sich ein vielschichtiges Verhältnis, das von Meinungsverschiedenheiten darüber bestimmt war, wie man die *Cosa Nostra* regieren müsse. Riinas Methode setzte sich schließlich durch: Die Mafia mordete und verübte Massaker.

Als Totò Riina über seine Verbindungen zu Provenzano befragt wurde, leugnete er jede Beziehung und erklärte: „Ich weiß, dass Provenzano aus demselben Ort kommt wie ich.

Aber ich kenne ihn nicht." Auch Liggio erklärte, „Binnu" sei kein „Ehrenmann" gewesen, der in der *Cosa Nostra* eine besondere Bedeutung genossen habe. Es ist schwer zu sagen, ob Liggio und Riina Provenzano deshalb als zweitrangige Figur beschrieben, weil sie ihn vor den Ermittlern abwerten wollten. Vielleicht war es auch nur Taktik, der Polizei möglichst wenige Anhaltspunkte für eine Festnahme zu geben; möglicherweise ist es auch eine Frage der Rangordnung oder, wie man heute sagen würde, eine Imagefrage. Jedenfalls zeichneten sie von ihm das Bild eines gewöhnlichen Mitglieds der Familie der Corleonesi.

Hingegen erklärte der *pentito* Totò Cancemi: Provenzano „hält sämtliche Fäden in der Hand, was Aufträge und Beziehungen zu Politikern betrifft". Und auch der *pentito* Gioacchino Pennino, ein Arzt und ehemaliger Stadtrat der *Democrazia Cristiana* sowie „Ehrenmann" aus Brancaccio, hat klargestellt, Provenzano habe in der *Cosa Nostra* schon immer eine wichtige Rolle gespielt. Riina und Provenzano hatten lediglich unterschiedliche Rollen: Riina sei der militärische Chef der Mafia gewesen, Provenzano der politische „Kopf", ein raffinierter Geist, der die Beziehungen zur Politik zu managen vermochte – ein enormer Erfolg für jemanden, der kaum lesen und schreiben konnte. Doch auch was sein eigenes Image anging, war „Onkel Binnu" ein großer Stratege: Er präsentierte sich stets als zurückhaltend, fast schüchtern, und zeichnete von sich das Bild eines leidenschaftlichen Vermittlers, eines klugen Lenkers. So machte er vergessen, dass er ein gewalttätiger Mörder war – immer nah daran, gefasst zu werden, wurde er doch nie festgenommen.

Am 31. Oktober 1995 ergab sich eine der zahlreichen Gelegenheiten, da man Provenzano hätte festnehmen können. Der V-Mann der Carabinieri, Luigi Ilardo, teilte Oberst Michele Riccio am 29. Oktober mit: „Für Dienstag den 31. hat mich Salvatore Ferro zusammen mit Lorenzo Vaccaro an die Kreuzung bei Mezzojuso bestellt." In einem abgelegenen Haus in Mezzojuso sollte er Bernardo Provenzano treffen. Am Abend des 30. Oktober traf sich der Carabinieri-Offizier heimlich mit Ilardo, der ihm das geplante Treffen mit Provenzano bestätigte. Aber am nächsten Tag waren keine Spezialeinheiten zur Stelle, um Provenzano festzunehmen. Man weiß, dass Oberst Riccio Ilardo angewiesen hatte, ein weiteres Treffen mit dem Chef der *Cosa Nostra* zu arrangieren. Doch dieses Treffen fand nie statt: Ilardo wurde am 10. Mai 1996 in Catania ermordet.

Provenzano war raffiniert, und so erfand er eine neue Kommunikationsmethode, die *pizzini* („Zettelchen") – eine Methode so direkt wie heute E-Mails, die sich aber noch der alten Zustellmethode der Post aus dem 19. Jahrhundert bediente. Schlau, wie er war, gelang es ihm, selbst seine eigenen Leute glauben zu machen, er sei tot. Dies vermutete 1993 auch der *pentito* Balduccio Di Maggio; eine Vermutung, die Provenzano vielleicht selbst nicht gefiel. So meldete er sich im April 1994 höchstpersönlich zu Wort und machte sich sogar die Mühe, Innocenzo La Mantia, dem Präsidenten des Schwurgerichts in Palermo, einen Brief zu schicken, in dem er die Anwälte seines Vertrauens für den Prozess um den Mord an Giannuzzu Lallicata benannte. Der Brief wurde als authentisch eingeschätzt, Absender war ein gewisser „Catalano Serafino", die Adresse die Via Enrico Albanese 18, ein nur wenige Schritte vom Gefängnis Ucciardone entferntes Gebäude: ein merkwürdiger und beabsichtigter Zufall: Der Absender existierte nicht, die Adresse schon.

Als er festgenommen wurde, wohnte Provenzano in einem bescheidenen Bauernhaus nahe Corleone, das mit mönchischer Einfachheit eingerichtet war: eine kleine Küche, ein Bett, ein Schrank und in der Mitte ein Tisch mit Stühlen, ein Ofen für kalte Tage und ein Kühlschrank. Auf dem Tisch stand seine Brother AX 410, die Schreibmaschine, auf der er die Botschaften an seine Familie und an seine Ansprechpartner tippte. Bei der Festnahme war sogar noch ein Blatt in die Maschine eingespannt. Neben seinem Bett lagen ein Rosenkranz und eine Bibel, die er bat mitnehmen zu dürfen. Zu den Polizisten, die ihn verhafteten, sagte er etwas wie: „Ihr wisst nicht, was ihr tut", doch möglicherweise sagte er auch: „Ihr wisst nicht, was für einen Fehler ihr gerade macht." Damit wollte er offenbar zu verstehen geben, dass nach seiner Festnahme ein neuer Mafiakrieg ausbrechen würde. Die Ermittler durchsuchten auch den Raum, wo der Hirte Ricotta herstellte, und fanden ein großes Madonnenbild, ein Plakat, das die heimischen Pferderassen zeigte, und einige Flugblätter zu den letzten Wahlen, die dazu auffordern, Totò Cuffaro zu wählen, den Regionalpräsidenten und Senatskandidaten für die *Unione dei Democratici Cristiani e Democratici di Centro (UDC)* – Union der Christdemokraten und Zentrumsdemokraten, sowie den Bürgermeister von Corleone, Nicolò Nicolosi, Senatskandidat auf der Liste des *Patto per la Sicilia* (Bündnis für Sizilien).

Als Cuffaro von den Flugblättern in Provenzanos Versteck erfuhr, erklärte er: „Ich weiß nicht, wie sie dorthin gekommen sind. Ich habe mehr als drei Millionen davon drucken und in ganz Sizilien verteilen lassen. Ich weiß nicht, ob der Hirt sie an Provenzano weitergegeben hat, doch wenn er glaubt, meine Kandidatur sei für ihn günstig, so war das die schlechteste Investition seines Lebens."

Provenzano hat mit seiner Frau Saveria Benedetta Palazzolo zwei Söhne, Angelo und Paolo. Seine Frau kommt aus einer Familie in Cinisi mit Verbindungen zur Mafia. Einer ihrer Brüder wurde im Mafiakrieg Anfang der 80er Jahre getötet, gegen sie selbst wurde wegen des Verdachts der kriminellen Vereinigung zum Zwecke der Begehung von Straftaten ermittelt und 1990 wurde sie zu drei Jahren und einigen Monaten Gefängnis verurteilt, eine Strafe, die dann auf wenig mehr als zwei Jahre herabgesetzt wurde. Doch Saveria Benedetta Palazzolo war schon 1983 untergetaucht, kurz bevor die Carabinieri sie verhaften konnten. Nach 1992 tauchte sie dann zusammen mit ihren Söhnen wieder in Corleone auf; die Söhne gingen dort zur Schule und Angelo erhielt nach seinem Abschluss die Lizenz zur Eröffnung einer Wäscherei, die ihm allerdings im Mai 2002 wieder entzogen wurde. Derzeit laufen Ermittlungen gegen ihn, weil er die Flucht seines Vaters begünstigt haben soll. Sein Bruder Paolo hat ein Sprachenstudium abgeschlossen. Mit einem Stipendium des Unterrichtsministeriums lehrt er an einer angesehenen Schule in Deutschland Italienisch und trägt so dazu bei, unsere Kultur im Ausland zu verbreiten. Nach dem Modell der sizilianisch-amerikanischen Mafia, der Alternative zu dem Modell von Corleone, hat Provenzanos Sohn Paolo einen ganz anderen Weg eingeschlagen als sein Vater.

Nach der Festnahme Provenzanos wurden zwei im Untergrund lebende Mafiosi, Matteo Messina Denaro und Salvatore Lo Piccolo, als seine Nachfolger genannt. Es ist gegenwärtig schwer zu sagen, wann sie es geworden sind und wer von beiden das Oberhaupt einer so weit verzweigten Organisation wie der *Cosa Nostra* wird. Es ist auch nicht auszuschließen, dass ein völlig unbekannter Außenseiter in den Reihen der neuen Mafia die Stelle Provenzanos einnehmen könnte.

Die Verhaftung Provenzanos: eine ausgesprochen gelungene Polizeiaktion.
Es war eine Polizeiaktion, die meisterhaft ausgeführt und glücklich ausgegangen ist. Im Unterschied zur Verhaftung Riinas, die, wie wir gesagt haben, eine Sache der gesamten Nation geworden ist, hat die Festnahme Provenzanos Verhältnissen, die für einen Rechtsstaat unerträglich sind, ein Ende bereitet.

Welchen Verhältnissen?

Kein demokratischer Rechtsstaat kann es hinnehmen, dass ein mehrfacher Mörder für fast 43 Jahre untertaucht. Außerdem hielt Provenzano sich ja bekanntermaßen die meiste Zeit in der Nähe seiner eigenen Wohnung auf, auf einem kleinen, leicht zu überwachenden Territorium und nicht in einer Höhle irgendwo im Amazonas-Urwald. Die Polizeiaktion, die schließlich zu Provenzanos Verhaftung führte, beruhte auf der Annahme, der Boss hielte sich in der Nähe des Hauses versteckt, in dem seine Familie wohnte. Daraufhin wurden dann die ersten wirklichen Nachforschungen durchgeführt, die auf die Festnahme Provenzanos zielten.

Wie genau kam es zu Provenzanos Verhaftung?

Ich stütze mich auf Vermutungen, doch ich glaube, die Polizisten haben folgende Überlegungen angestellt: Bernardo Provenzano war anerkanntes Oberhaupt der *Cosa Nostra*. Es war also unwahrscheinlich, dass die Mafia selbst ihn ausliefern würde – etwa weil ein neuer Boss den beginnenden Verfall der Autorität des alten Bosses hätte ausnutzen wollen oder weil ein Boss der zweiten Reihe mithilfe der Polizei versucht hätte, Provenzano beiseitezuschaffen, um so selbst an die Spitze der *Cosa Nostra* zu gelangen. Der Polizei blieb also nichts anderes übrig, als die Methoden anzuwenden, mit denen man auch einen untergetauchten gewöhnlichen Verbrecher fängt: Sie versuchte, das Netz der Personen auszumachen, die Provenzanos Aufenthaltsort kannten und ihm ein ansehnliches Auskommen sicherten, auch fernab der Familie und von bewohnten Orten.

Ich glaube nicht, dass es eine einfache Aufgabe war, diesen Plan umzusetzen.

Nein, das war es wirklich nicht! Es war sogar eine sehr schwierige Aufgabe, und zwar weil der Boss nicht nur im westlichen Sizilien über eine Menge Leute verfügte, die bereit waren, ihm zu helfen und ihn zu beherbergen; dort war sein Netzwerk besonders dicht, doch Provenzano hatte auch im Osten Siziliens und überhaupt in ganz Italien durchaus solide Kontakte. Dadurch konnte Provenzano einfach fortziehen, wenn er ahnte, dass er beobachtet oder ausspioniert wurde. Im Prinzip konnte er jede Nacht in einem anderen Bett und an einem anderen Ort schlafen. Er war eine Art Luxusnomade, der seine Flucht nicht selbst organisieren musste, sondern sich unter Dutzenden von sicheren Unterkünften einfach eine aussuchen konnte.

Deshalb konnte Provenzano immer wieder fliehen, kurz bevor die Polizei in Aktion trat. Sie war sich immer wieder sicher, ihn in einer Wohnung oder einem einsamen Haus anzutreffen – und fand diesen Ort dann immer leer, wenn auch voller Spuren vor, die zeigten, dass hier gerade noch jemand gewesen war. Und dabei konnte es sich nur um Provenzano handeln. Dass er sich jahrzehntelang der Gefangennahme durch Polizei und Carabinieri entziehen konnte, ist also nicht nur auf ein außergewöhnliches Geschick zurückzuführen, sondern auch auf dieses Netz von Sympathisanten, die ihm Unterschlupf gewährten und ihn warnten, wenn die Polizei im Anzug war – manchmal wirklich im letzten Moment.

Ein Netz vertrauenswürdiger Personen?
Ja, mit Sicherheit. Die Polizei hat nur mithilfe des *pentito* Antonino Giuffrè ein brauchbares Verzeichnis aller Orte erstellen können, an denen Provenzano Unterschlupf finden konnte. Auf dieser Grundlage ergriff sie dann harte Maßnahmen und verhaftete alle Eigentümer von Häusern und Wohnungen, die Provenzano als Versteck gedient hatten.

Nachdem sie die Komplizen festgenommen und sämtliche Schlupfwinkel unbrauchbar gemacht hatte – man nannte diese Aktion auch *Grande Mandamento* (Großer Befehl) –, zogen die Ermittler folgenden Schluss: Wenn ihre Arbeit tatsächlich perfekt gewesen war und es keine weiteren Verstecke gab, die Giuffrè und folglich auch sie selbst nicht kannten, dann konnte der Boss sich nur noch in der Nähe seines Heimatortes Corleone verstecken; diese Möglichkeit hatte Provenzano vorher sicher nicht in Erwägung gezogen. Nachdem er aber alle Unterschlupfmöglichkeiten verloren hatte, wurde die Umgebung Corleones zur einzigen sicheren Zone, und dies auch nur, wenn er sich irgendwo auf dem Land in der Nähe des Dorfes völlig verschanzte. Etwas anderes blieb ihm gar nicht mehr übrig, da der Ort Corleone selbst ständig von der Polizei überwacht wurde.

Die Polizei ging also davon aus, dass Provenzano sich nur in der Umgebung von Corleone versteckt halten könne, und stellte eine Einheit von Leuten auf, die im kriminellen und mafiösen Milieu sowohl Palermos als auch Corleones unbekannt waren. Ihre Aufgabe war es, das Territorium rund um Corleone zu überwachen, an erster Stelle das Haus der Frau des Bosses in Corleone selbst. Für diese Männer wäre es jedoch sicher leichter gewesen, ein Stadtviertel von New York, Paris oder London zu überwachen, als ein Haus in Corleone: Dort hätten sie in der Menge untertauchen und leichter unbeobachtet bleiben können; an Orten, wo sich alle kennen, ist es ziemlich schwer, anonym zu bleiben.

Sie richteten sich also mit Männern und Fahrzeugen in Corleone ein?
Ja! Anders ging es gar nicht. Und 2005 begannen die Überwachungsmaßnahmen an der zweistöckigen Villa am Rande von Corleone, wo die Familie Provenzanos wohnte. Man observierte alle Personen, die als Familienmitglieder, Freunde oder Sympathisanten versuchen konnten, Kontakt mit Provenzano aufzunehmen. Bis zur Festnahme stand dabei nur ein Phan-

tombild zur Verfügung und man konnte nicht wirklich sicher sein, dass er immer noch dasselbe (wenn auch gealterte) Gesicht hatte. Paradoxerweise kannte man seine Familie, Freunde und möglichen Komplizen sehr gut, ihn selbst aber gar nicht. Und das brachte auch das Risiko mit sich, wochenlang jemanden zu beobachten, der dann mit dem Boss überhaupt nichts zu tun hatte.

So fiel den Polizisten irgendwann ein Kollege von Angelo Provenzano auf, ein gewisser Giuseppe Lo Bue, ein Staubsaugerverkäufer, der immer einen blauen Müllsack mit sich trug, wenn er das Haus Provenzanos verließ. Man stellte fest, dass er alle zehn Tage zu den Provenzanos kam, immer nachmittags. Und wenn er wieder ging, nahm er stets einen blauen Müllsack mit. Das machte die Ermittler misstrauisch. Sie folgten Lo Bue und überraschten ihn dabei, wie er den Sack aus seinem Auto nahm und in den Opel seines Vaters Calogero legte. Die Lo Bues wohnten nur wenige hundert Meter von den Provenzanos entfernt. Von da an beobachteten die Ermittler die Bewegungen Calogero Lo Bues mithilfe winziger Kameras, die Polizei und Carabinieri überall im Dorf installiert hatten.

Eines Tages sahen sie die beiden Lo Bues, die wieder einen blauen Müllsack dabei hatten, gefolgt von einem Golf das Zentrum von Corleone durchqueren. In diesem Golf, der von einer Frau gefahren wurde, befand sich Bernardo Riina. In einem Gässchen stieg Calogero Lo Bue aus seinem Auto, den Müllsack in der Hand, und stieg in Riinas Auto, während sein Sohn mit dem Opel Astra wieder losfuhr. Dann setzte sich auch der Golf wieder in Bewegung. All das geschah unter den Augen der Ermittler. Etwas später verloren sie den Golf dann für kurze Zeit aus den Augen. Glücklicherweise meldete ein Posten von der Straße, die aus Corleone hinausführte, dass Riina und Lo Bue den Bereich nicht verlassen hatten. Die Beamten waren erleichtert, denn daneben führten nur noch zwei Sackgassen jeweils in

Richtung der Montagna dei Cavalli aus dem Ort hinaus. Der Golf war in eine dieser beiden Straßen eingebogen; tatsächlich fand man ihn bei einem Bauernhaus geparkt.

Nun brauchte man nur noch aufmerksam zu beobachten, was in diesem einsam gelegenen Haus geschah. Warum hatten Lo Bue und Riina den blauen Sack aus Provenzanos Haus hierher gebracht? Die Beamten stellten ein tragbares Teleskop auf dem Gipfel der Montagna Vecchia auf, um herauszufinden, was sich dort drinnen abspielte. Doch hier oben konnten sie sich nicht tarnen und so standen sie praktisch ohne Deckung auf einer von senkrecht aufragenden Felswänden eingefassten, baumlosen Wiese. Eine Woche vor Provenzanos Verhaftung wurde außerdem unterhalb des Gipfels eine ferngesteuerte Kamera installiert, deren Batterien fast jede Nacht von einem Beamten gewechselt werden mussten – sicherlich kein harmloser Spaziergang. Außerdem stellte sich heraus, dass der Stromverbrauch im Haus im Winter höher war, vermutlich, weil jemand nachts mit einem elektrischen Ofen heizte; nun wurde der Bauernhof noch intensiver überwacht.

Aus dem Verdacht, dass es in jenem Haus etwas Seltsames gab, wurde langsam Gewissheit. Eines Morgens bemerkte man, wie eine Hand aus der Tür eines der beiden Häuschen des Bauernhofs herausgestreckt wurde und ein kleines Blatt Papier oder Ähnliches aufnahm. War es ein *pizzino*, eines der berühmten Zettelchen, die Bernardo Provenzano benutzte, um mit anderen zu kommunizieren? Der observierende Beamte rief den Polizeichef an und erzählte ihm, was er gerade gesehen hatte. Der Polizeichef gab daraufhin den Befehl, alle in dem Haus befindlichen Personen festzunehmen. Verhaftet wurde ein alter Mann, der nichts anderes hervorbrachte als eben jenen Satz, der nicht recht verstanden wurde – „Ihr wisst nicht, was ihr tut" oder „Ihr wisst nicht, was für einen Fehler ihr gerade macht". Die Beamten waren gar nicht ganz sicher, wem sie da Handschellen anlegten. Und sie konnten es auch gar nicht wissen; das letzte Mal, dass ein Beamter der Ordnungskräfte Bernardo Provenzano leibhaftig gesehen hatte, war am 9. Mai 1963, als man ihn in die Kaserne der Carabinieri in Corleone bestellt hatte, um gewisse Angaben zu machen. Und am 18. September desselben Jahres verlor sich jede Spur: An diesem Tag wurde Provenzano den Carabinieri als Verdächtiger im Zusammenhang mit dem Massaker genannt, bei dem Francesco Streva, Biagio Pomilla und Antonio Piraino ums Leben kamen. Die Festnahme Provenzanos ist das Verdienst der Polizei, die sich dabei auf die wertvolle Mitarbeit des *pentito* Giuffrè stützen konnte. Auf die von ihm gelieferten Informationen hin haben die Ordnungskräfte ihre erfolgreiche Aktion geplant.

Wenn man diese Festnahme allerdings mit Ereignissen in Verbindung bringt, die mit der Regierung zu tun haben, rückt dies die Ermittlungsarbeit in ein ungünstigeres Licht. Und wäre, noch einmal anders, Provenzano die Flucht gelungen, und man würde das Scheitern seiner Festnahme den Leuten Berlusconis zuschreiben, die falsche Fährten gelegt hätten – dann wäre das als Propaganda für die Linke zwar eine nützliche Sache, aber es wäre nicht richtig. Ich möchte glauben und bin davon überzeugt, dass diese Aktion auch dann zu demselben Ergebnis geführt hätte, wenn sie am Vorabend nationaler Parlamentswahlen stattgefunden hätte und nicht am Tag danach.

Bist du sicher, dass die Verhaftung Provenzanos nicht aus Gründen politischer Opportunität aufgeschoben worden ist? Vielleicht auch aus ehrenwerten Gründen, etwa damit sie keinen Einfluss auf den Ausgang der Wahlen hatte?
Deine Frage beruht auf einigen Fällen von „man sagt": Manche sagen, Provenzano hätte schon am Freitag festgenommen werden können, also am Freitag vor den Wahlen ... Wenn dieses

„man sagt" gute Gründe hat, dann ist es so, dass sich ein System von Beziehungen gebildet hat, ein System von Geben und Nehmen, von Krediten und Verbindlichkeiten, und das wird uns in einem Jahr oder in zehn Jahren helfen, Absprachen, Bündnisse, Kungeleien (politische oder nichtpolitische) zu verstehen, die heute noch unbekannt sind. Ich kann nicht ausschließen, dass es für das „man sagt" gute Gründe gibt; und ich kann nur wünschen, dass das nicht der Fall ist.

Die Geschichte Provenzanos hat mehrere Abschnitte. Am Anfang ist er ein brutaler Mörder. Dann betreibt er zusammen mit seiner Frau anrüchige Geschäfte. Schließlich führt er sein Leben als Mafiaboss fort, während seine Familie, seine Frau und seine Söhne, nach Corleone zurückkehrt und dort ein normales Leben führt; die Söhne machen eine Schul- oder Universitätsausbildung und gehen einer normalen Arbeit nach. Einer von ihnen, Paolo, hat sogar ein Sprachenstudium abgeschlossen. Er unterrichtet Italienisch an einer Schule in Deutschland und hatte ein Stipendium vom Unterrichtsministerium. Sie ist also durchaus anders, als man sich Familien von Mafiabossen üblicherweise vorstellt.

Die Familie Provenzanos passt perfekt zu dem Modell der Mafia, das er selbst in diesen letzten Jahren durchgesetzt hat. Ich erinnere an zwei Mottos – „Die Macht verschleißt den, der sie nicht hat" und „Die Macht verfeinert auch die Wilden". Und das in dem Sinne, dass er sie zu Veränderungen zwingt. Provenzano hat seine Karriere als Gewalttäter begonnen. Er war eine Art „Kriegsmaschine": Er schoss oft, gern und „vortrefflich" und bestätigte so, was Liggio über ihn gesagt hatte. Dann wurde er ein raffinierter Anführer; er wirkte im Stillen und in Harmonie mit den Veränderungen der Politik in unserem Land. Er hat in der alten Mafia, das heißt in der Riinas, grundlegende Änderungen durchgeführt und sie dadurch in die neue Mafia verwandelt, also in die, in der fast nicht mehr geschossen wird. Den Beweis für diese neue Handhabung der Macht in der *Cosa Nostra* liefert uns seine Familie, die ein normales Leben führt. Seine beiden Söhne besuchen die Schule, der eine macht seinen Schulabschluss und der andere sein Universitätsexamen. Mit einem Wort, sie haben nichts mit dem Leben ihres Vaters zu tun, ohne sich deswegen von ihm loszusagen. In dieser Lebensweise der Familie Provenzanos spiegelt sich der grundlegende Wandel, den der Boss innerhalb der Mafia bewirkt hat: die Umwandlung in eine kriminelle Vereinigung, die nicht darauf sinnt, im Inneren der Mafia oder gegen den Staat Krieg zu führen, sondern sich lediglich auf jede mögliche (und natürlich auch gesetzwidrige) Weise Geld verschafft und es dann in saubere Aktivitäten investiert, die durchaus – warum auch nicht? – nützlich für die Gesellschaft sein können, wie das bei der bekannten Klinik in Bagheria der Fall sein könnte. Auf den Punkt gebracht, hat Provenzano die Epoche des sizilianischen Typs der Mafia zuerst herbeigeführt und dann auch wieder zum Abschluss gebracht, und er hat dann dem sizilianisch-amerikanischen Mafiamodell zur Durchsetzung verholfen, bei dem der Sohn nicht verpflichtet ist, in die Fußstapfen des Vaters zu treten. Wenn dann der Sohn des Bosses doch Straftaten begeht, dann hat das Erziehungsmodell des Vaters versagt!

Was du sagst, lässt mich an das außerordentlich enge Verhältnis denken, das zuerst Riina und dann auch Provenzano zu ihren Frauen hatten. Beide haben, nachdem sie festgenommen worden waren, Wert darauf gelegt, ihre jeweiligen Frauen staatlich und kirchlich (nach katholischem Ritus) zu heiraten. Steht diese Art von Religiosität – Provenzano hat ja auch seine Bibel ins Gefängnis mitgenommen – nicht in einem Gegensatz zu ihren Methoden, dazu, dass hier der Mord mit äußerster Klarheit und Kaltblütigkeit geplant und ausgeführt wird?

Die Mafia macht Gebrauch von Werten (und pervertiert sie zu ihrem eigenen Vorteil). In Sizilien ist die katholische Religion ein sehr starker Wert. Ein sizilianischer Mafioso, der Zustimmung sucht – sei es innerhalb der Mafia oder in der kollektiven Vorstellung –, muss ein eifriger Katholik sein oder wenigstens als ein solcher erscheinen. Im Prinzip verpflichtet ihn niemand dazu, religiös zu sein. Er könnte auch Buddhist werden, aber diese Entscheidung würde ihm nicht dabei helfen, Zustimmung im Volk zu gewinnen. Die Mafia ist ein System der Macht und ein System politischer, ökonomischer und auch religiöser Werte, die alle durch die kriminellen Ziele pervertiert sind. Wenn ein Mafioso, der zu seinen Anhängern spricht, sich an Buddha oder sonst eine Gottheit wenden würde, anstatt die Hilfe Gottes oder eines Heiligen anzurufen, dann würde er damit einen Graben zwischen sich und den anderen aufreißen; er würde weniger verstanden und dadurch bis zu einem gewissen Grade ein Fremder. Und was schließlich die Heirat vieler Mafiosi im Gefängnis betrifft, so ist dies – außer vielleicht ein ehrlich gemeintes Zeichen der Liebe zu ihren Frauen – auch eine Botschaft, die den anderen Mafiosi vielerlei mitteilen soll. Es gehört zum Symbolsystem der Mafia: Man gibt ein Zeichen der Kraft, der Sicherheit, der „Normalität", auch wenn man im Gefängnis sitzt.

Angesichts der Handlungsweise Oberst Michele Riccios, der im Oktober 1995 Provenzano nicht verhaftet hat, stellt sich spontan die Frage: Hat womöglich der Staat Provenzano nicht verhaften wollen, weil er den sogenannten „Frieden" mit den Institutionen garantierte?

Wenn jemand behauptet, es habe einen beurkundeten Vertrag zwischen dem Staat und Provenzano gegeben, in dem steht, er solle nicht verhaftet werden, dann sage ich nichts, weil ich das nicht glaube; es ist unglaubwürdig, zu behaupten, eine Partei, eine Loge oder eine Institution habe formellen Druck ausgeübt, damit er nicht verhaftet wurde. Aber ganz sicher hat irgendjemand innerhalb des Staates, einer Partei, einer Loge oder einer Institution etwas getan, damit er nicht verhaftet wurde. Es ist nicht denkbar, dass ein gesuchter Straftäter sich in einem zivilisierten Land fast 44 Jahre auf wenigen Quadratkilometern frei bewegen kann. Außerdem war Provenzano ja nicht nur frei, sondern beging auch weiter Straftaten, häufte Verbrechen über Verbrechen, Verurteilungen über Verurteilungen und Strafen an. Ebenso wenig aber kann er nur deswegen in Freiheit geblieben sein, weil die Mafia ihm Deckung gab; er blieb auch frei, weil in den Institutionen irgendjemand dafür sorgte, dass er unentdeckt blieb. Dasselbe gilt übrigens auch für Riina, der ja ebenfalls viele Jahre einer Verhaftung entgehen konnte. Um nun jemanden im Untergrund vor Entdeckung zu schützen, braucht es manchmal einen Minister, und manchmal genügt auch schon ein Sachbearbeiter.

Provenzano war sogar einmal in Marseille, wo er sich unter falschem Namen hat operieren lassen. Das scheint unmöglich und ist doch eine wahre Geschichte. Wer hat ihn gedeckt?
Das ist der Vorteil, wenn jemand, wie Provenzano, zwei Spielarten der Mafia beherrscht: die alte und die neue. Deshalb kann er gleichzeitig auf berühmte Fachleute zählen, die seine Komplizen sind, wie diesen Arzt, Finanzfachmann oder Ingenieur, und auf den kleinen Geschäftemacher im Dorf. Während Totò Riina nur den kleinen Geschäftemacher hatte, hat der neue Mafioso auch einen Fachmann von vielleicht hervorragendem Ruf an der Hand. Provenzano hat jede Unterstützung genutzt und alle Vorteile genossen, die ihm durch seine Rolle als Chef der alten und der neuen Mafia zufielen. Hätte er es gewollt und wäre es nötig gewesen, hätte er mit solcher Rückendeckung sogar problemlos in die beste Klinik in Houston gehen können.

Man muss Provenzano das Verdienst lassen, die pizzini *erfunden zu haben: ein Kommunikationsmittel, das anachronistisch war, sich aber für seine Zwecke als höchst effizient erwiesen hat.*

Es war eine geniale und ganz moderne Idee. Provenzano hat die alte hierarchische Struktur durch eine Struktur aus feinen Verästelungen ersetzt, die ein Netz und damit das Internet zum Vorbild hat und auf der Idee der E-Mails beruht. Ich will das etwas genauer erklären. Wenn Provenzano jemanden kontaktieren wollte, dann schrieb er einen *pizzino*, der dann über die Übermittlungskette direkt zu seinem Adressaten gelangte, ohne Zwischeninstanzen. Wer einen *pizzino* bekam, las ihn, vernichtete ihn und führte dann aus, was ihm aufgetragen worden war.

Dazu hat Provenzano die gesamte Struktur der traditionellen Mafia aufgelöst: die kollegialen Organe, die Kommission und auch das hierarchische System mit seinen Gremien. Gewissermaßen hat er so den demokratischen Aspekt der Mafia abgeschafft und den Schaden, den die *pentiti* verursacht hatten, in eine Ressource verwandelt; so haben die Bekenntnisse der *pentiti*, die das System der Mafia aus den Angeln gehoben und zur Verhaftung zahlreicher Mitglieder der Kommission geführt haben, die neue Ordnung, die Provenzano der Mafia geben wollte, befördert.

In welchem Sinne?

Auf die Aussagen der *pentiti* hin wurden führende Leute der Mafia verhaftet, solche, die in den kollegialen Organen und in der Kommission saßen. Und ihre Verhaftung erwies sich für Provenzano und seine Idee, ein Netzwerk zu schaffen, als nützlich: Es war nun leichter für ihn, die Leitung der Mafia umzustellen, und zwar von einem hierarchischen und demokratischen System auf eines, in dem es nur ein Oberhaupt gab und alle anderen auf gleicher Stufe standen und seine Befehle ausführten. Über den *pizzino* kann der Boss eine direkte Verbindung zu dem Mafiamitglied herstellen, eine Verbindung auf Papier, die ansonsten aber große Ähnlichkeit mit der E-Mail-Kommunikation hat, weil man den Adressaten genau in dem Moment kontaktieren kann, in dem man ihm etwas mitzuteilen hat. Innerhalb der Mafia waren die *pizzini* die modernste Kommunikationsform und auch die sicherste, weil alle Botschaften und alle Adressaten verschlüsselt waren.

Man muss sich nun fragen: Wird die Mafia, was ihre Struktur betrifft, so intelligent sein, auf dem Weg Provenzanos weiterzugehen, oder wird sie zu dem alten hierarchisch-kollegialen Modell zurückkehren? Die Antwort auf diese Frage hängt heute von Lo Piccolo und Messina Denaro ab. Und bald wird sie in den Händen der neuen Bosse der neuen Mafia liegen.

Das wird also derjenige entscheiden, der sich durchsetzen wird?
Wahrscheinlich will keiner von beiden das alte System wiederbeleben. Und es kann auch sein, dass keiner von beiden Provenzano als Oberhaupt ablösen will. Im Übrigen ist das gegenwärtige System der *Cosa Nostra* derart weit entwickelt, dass der Chef gar nicht unbedingt in Freiheit sein muss. Er kann auch vom Gefängnis aus weiterhin das Kommando ausüben. Man wird sehen müssen, ob die beiden möglichen Anwärter auf die Führung der *Cosa Nostra* den Status quo aufrechterhalten oder ob sie versuchen werden, die Stelle Provenzanos einzunehmen. Aber jemand, der versucht, das zu tun, ohne auf das Netzwerk zurückgreifen zu können, über das Provenzano verfügte, der wird zum alten System mehrerer Ebenen zurückkehren müssen. Und dafür wird man die internen Feinde ermorden oder die Hierarchien wiederherstellen und die Kommission neu konstituieren müssen.

Hier taucht jetzt wieder einmal die Unterscheidung zwischen der alten und der neuen Mafia auf. Was bedeutet dieser Unterschied genauer?

Wir haben es mit zwei verschiedenen Modellen zu tun, die noch nicht beschlossen haben, sich zu bekriegen. Und dieses wortlose Zusammentreffen ist der entscheidende Grund dafür, dass die Mafia auf Sizilien lastet wie etwas, was man nicht sieht, was aber die Luft zum Atmen nimmt. Die Träger der alten Mafia, die sich auf die traditionellen Werte (Ehre, Familie und Freundschaft) berief und sie pervertierte, haben, besonders in den größeren Städten, ihre Hegemonie zum großen Teil verloren. Zu dieser Art von Mafia ist die neue hinzugekommen, deren pervertierte Werte beispielsweise lauten: Freiheit ohne Regeln, Wettbewerb, der zum Monopol wird, oder Reichtum, bei dem das Anhäufen von Gütern zum Selbstzweck wird. Diese beiden Modelle von Mafia existieren in Sizilien parallel. In einem anderen Land, etwa in Deutschland, wäre nur die neue Mafia möglich. Und zweifellos ist das alte Modell mit der neuen Mafia auf Dauer nicht vereinbar. Man kann eine Mafia, die sich an die modernen europäischen Verhältnisse anpasst, nicht denselben Regeln unterwerfen, die noch für die Mafia in der Epoche der Latifundien galten.

Welche Unterschiede gibt es sonst noch zwischen der alten und der neuen Mafia?

Die Mitglieder der neuen Mafia vermeiden es und haben es auch nicht nötig, sich persönlich mit den Politikern zu treffen. Doch das brauchen sie auch nicht, denn zwischen beiden besteht eine Werteharmonie.

Man vermutet, dass, während Provenzano im Untergrund lebte, Gelder illegalen Ursprungs auch in sozial bedeutsame Projekte investiert wurden, zum Beispiel in die Klinik in Bagheria, die in Süditalien am besten für die Diagnose von Tumoren ausgestattet ist. Dabei war viel von zwei Persönlichkeiten die Rede: von Aiello und von Cuffaro, dem Präsidenten der Region Sizilien. Glaubst du, dass es eine Verbindung gibt zwischen Provenzano, Aiello und Cuffaro?

Aiello hat versucht, sich neu zu positionieren. Er war Bauunternehmer und hat sein Vermögen mit dem Bau von Sträßchen zwischen Landgütern gemacht. Irgendwann hat er dann begriffen, dass man sich bei diesem Geschäft nur schmutzig macht und dass man bei Bauaufträgen Risiken eingeht. Mit einem Wort: Ihm wurde klar, dass die Zeit des Ziegelsteins vorbei war, oder anders gesagt, dass das öffentliche Bauwesen nicht mehr der bedeutendste Sektor der öffentlichen Wirtschaft war. In der Medizin kann man reich werden durch die Behandlung von Krankheiten, durch Technologie und soziale Dienstleistungen. Aiello orientierte sich um und baute ein nicht sehr gut laufendes Hotel zu einer Privatklinik um – eine Entscheidung von einer außerordentlichen unternehmerischen Intelligenz. Heute sind die Strafverfolgungsbehörden der Meinung, Aiello habe Verbindungen zur Mafia, während die Ärzte seine Klinik für die Diagnose und Behandlung von Tumoren als ganz hervorragend loben. Während ihrer Errichtung hatte Aiello Kontakte zu Cuffaro. Ob diese auf eine weit zurückreichende Freundschaft zurückgehen oder ob Aiello und Cuffaro sich erst während des Baus kennengelernt haben, spielt dabei keine große Rolle. Für Cuffaro als Regionalpräsidenten von Sizilien und Aiello als Unternehmer mag es durchaus notwendig sein, sich wegen eines Projekts zu treffen, bei dem es auch um öffentliche Gelder geht.

Natürlich kann Cuffaro sich als Präsident der Region Sizilien auch frei dafür entscheiden, den reichsten privaten Gesundheitsunternehmer Siziliens zu treffen; er kann ihm über sein Sekretariat einen Termin geben lassen und in seinem Terminkalender den Zweck des Treffens notieren, und dann kann er ihn in seinem repräsentativen Büro im Palazzo D'Orleans empfangen. Aber es ist undenkbar, ihn in Bagheria im Hinterzimmer eines Wäschegeschäfts zu treffen. In gewisser Weise hat Cuffaro Aiello also bei seinem Versuch, sich neu zu orientieren, durch seinen archaischen Stil „behindert". Doch Aiello ist sicher auf seine Kosten gekommen: Heute wird die Klinik von gerichtlich eingesetzten Administratoren verwaltet und die vorgesehenen Gesundheitsleistungen kosten die Region sehr oft weniger, als sie in der Zeit jener „unbequemen" Treffen kosteten.

Ich will einmal den Advocatus Diaboli spielen: Kann der Regionalpräsident von Sizilien denn keine wirklichen Freunde haben? Einer von ihnen ist der Eigentümer eines Wäschegeschäfts in Bagheria, und ein anderer ist ein erfolgreicher Unternehmer, der ebenfalls mit dem Eigentümer des Wäschegeschäfts befreundet ist. Der Präsident der Region Sizilien trifft den Unternehmer zufällig in Bagheria im Laden ihres gemeinsamen Freundes. Und sie nutzen dieses völlig ungeplante Zusammentreffen, um im Hinterzimmer etwas zu besprechen.

Natürlich können sich zwei Freunde in jedem beliebigen Geschäft treffen, aber wenn einer von ihnen eine bedeutende institutionelle Position innehat, dann bespricht er sich mit seinem Freund nicht im Hinterzimmer eines Ladens – auch in dessen wohlverstandenem Interesse. Bestenfalls nutzt er die Gelegenheit, ihm über sein Sekretariat einen Termin zu geben, und verspricht ihm als sein Freund, ihn möglichst bald, sagen wir innerhalb von 24 Stunden, in seinem Büro im Amtssitz des Präsidenten der Region Sizilien zu empfangen.

Abgesehen von allem anderen ist dies eine Frage des Stils. Und in einem zivilisierten Land wäre es auch eine Frage der Ethik.

Merkt Cuffaro denn nicht, dass er sich durch seinen antiquierten Stil das Leben schwer macht?

Bei allem sichert die Tatsache, dass es einerseits eine alte und eine neue Mafia gibt und andererseits eine alte und eine neue politische Kultur, die scheinbar eine Quelle von Widersprüchen ist, Positionen der Übermacht in der sizilianischen Wirklichkeit.

Und die Democrazia Cristiana hatte in ihren Reihen Leute, die einen anderen Stil pflegten als Cuffaro. Zum Beispiel Andreotti: Er kann nicht bestraft werden. Von ihm meint und sagt man, er habe Verbindungen zur Mafia, aber alles bleibt im Ungewissen, mit Ausnahme des letzten Prozesses: Dort wurde er vom Berufungsgericht in Palermo schuldig gesprochen wegen krimineller Kontakte zur Mafia bis Frühjahr 1980. Aber das ist verjährt.

Das ist eine weitere Bestätigung dessen, was ich sage. Der Kassationshof hat gerichtsverwertbare Beweise für die Verfehlungen Andreottis gefunden, aber dann bis 1980 die Verjährung anwenden müssen. Ich behaupte jedoch, dass Andreotti vor und nach 1980 der Garant eines Systems aus Politik und Mafia war. Ob sich das mit gerichtsverwertbaren Beweisen stützen lässt, ist ein Thema, für das ich nicht zuständig bin. Mein Urteil ist ein kulturelles und politisches und es wird in Sizilien sogar von den Steinen geteilt. Und dann kann ich nur die Formel Andreottis wiederholen: Die Politiker sind alle gleich und Mafia und Politik sind beide dem Status quo verpflichtet. Und es ist erwiesen, dass Andreotti sich mit Mafiosi getroffen hat.

Aus welchen Motiven hat die UDC Cuffaro denn als Kandidaten für das Amt des Präsidenten der Region Sizilien aufgestellt?

Es gibt keine ethische Vereinbarung über das Verhältnis zwischen Politik und Mafia. Darum hat man Cuffaro gewählt. Wir sind sozusagen Opfer der Idee der Unschuldsvermutung.

Hier kommen wir wieder zu dem, was wir schon besprochen haben, nämlich dass es keine Ethik gibt, deren Regeln schon vor den juristischen greifen. Deshalb ist es für niemanden in der *UDC* auch nur denkbar, Cuffaro nicht als Kandidaten aufzustellen. Als einziges Kriterium gilt in diesen Fällen das Strafrecht: Ist man schuldig gesprochen worden, dann darf man (meistens, aber nicht immer) nicht mehr kandidieren; wird die Schuld vermutet, ist aber noch nicht bewiesen, steht einer Kandidatur nichts im Wege. Man kann also sagen, dass die *UDC* Cuffaro aus demselben Grund als Kandidaten aufstellt, aus dem ich mich weigere, öffentliche Debatten mit ihm zu führen, wenn dabei von Prozessen die Rede ist. Für die *UDC* ausschlaggebend ist einzig die strafrechtliche Verurteilung: Die eingestandene Freundschaft mit zwielichtigen oder der Mafia angehörenden Personen und unbestreitbare Treffen mit ihnen spielen überhaupt keine Rolle.

Hat sich auf dem Weg von der alten zur neuen Mafia etwas verändert?
Ich habe einmal versucht, einer holländischen Journalistin den Unterschied zwischen der alten und der neuen Mafia zu erklären. Um meine Ausführungen etwas zu vereinfachen – die Journalistin hatte nämlich Mühe, zu erfassen, worin der Unterschied besteht –, habe ich dann gesagt, dass dank der neuen Mafia das Geld Cianciminos schon seit geraumer Zeit bei einer holländischen Bank liegt. Und um meine Auffassung etwas deutlicher zu machen, fragte ich sie: „Wer könnte denn Ihrer Meinung nach der neue Kandidat für die Führung der neuen Mafia sein?" Sie antwortete verlegen: „Keine Ahnung!"

Ich habe ihr geantwortet, dass der Boss der neuen Mafia viele Sprachen können, internationale Kontakte haben und sich sogar den Anschein geben muss, gegen die Mafia zu sein. Ein tadelloser Mensch wäre der ideale Kandidat. Wenn dir jetzt klar ist, was ich sagen wollte, dann hast du verstanden, wer die neuen Mafiosi sind. Wenn nicht, dann wirst du bei einer Vorstellung von Mafia stehen bleiben, bei der Hirten und abgesägte Flinten eine wesentliche Rolle spielen und die immer mehr an Bedeutung verliert. Vielleicht kann Italien sich in Zukunft von der alten und der neuen Mafia befreien; dann vor allem deswegen, weil Europa, zu dem Italien als integrierender Teil gehört, begreift, dass es vielleicht den alten Mafioso Riina'schen Typs ertragen kann, dass aber die Frankfurter Banken den neuen Mafioso nicht ertragen können.

Meinst du, die neue Mafia ist eine modernisierte Version der Mafia von gestern?
Mit Sicherheit. Die neue Mafia zieht ihre Nahrung aus der Globalisierung und der europäischen Integration. Sie passt sich an, erkennt die Zeichen der Zeit und ergreift die neuen Möglichkeiten, sich zu bereichern. Ich nenne sofort einige Beispiele. Dank des Euro verlegt die neue Mafia ihren Standort und verschiebt finanzielle Ressourcen von einem Staat der Union in einen anderen, und zwar ohne Kontrolle. Und dank der neuen Sensibilität für die Umwelt wird sie zur Ökomafia.

Dank der Globalisierung agiert sie aus einer doppelt günstigen Position heraus – indem sie sich einerseits (als russische, sizilianische, kolumbianische, chinesische Mafia) ihre Verwurzelung in den lokalen Verhältnissen zunutze macht, sich andererseits aber gleichzeitig mit enormen Mengen illegalen Geldes auf den globalen Finanzmärkten betätigt ...

Und was ist für die neue Mafia der strategische Ort, den sie kontrollieren muss?
Die Banken. Der strategische Ort für die neue Mafia, die in den globalen Finanzmärkten immer präsenter wird, ist das Bankensystem. Jeder Mafioso (ob sizilianisch oder russisch, ko-

lumbianisch oder japanisch) braucht eine Bank, um das illegale Geld legal zu machen und um legales Geld für illegale Zwecke zu verwenden.

Auch andere kriminelle Phänomene unserer Zeit (etwa die Terrorismen, um nur ein Beispiel zu nennen) brauchen eine Bank.

Wird eine neue Mafia neue Paten haben?
Die neuen Paten werden diejenigen sein, die Kontrolle über Banken ausüben. Nach denen, die auf dem Land gelebt haben und leben, nach denen, die mit Grund und Boden und mit Immobilien spekuliert haben, nach denen, die die Vergabe öffentlicher Aufträge kontrolliert haben und kontrollieren, nach denen, die Drogen hergestellt und verkauft haben und auch jetzt noch herstellen und verkaufen, nach denen, die mit Waffen gehandelt haben und handeln, nach denen, die im Umweltsektor Gewinne gemacht haben und machen ... nach all diesen werden heute die Paten, die die Kontrolle über Banken ausüben, immer wichtiger: Sie werden die Rolle der Bosse der Zukunft übernehmen.

11. Die Straflosen

Bei den Wahlen von 2006 gewann die *Unione* unter Prodi mit einer Handvoll Stimmen Vorsprung. Ein denkbar knapper Sieg. Im Senat hatte sie einen leichten Vorsprung an Sitzen gegenüber der *Casa delle Libertà* (Haus der Freiheiten), weshalb in dieser Legislaturperiode den Senatoren auf Lebenszeit eine ganz bedeutende Rolle zukommt. Verschiedentlich war es ihnen zu verdanken, dass die *Unione* im Senat die nötige Stimmenzahl bekam, um bestimmte Gesetze durchzubringen. Unter den Senatoren auf Lebenszeit ist auch Giulio Andreotti, der durch seine Stimme ein weiteres Mal ein entscheidendes Gewicht im politischen Leben des Landes hat. Vom Mitte-Rechts-Bündnis wurde er sogar als ein möglicher und genehmer Kandidat für den Vorsitz des Senats benannt und hat sich auch bereit erklärt, unter bestimmten Bedingungen dieses Amt zu übernehmen. Auch die *Unione* hat erwogen, seine Kandidatur zu unterstützen, doch schließlich wurde Franco Marini zum Senatspräsidenten gewählt.

Andreotti ist eine vielschichtige Persönlichkeit, die seit den ersten Jahren der Nachkriegszeit auf der politischen Bühne aktiv ist und schon der schlimmsten Verbrechen angeklagt war. Er hat immer Spitzenpositionen eingenommen, obwohl schon viele Male gegen ihn ermittelt wurde und er sich in einer Reihe von Prozessen hat verantworten müssen. So wurde er in Palermo wegen Mitgliedschaft in einer mafiösen Vereinigung vor Gericht gestellt, am 23. Oktober 1999 aber wegen Mangels an Beweisen freigesprochen. Am 2. Mai 2003 folgte das Urteil im Berufungsverfahren. Darin wird unterschieden zwischen den Taten bis 1980 und nach 1980. Auf dieser Basis wird festgestellt, Andreotti habe „das Delikt der Teilnahme an einer Vereinigung zur Begehung von Straftaten" begangen, und zwar „konkret nachweisbar bis zum Frühjahr 1980". Dieser Anklagepunkt sei jedoch „durch Verjährung erloschen". In den Anklagepunkten aber, die Andreottis Taten nach dem Frühjahr 1980 betrafen, wird er freigesprochen. Wie es im Urteil des Berufungsgerichts in Palermo von 2003 heißt, wurde „eine tatsächliche, fortwährende und freundschaftliche Disponibilität des Beschuldigten gegenüber den Mafiosi bis zum Frühjahr 1980" nachgewiesen.

Nach Aussage des *pentito* Francesco Marino Mannoia traf Andreotti sich 1980 mit dem Mafiaboss Stefano Bontate, der Andreotti zu verstehen gab, dass der Mafia das „Verhalten" Mattarellas missfiel. Mattarella wurde bald darauf ermordet. Mannoias Aussage zufolge traf Andreotti sich darauf in Sizilien mit Bontate, verlangte Informationen über den Mord an Mattarella und erhielt die Antwort: „Wir haben Sie gewarnt." Dies ist das letzte Treffen Andreottis mit den Mafiosi, das die Richter für sicher erwiesen halten.

Das Urteil wurde sowohl von der Verteidigung als auch von der Anklage angefochten. Beide legten Revision beim Kassationshof ein, der das Urteil des Berufungsgerichts am 15. Oktober 2004 bestätigte. In der Urteilsbegründung heißt es (S. 211): „Also hat das angefochtene Urteil, über die darin getroffenen theoretischen Feststellungen hinaus, die Beteiligung am Delikt der kriminellen Vereinigung nicht als bloße Verfügbarkeit beschrieben, sondern als konkrete Zusammenarbeit." In vielen Medien wurde das Ergebnis dieses historischen Prozesses jedoch nicht vollständig wiedergegeben und man sprach nur von einem Freispruch.

Bei Berlusconi haben wir es mit einem ganz neuen Phänomen in der legislativen Landschaft Italiens zu tun. Er praktiziert, was selbst Andreotti nicht eingefallen wäre, und wird

Ministerpräsident, um Gesetze nach eigenem Maß und zum eigenen Vorteil zu initiieren und durchs Parlament zu bringen. Das Berlusconi'sche Gesetzgebungsmodell ist begrifflich einfach: Um straflos zu bleiben, braucht man nur die Gesetze zu ändern, aufgrund derer man bestraft werden könnte; ist das Gesetz, das man übertreten hat, einmal geändert und zum eigenen Vorteil neu gefasst, so kann man nicht mehr bestraft werden. Eine einfache Sache, auf die aber noch nie jemand gekommen war oder die jedenfalls noch niemand vorzuschlagen gewagt hatte. Es funktioniert ein bisschen wie die Prinzipien der Quantenmechanik – an sich sind sie einfach, in ihrer Anwendung haben sie aber ganz außerordentliche Konsequenzen. Und auch Berlusconis Gesetzgebungsmodell ist einfach: Es hat Berlusconi ermöglicht, einige Gesetze des Staates zu übertreten, wenn er das brauchte, und dabei straflos zu bleiben.

Die Linkskoalition hat sich bei den Wahlen von 2006 als eine moralische Kraft präsentiert und hat Berlusconi auch dadurch angegriffen, dass sie an all die Prozesse erinnert hat, die gegen Berlusconi anhängig sind. Eine Linke also, die die Ethik zu einer Waffe gegen Berlusconi gemacht hat und die dann, einfach um des Regierens willen, im Senat auch um Andreottis Stimme wirbt und bei den genannten Gelegenheiten nicht davor zurückschreckt, sich von ihm unterstützen zu lassen. Natürlich können sie ihm nicht verwehren, seine Stimme in ihrem Sinne abzugeben, aber die Linke zählt auch auf seine Stimme, um die Mehrheit im Senat zu haben. Ist das widersinnig?
Es gibt keine gesetzliche Bestimmung, die Andreotti daran hindern würde, sein Vertrauen zu der jetzt im Amt befindlichen Regierung zum Ausdruck zu bringen, und auch nicht, sie zu unterstützen. Und keine gesetzliche Bestimmung hindert jemanden, der freigesprochen worden ist, auch aufgrund von Verjährung, daran, eine beliebige parlamentarische Tätig-

keit auszuüben. Rechtlich gesehen kann jeder, der nach den geltenden Gesetzen nicht mehr unter Anklage steht, seine Stimme abgeben und die Italiener repräsentieren und dabei die Regierung unterstützen, an die er glaubt.

Ich bin der Meinung, dass diese Gesetze geändert werden müssten, doch gegenwärtig sind sie in Kraft. Auch wenn über sie sicher Diskussionsbedarf besteht, stellen sie doch die derzeit geltende Rechtsstaatlichkeit dar.

Ich billige es keinesfalls, dass einige unserer Regierenden in dem Ruf stehen, der Mafia anzugehören – auch wenn sie freigesprochen wurden oder die Ermittlungen gegen sie noch laufen. Dass sie im Parlament sitzen, ruft aber weniger die juristische als die „ethische Frage" auf den Plan, eine Frage, die wir uns noch nie ernsthaft zu lösen bemüht haben. Es geht darum, allgemein anerkannte Regeln zu finden, um unsere politischen Anwärter zu analysieren, und zwar sowohl unter juristischen wie unter ethischen Gesichtspunkten. Es gibt zwar einige Bestimmungen in den geltenden Gesetzen, die jemanden aus dem Parlament ausschließen, auch wenn er regulär gewählt worden ist. Doch die geschriebenen Gesetze sollten jedem, der in kriminelle Taten von einiger Bedeutung verwickelt ist, verwehren, sich um Regierungsämter oder Parlamentsmandate zu bewerben. Leider ist bei uns aber der juristische Aspekt fundamental und der ethische sekundär; zumindest hat letzterer keinen Einfluss auf die Frage, welche öffentlichen Ämter jemand bekleiden darf.

In welchem Sinne?
In den Ländern, deren Einwohner sich durch ein starkes ethisches Bewusstsein auszeichnen, gibt es durchaus präzise, wenn auch nie kodifizierte Regeln, die jedem, der diese Regeln nicht respektiert, die Teilnahme an der Regierung verwehren – auch dann, wenn sein Verhalten keine strafrechtliche Relevanz

hat. Solche allgemein akzeptierten ethischen Regeln gibt es in unserem Land nicht.

Wir haben ein Defizit bei der Ethik. Wir verbringen lieber ganze Tage damit, einfach darüber zu diskutieren, ob es mehr oder weniger korrekt ist, dass Andreotti oder andere Politiker im Senat sitzen. Ich persönlich bin der Meinung, dass das nicht korrekt ist, zumal er so seine Stimme für eine Regierung abgeben kann, die die moralische Frage zu einem fundamentalen Aspekt ihres Wahlkampfes gemacht hat. Aber das ist meine Meinung. Und ich riskiere damit, als ein Unfrieden stiftender Moralist oder als ein Bösewicht gebrandmarkt zu werden, der einen Kampf *ad personam* führt.

Welche Botschaft vermittelt die gegenwärtige Mehrheit, die Senator Andreotti immer für seine Kontakte kritisiert hat (oder dies zumindest erklärt hat) und die heute seine Stimme im Senat annimmt und sogar um sie wirbt?

Das ist die Frage, die wir uns stellen müssen. Die ethische Frage verliert bei uns gerade an Bedeutung, und die „Kultur der Rechtsstaatlichkeit" setzt sich nur schwer durch. Ich werde versuchen zu erklären, was in den letzten Jahrzehnten in unserem Land geschehen ist. Ausgangspunkt war eine Phase der stillschweigenden Straflosigkeit, in der man wegen bestimmter Delikte wie Korruption oder Mafiavergehen nicht gegen Politiker ermitteln konnte. Ein Politiker konnte durchaus wegen Mord, Diebstahl, Betrug oder anderer Delikte angeklagt werden, aber nie wegen Begünstigung der Mafia oder wegen Korruption – dagegen gab es eine Art unausgesprochenen Vorbehalt, der dazu beitrug, das internationale Gleichgewicht aufrechtzuerhalten und den Kommunismus daran zu hindern, in den westlichen Ländern die Oberhand zu gewinnen, also in den Ländern, die in den Abmachungen von Jalta dem sogenannten westlichen Block zugeteilt worden waren.

Mit dem Fall der Berliner Mauer verlor dieser Vorbehalt jedoch seine Existenzgrundlage und die moralische Frage rückte für einige Zeit in den Vordergrund. Im Laufe der Jahre ließ das Interesse an den Dingen rund um *Tangentopoli* jedoch nach und die Straflosigkeit setzte sich langsam wieder durch, was wiederum dazu führte, dass bestimmte Prozesse gar nicht erst begannen und andere, die schon eingeleitet worden waren, fast immer mit dem Freispruch der Angeklagten endeten. Selbst wenn die Schuld der Angeklagten selbst für Unbeteiligte auf der Hand lag, machte man den Schuldigen zwar den Prozess, ließ sie aber straflos davonkommen. Bloße Vermutungen und Verfahrensfehler haben so zu verabscheuungswürdigen Verflechtungen geführt.

Auch Andreotti genießt diese Art von Straflosigkeit und die verschiedenen Phasen lassen sich gut nachvollziehen: Wäre es in seinen ersten Prozessen noch ein wirklicher Skandal gewesen, an ihm zu zweifeln, so folgte eine Zeit, in der es durchaus möglich wurde, Andreotti für seine Kontakte zur Mafia persönlich vor einem Strafgericht zur Verantwortung zu ziehen. Dann kam die Phase, in der man dachte, dass Andreotti auch verurteilt werden könne, was dann auch geschehen ist. Aber auch dieses Mal schnappte die Straflosigkeit wieder zu; so sieht es Artikel 157 des Strafgesetzbuches vor, der die Verjährungsfrist in Abhängigkeit von der jeweils vorgesehenen Strafe festsetzt. So wurde Andreotti der zur Verhandlung stehenden Mafiavergehen zwar schuldig gesprochen, wegen Ablaufs der Verjährungsfrist hat das Gericht die Strafe aber nicht mehr verhängt: schuldig und straflos ... in unbedingter Achtung vor dem Gesetz.

Indem sie das Instrument der Verjährung nutzten, haben die Vorgängerregierung und die vorhergehende Mehrheit diese Art von Straflosigkeit zur allgemein üblichen Praxis werden lassen. Sie hatten entdeckt, dass dort, wo man den Beginn eines Prozesses nicht verhindern konnte, wo man den Schlüsselzeugen nicht zum Schweigen bringen konnte, wo man nicht verhindern konnte, dass die Journalisten ein Verbrechen öffentlich machten, wo man einen Prozess nicht beeinflussen und eine sichere Verurteilung nicht abwenden konnte, die Lösung darin bestand, die Verjährungsfristen zu verkürzen. Die konnte der Verurteilte sich dann zunutze machen, sei es vor dem Gericht der zweiten Instanz oder vor dem Kassationshof.

Das hört sich an wie ein kafkaesker Gedankengang; zugleich entwaffnet er durch seine klare, einfache Logik und durch seine Übereinstimmung mit dem Gesetz.
Diese juristische Vorgehensweise hat in unserem System die Kategorie der Straflosen, der Unbestrafbaren hervorgebracht, die man von derjenigen der Unantastbaren (die für den sogenannten Kalten Krieg typisch ist) unterscheiden muss. Senator Giulio Andreotti hat juristisch das Recht, Senator zu sein, der Regierung sein Vertrauen auszusprechen, ja die Regierung ganz entscheidend zu unterstützen. Die Frage ist keine juristische, sondern eine ethische. Die gegenwärtige politische Mehrheit hätte durch Taten beweisen müssen, dass sie nicht wiederholen wollte, was unter der Regierung Berlusconi geschehen ist. Und deshalb hätte sie nicht von den Hintertürchen des Gesetzes profitieren dürfen, sondern die Gesetze ändern müssen.

Das verheerende Ergebnis der Regierung Berlusconi ist nicht etwa, dass keine Prozesse gegen hohe Repräsentanten des Staates mehr geführt werden können, sondern dass Vertreter der Staatsgewalt nicht in Haft genommen werden können, obwohl sie rechtskräftig verurteilt worden sind. Sie können sich einfach ein paar hastig verabschiedete Gesetze zunutze machen und so in einer Art Vorhölle zwischen Schuld und Unschuld bleiben. Die Unbestrafbaren. Ist es erträglich, ein solches Gesetzgebungssystem beizubehalten? Ein solches System „illegaler Legalität"?

Wie ist es zu dieser Straflosigkeit gekommen?

Durch staatliche Gesetze, die man eben zu diesem Zweck ersonnen hat, Gesetze, die die Missbräuche kodifizieren. Ein Beispiel für einen kodifizierten Missbrauch ist die verkürzte Verjährungsfrist, ein anderes ist die strafrechtliche Immunität des Ministerpräsidenten. Und auch der Bebauungsplan von Palermo fällt mir in diesem Zusammenhang ein. Bis vor wenigen Jahren hatte unsere Stadt die geringste Rate an rechtswidrigen Baumaßnahmen. Grund dafür war jedoch nicht der Respekt vor der Legalität, sondern der Bebauungsplan selbst, der gesetzlich 21 Kubikmeter pro Quadratmeter vorsah. Bei einem solchen Bebauungsplan brauchte man keine Rechtswidrigkeiten mehr zu begehen, weil ja das Rechtswidrige schon als Produkt der formalen Vorschriften des Bebauungsplans von Palermo vorgesehen war.

Dieselbe gesetzgeberische Methode hat auch die Regierung Berlusconi angewandt. Nach dem Sturz seiner Regierung glaubten wir, mit einer von der Linken gestellten Regierung würden Rechtsstaatlichkeit, Moral und Ethik wieder stärker beachtet; leider ist das noch nicht geschehen. Ein Beispiel dafür ist die Verabschiedung des Gesetzes über den Strafnachlass. Selbst wenn man seine, gelinde gesagt, verheerenden Wirkungen noch gar nicht in Betracht zieht, so bekräftigt dieses Gesetz doch die Logik der Straflosigkeit für schuldig gesprochene Straftäter. Es hieß, durch dieses Gesetz würden sich die Gefängnisse leeren, doch gleichzeitig profitieren gerade diejenigen davon, die noch gar nicht inhaftiert waren, sowie diejenigen, die überhaupt erst noch verurteilt werden sollten. Letztere haben nämlich für vor dem 2. Mai 2006 begangene Straftaten einen Straflosigkeitsbonus erhalten, der auch für Prozesse gilt, die noch gar nicht begonnen haben.

Habt ihr denn nichts unternommen, um dieses Gesetz zu stoppen?

Viele von uns haben sich gegen dieses Gesetz ausgesprochen, und zwar aus ideellen Motiven. Es ist ein furchtbarer Angriff auf die Idee der Rechtsstaatlichkeit, wenn der Staat für alle möglichen Straftaten (bis auf wenige Ausnahmen) einen Straferlass von drei Jahren Gefängnis vorsieht. Wohlgemerkt sind drei Jahre das kanonische Strafmaß für alle Korruptionsdelikte, für alle Straftaten gegen die öffentliche Verwaltung, für Richterbestechung und für bestimmte Wirtschaftsstraftaten, insbesondere für Bilanzfälschung. So hat man ein Gesetz geschaffen, das einem allgemeinen Straferlass für all die Delikte gleichkommt, bei denen eine Strafe von nicht mehr als drei Jahren Gefängnis zu erwarten ist. Und dieses Gesetz ist anwendbar auf alle vor dem 2. Mai 2006 begangenen Straftaten, und damit auf die Straftäter, die zu diesem Zeitpunkt bereits im Gefängnis waren, aber auch auf die noch nicht inhaftierten; er wird auf diejenigen angewandt, gegen die gerade ein Prozess läuft, aber auch auf die, die noch gar keine offizielle Mitteilung über die Einleitung eines Ermittlungsverfahrens gegen sie bekommen haben.

In der Debatte im Parlament habe ich besonders auf die skandalöse Tatsache hingewiesen, dass der Straferlass sich bis Mai 2006 erstreckt. So wurde eine ganze Klasse von Straftaten amnestiert, noch bevor die jeweiligen Strafverfahren eingeleitet worden waren. Unter diesen Delikten war auch das des Stimmenkaufs (mit Beteiligung der Mafia) (Art. 416b). Ich habe deutlich gemacht, dass es angebracht gewesen wäre, vor der Verabschiedung dieses Gesetzes sorgfältiger nachzudenken, um zu vermeiden, dass die Italiener das neue Parlament als eine Fortsetzung des alten unter Berlusconi betrachten. Und ich habe die Abgeordneten der *Unione* eindringlich daran erinnert, dass man keinesfalls den Eindruck vermitteln dürfe, das Wiederaufblühen der Institutionen, das sie im Wahlkampf versprochen hatten, sei bereits Schnee von gestern. Ich habe darauf aufmerksam gemacht, dass selbst Berlusconi nie einen so skandalösen Gesetzentwurf eingebracht hat. Mit diesem Gesetz hat das neue Parlament sehr stark an Glaubwürdigkeit eingebüßt, während es doch eigentlich einen Staat zu realisieren versuchte, der rechtsstaatlichen Prinzipien folgt. Wie sollen denn unsere Justizvertreter Ermittlungen wegen des Verdachts einer Straftat einleiten, wenn sie schon von vornherein wissen, dass die Beschuldigten sich nur auf die Verjährung zu berufen brauchen! Selbst wenn sie Beweise finden, aufgrund derer sie einen Prozess gegen jemanden eröffnen könnten, war ihre Arbeit dann umsonst. Denn die Beschuldigten haben eine Art Straflosigkeitsbonus in der Tasche, den sie im Falle einer Verurteilung jederzeit hervorholen können.

Ich habe in meiner Rede auch darauf hingewiesen, dass unmittelbar nach der Wahl des neuen Parlaments am 9. April die Beratungen zum Gesetz über den Straferlass begonnen haben. Das Gesetz zum Straferlass betrifft auch den Stimmenkauf und schließt auch hier alle Delikte dieser Art ein, die vor dem 2. Mai 2006 begangen worden sind, also auch die Wahl, die die Linke an die Regierung gebracht hat. Ich habe dann weiter gesagt: Angenommen, ich würde Ihnen jetzt gestehen, ich hätte 100.000 Euro an Bernardo Provenzano gezahlt und mir dafür so viele Stimmen gesichert, dass ich mir meiner Wahl hätte sicher sein können – dann könnten Sie jetzt nichts tun, um mich loszuwerden. Würden dann nach einem Jahr Ermittlungen über meine Wahl zum Abgeordneten eingeleitet und würde ein *pentito* unwiderlegbare Beweise dafür liefern, dass ich Provenzano diese Summe wirklich gegeben hätte, um die nötigen Stimmen zu bekommen, so begänne ein regulärer Prozess. Mich würde dieses Strafverfahren jedoch überhaupt nicht kümmern, da ich ja um den Straflosigkeitsbonus wüsste ... Eine Schande.

Es geht hier noch um etwas anderes als einen Interessenkonflikt. Hätte man wenigstens festgelegt, dass das Straferlassgesetz nicht auf die Kandidaten der Wahlen von 2006 und die dann gewählten Abgeordneten anwendbar sei, so wäre der Schaden schon etwas geringer ausgefallen. Aber mit welcher Achtung vor der Justiz und vor der eigenen Aufgabe werden ein Ermittlungsrichter oder ein Polizeibeamter die Risiken eines Ermittlungsverfahrens gegen einen Parlamentarier auf sich nehmen, wenn sie wissen, dass er auch dann nicht bestraft werden kann, wenn er sich tatsächlich einer Straftat schuldig gemacht hat? Dieses Gesetz ist katastrophal und wird es umso mehr, falls es auch auf Mitglieder von Parlament und Regierung angewandt wird. Und noch etwas anderes zum Thema Straferlass. Man kann sagen, dass die Gefängnisse tatsächlich leerer geworden sind, aber, wie vorherzusehen war, beginnen sie sich schon wieder zu füllen. Die schlimmste Konsequenz ist jedoch, dass durch dieses Gesetz auch die korrupten Manager der Genossenschaften begünstigt worden sind – die Verantwortlichen für die Skandale bei Parmalat und Cirio sollen straflos bleiben. Besonders schlecht wegkommen werden dabei die Richter und Staatsanwälte. Sie werden unglaublich viel zu tun haben und doch wird diese Arbeit nicht zur Verurteilung der Schuldigen führen, sondern eine Flut von Verjährungsfällen nach sich ziehen.

Und dann wundert sich noch jemand, wenn die Politik in Misskredit gerät, und ärgert sich darüber, wenn mit kritischem Unterton vom „Palast" und der „(Politiker-)Kaste" gesprochen wird?!

Es gibt Politiker, die unter ethischen Gesichtspunkten in keiner der beiden Parlamentskammern sitzen dürften. Ich weiß wohl, dass, wer einmal gewählt ist, nicht daran gehindert werden kann, mit abzustimmen, aber ...
Senator Andreotti trägt gewissermaßen die ganze Geschichte unserer Republik in sich. Bis 1989 konnte er nicht belangt wer-

den, weil „internationale" Gründe dagegen sprachen, die Politiker zu belangen, die Italien brauchte, um sich vor der Gefahr des Kommunismus zu schützen. Nach dem Fall der Berliner Mauer musste sich Andreotti strafrechtlichen Ermittlungen und Prozessen unterziehen, die jedoch in eine Zeit fielen, in der das italienische Volk solchen Prozessen gegenüber unduldsam und vielleicht auch widerwillig eingestellt war. Dass sie trotzdem stattfanden, ließ sich nicht mehr aufhalten. Inzwischen aber hat man ein System von Gesetzen errichtet, die die Möglichkeiten der Angeklagten, sich zu verteidigen, stark erweitert haben. Unser Land ist in ethischer Hinsicht barbarisiert. In den Jahren vor dem Fall der Berliner Mauer hatte die Straflosigkeit einiger Politiker wenigstens einen Existenzgrund, auch wenn er falsch war und ich ihn nicht akzeptiere. Nach dem Zusammenbruch des Kommunismus und mit Erscheinen Berlusconis und seiner Regierung auf der politischen Bühne etablierte sich ein exzessiver Schutz einer Kaste von Politikern. Und dies war nicht etwa durch Gründe der internationalen Politik diktiert, sondern diente dazu, eine ganze Kaste von Leuten vor den „Angriffen" der Justiz zu bewahren: nicht nur Politiker, sondern auch Manager und Geschäftsleute, die in unserem Land in vielen, wenn nicht in allen Bereichen Einfluss ausüben können. Bis 1989 gab es die Berliner Mauer, und seit 1990 gibt es die Mauer der Verjährung und der Gesetze *ad personam*! Die ethische Frage ist heute fast verstummt und deshalb sind sehr viele unangreifbar und kümmern sich in ihrem Hochmut weder um die Moral noch um die negative ethische Botschaft, die von ihrem Verhalten ausgeht. So gewinnen die Unmoralischen ein weiteres Mal die Oberhand über die Anständigen. Wenn es im Land eine klare Linie und eine deutliche Ethik geben soll, muss man auf strenge Gesetze zurückgreifen können. Das hat man auch bei der Mafia gesehen. Solange es den Artikel 416 gab, der nur für die Vereinigung zur Begehung einer Straftat eine Strafe vorsah, beachtete die Mafia diesen nicht einmal, weil es dabei nur darum ging, die einzelnen Delikte zu ahnden, und nicht die Organisation der Mafia als Ganze. Die einzelnen Verbrechen waren Einzeltätern vorzuwerfen, der Zusammenschluss zu einer mafiösen Organisation ließ sich nicht als Verbrechen fassen. Erst mit Einführung von Artikel 416a, der nun auch die kriminelle Vereinigung mafiösen Typs erfasste, konnte man auch gegen Gruppen von Mafiosi vorgehen, denen das Delikt des Zusammenschlusses als solches vorzuwerfen war, und zwar unabhängig davon, ob sie andere spezifische Verbrechen begangen hatten oder nicht.

Heute gibt es in unserem Land die neue Mafia, die neue Korruption, mit einem Wort: eine neue Illegalität, die sich in einem einzigen Ausdruck zusammenfassen lässt: Interessenkonflikt. Und der Interessenkonflikt ist aus juristischer Sicht nicht sanktioniert. Und es ist sehr schwer nachzuweisen, dass sich hinter dem Interessenkonflikt ein klassisches Delikt verbirgt. In Ermangelung von zeitgemäßen ethischen und strafrechtlichen Regelungen haben also ein weiteres Mal die Verbrecher die Oberhand.

Im Frühjahr/Sommer 1979 soll Andreotti bei einem Treffen anlässlich einer Jagdpartie mit Stefano Bontate, Salvo Lima und den Vettern Salvo darüber informiert worden sein, dass der neue politische Kurs des Christdemokraten Piersanti Mattarella, Präsident der Region Sizilien, nicht erwünscht sei. Andreotti habe gezögert, worauf Bontate geantwortet habe: „Wir werden sehen." Jetzt war klar, dass Mattarella im Visier der Mafia stand. Wenn sich das tatsächlich so abgespielt hat, hätte die Politik nicht reagieren müssen, als Mattarella ermordet wurde; diese Reaktion schien offenbar unangemessen. Warum?

Mattarella wurde am 6. Januar 1980 ermordet, und es steht fest (auch nach Überzeugung der Richter), dass Andreotti damals

Kontakte zur Mafia hatte. In der *Democrazia Cristiana* fuhren einige Leute zweigleisig, wie Dr. Jekyll und Mr. Hyde, und praktizierten so das Prinzip der doppelten Wahrheit. Um es etwas einfacher auszudrücken: 50 Prozent der Italiener sind davon überzeugt, dieser oder jener Politiker sei ein großer Staatsmann. Und dann sind da die anderen 50 Prozent, die davon überzeugt sind, derselbe Mensch sei über lange Zeit hinweg der Garant eines politisch-mafiösen Systems gewesen – und beide Seiten haben Recht. Doch mit dem Fall der Berliner Mauer funktionierte dieser Mechanismus nicht mehr, der es erlaubte, eine Doppelrolle zu spielen. In einem gewissen Sinne hat der Fall der Berliner Mauer denselben historischen Rang wie die Entdeckung Amerikas: Er ist ein epochales Ereignis, mit dem sich alles änderte – in der politischen Ordnung Europas und auch in der innenpolitischen Ordnung der europäischen Staaten. Auch die Beziehungen zwischen Staat und Mafia änderten sich, da viele Politiker das doppelte Bild von sich nicht mehr aufrechterhalten konnten. Und weil sie die Gerichte und auch die Polizei nicht nach ihrem Belieben lenken konnten, schufen sie sich Gesetze, die sie der Verantwortung für ihre eigene Vergangenheit entbanden und dafür sorgten, dass andere führende Leute und Aufsteiger in der Politik der Gegenwart besonderen Schutz genossen. So entstand ein perverses Bündnis aus Leuten, die Straflosigkeit für Verbrechen in der Vergangenheit anstrebten, und solchen, die dasselbe für ihre Verbrechen von heute taten.

Damals tauchte in den Nachrichten ein anderer Strafloser auf, den wir in den folgenden Jahren gut kennengelernt haben und über den schon damals allerlei Gerüchte kursierten: Berlusconi. Ich möchte nun auf die Zeit zurückkommen, als Bettino Craxi Ministerpräsident war. Berlusconi war damals noch nicht in der politischen Arena und hatte auch im Mediensektor noch nicht die jetzige beherrschende

Stellung; er war noch nicht „Seine Emittenz". Seine Sendungen wur-
den zwar auf fast dem gesamten italienischen Territorium aus-
gestrahlt und er machte Anstalten, so etwas wie ein nationales Fern-
sehen aufzubauen; doch eines Tages verboten ihm drei Richter diese
Sendungen. Berlusconi gab nicht auf: Er ging nach Rom, sprach mit
Craxi, der eine Auslandsreise unterbrach, um ihn zu treffen – und in-
nerhalb weniger Stunden waren seine Sender wieder in Betrieb. Wel-
ches Interesse hatte Craxi daran, die gesamte italienische Regierung
zu mobilisieren, damit Berlusconi seine Sendungen wiederaufneh-
men konnte?

Diese Verordnung, die es Berlusconi erlaubte, die Fernsehsen-
dungen wiederaufzunehmen, sorgte für einen Riesenskandal!
Schließlich traten sogar drei Minister vom linken Flügel der
damals an der Regierung beteiligten *Democrazia Cristiana*
zurück – aus Protest gegen die von der Regierung Craxi erlassenen Verordnungen. Das war ein Protest, den ich als ethisch
bezeichnen würde. Ich erzähle diese Geschichte, weil sie
zeigt, dass der Fehler in Craxis Verordnung schon damals,
vor langer Zeit, ethischer Natur war. Bekanntlich wandelte
sich dann die Einstellung der Christdemokraten gegenüber
Berlusconi sehr bald: Die Minister zogen ihre Rücktrittserklä-
rungen zurück und Craxi konnte alle dazu bewegen, seiner
Entscheidung zuzustimmen. Die Geschichte hat dann bestätigt, wie wichtig Berlusconi für Craxi war; für Berlusconi wiederum, einen aufsteigenden Unternehmer, war Craxi der Ansprechpartner in der Politik. Craxi kümmerte sich um den
politischen, Berlusconi um den ökonomischen Aspekt. Berlusconi wäre eigentlich ganz glücklich damit gewesen, im Hintergrund die Fäden zu ziehen, und dachte deshalb überhaupt
nicht daran, Politiker zu werden, bis *Tangentopoli* aufflog.
Erst als Craxi durch die Justiz damit in Verbindung gebracht
wurde, sah sich Berlusconi gezwungen, in den Vordergrund
zu treten.

Dieses Beispiel zeigt, wie viel der Wähler und wie viel die Justiz zählt. Über die gewaltigen Mängel der Justiz haben wir gesprochen; da es in der Bevölkerung keine allgemein anerkannte Ethik gibt, urteilen die Wähler auch nicht nach solchen Maßstäben. Jeder Wähler kann einem sagen: Wie kann man so schlecht über Berlusconi reden? Wieso erlaubt man sich, schlecht über Andreotti zu reden? Können Sie mir sagen, wozu all diese Prozesse gut sein sollen? Juristisch kann man hier nicht argumentieren, denn die Prozesse haben sie ja nie in den Knast gebracht. Und wenn man an dieser Stelle den Finger auf die ethischen Werte legt, wird man kaum auf viel Zustimmung stoßen, weil es eben kein allgemein anerkanntes ethisches System gibt.

Sowohl Berlusconi als auch Andreotti haben, jeder vor dem Hintergrund seiner Geschichte, relativ bedeutende Kontakte zur Mafia gehabt. Wie kommt es, dass beide sich mit der Cosa Nostra *verstrickt haben?*

Das Problem liegt nicht nur bei Andreotti und Berlusconi. Es klingt paradox, doch ich könnte eine Verfügung akzeptieren, die Berlusconi immerwährende Straflosigkeit zusichert, und auch den Interessenkonflikt hinnehmen, in dem er steht – wenn nur all diese Ereignisse etwas Isoliertes und eng Begrenztes blieben. Doch das Problem ist nicht Berlusconi allein. Ich provoziere, doch ich will damit zeigen, dass der größere Schaden in der gesellschaftlichen, staatsbürgerlichen und kulturellen Art zu handeln besteht, die bei vielen zum Lebensstil geworden ist. Man findet heute in ganz Italien Tausende und Abertausende kleiner Berlusconis, quer durch alle politischen Lager; dasselbe gilt für Andreotti, der in den Provinzen und Gemeinden viele Nachahmer gefunden hat.

Wir sprechen über Politik und gleichzeitig über die Mafia, aber wir sprechen nie über eine Politik, die versucht, die Mafia auszuschalten. Gibt es hier einen Zusammenhang?

Der Zusammenhang besteht darin, dass wir in einer anderen Epoche der Mafia leben. Wir leben heute in einer Zeit, in der die Gefahr nicht darin besteht, zu viel Antimafia zu machen, sondern zu viel Mafia: eine neue, moderne, trendige Mafia, aber immer noch die Mafia.

Leonardo Sciascia kritisierte 1987 die Risiken, die von den wenigen „Professionisten der Mafia" – wie er sie nannte – ausgingen; heute müsste man alle vor den *zahlreichen* „Professionisten der Mafia" warnen.

Zusammen mit Berlusconi erscheint auf der nationalen und auch politischen Bühne ein gewisser Marcello Dell'Utri. Auch er ist Palermitaner, einer, der, zumindest gewissen Anklageschriften zufolge, den Fehler hat, Straftaten zu begehen. Was verbindet Berlusconi und Dell'Utri?

Es ist sicherlich nicht die Geografie und sie sind auch nicht im selben Häuserblock oder im selben Stadtviertel geboren. Sie verbindet eine Übereinstimmung der Werte oder Unwerte, die zum System geworden ist. Eigentlich müssten wir jetzt auch über Vittorio Mangano sprechen, den „Stallknecht" von Arcore. Doch wenn wir ihn mitberücksichtigten, täten wir vielleicht nur Berlusconi einen Gefallen, so wie Riinas Kuss für Andreotti ein Gefallen war.

Beide Episoden haben zweifellos ihre Bedeutung, als Hinweise auf ein ganz bestimmtes Verhalten. Wenn sie jedoch zu Episoden werden, die etwaige Beziehungen Andreottis und Berlusconis zur Mafia aufdecken sollen, dann haben wir es mit einem außerordentlich wirksamen Mittel zu tun, um jede beliebige Untersuchung auf die falsche Fährte zu bringen. Entscheidend ist hier nicht, ob Andreotti Riina geküsst hat, oder wie und warum Mangano in Arcore auf dem Anwesen Berlusconis tätig war, sondern es geht darum, die damals bereits bestehenden Beziehungen zwischen den Mafiosi und Berlusconi oder zwischen den Mafiosi und Andreotti zu verstehen. Es geht um Kontakte, die schon viel weiter zurückreichten als in die Zeit, da Mangano sich um Berlusconis Pferde kümmerte, in eine Zeit lange vor dem Kuss.

Der Schauspieler Ciccio Ingrassia hat diesen Kuss wunderbar schlagfertig kommentiert: Als die Prozessakten die Beziehungen zwischen Andreotti und der Mafia offenlegten – sie werden dort in aller Deutlichkeit und mit vielen Details beschrieben –, erfuhr man auch von dem Kuss. Dieser Kuss wurde dann zum Brennpunkt der Geschichte zwischen Andreotti und der Mafia, er zog die Aufmerksamkeit der Medien und der Menschen auf sich, und alles, was man sonst über die Verbindungen Andreottis zu mafiösen Elementen wusste, trat in den Hintergrund. Man vergaß, dass Ciancimino mit der politischen Bewegung Andreottis verbunden war, und ebenso, dass die Salvos die Hauptfinanziers der Politik Andreottis in Sizilien waren. Es spielte plötzlich keine Rolle mehr, dass Andreotti die meisten Stimmen in Sizilien von der Bewegung bekam, die General Dalla Chiesa noch wenige Tage vor seinem Tod als „die am meisten verunreinigte politische Strömung Italiens" bezeichnet hat. All diese Tatsachen und noch andere von gleicher strafrechtlicher Relevanz verschwanden auf magische Weise durch diesen berühmten Kuss.

Auf die Frage nach seiner Meinung zu diesem berühmten Kuss also antwortete Ciccio Ingrassia: „Ich kann nicht mit Sicherheit wissen, ob sie sich getroffen haben. Aber wenn sie sich getroffen haben, haben sie sich sicherlich geküsst." Eine Antwort von ebenso konziser wie erbarmungsloser Logik, die genau zum Ausdruck bringt, was man (auch außerhalb von Politik und Justiz) über die Beziehung zwischen Andreotti und der Mafia denkt: Der Skandal besteht nicht im Kuss, sondern in der eventuellen Beziehung, die dem Kuss vorausgeht.

Es liegt auf der Hand, dass wir nichts tun können, um die Unbestrafbaren zu bestrafen. Aber jetzt frage ich mich und dich: Gibt es, während wir hier über jene Straflosen sprechen, in der Politik im Verborgenen schon eine neue Generation von Straflosen, die deren Platz einnehmen werden, sobald die Zeit dafür gekommen ist?

Seit Jahren wiederhole ich über Andreotti, was ich dir gerade gesagt habe. Wenn ich diesen Akteur der italienischen Politik analysiere und mit kühlem Verstand über all das nachdenke, was er getan hat, kommt es vor, dass ich mir sage: „Donnerwetter, ich vergeude meine Zeit. Niemand wird ihn jemals von der politischen Bühne vertreiben können." Ich vergeude meine Zeit mit der Analyse der Straflosen von heute, und ebenso wenig gelingt es mir, zu verstehen, wer die Straflosen von morgen sind. Zweifelsohne existiert bereits heute ein System illegaler Macht und ist dabei, sich immer weiter zu verfeinern, ein Machtsystem, dem es nur nützt, wenn wir hier über Andreotti und Berlusconi diskutieren und über all das, was früher geschehen ist – und dabei nicht einmal auf den Gedanken kommen, es könnte eine Gruppe von neuen Kriminellen, neuen Korrupten, eben die neuen Mafiosi geben.

Da wir ihre Existenz schon erahnen, sollten wir anfangen, uns gegen sie zu verteidigen, bevor sie die Oberhand gewinnen.

Dafür gibt es nur einen ernsthaften Vorschlag: Wir müssen eine große ethische Übereinkunft initiieren und die Vorstellung aufgeben, die Tadellosigkeit eines politisch-gesellschaftlichen Systems lasse sich nur gesetzlich sichern. Wir können neue Gesetze machen, die die neuen Formen der Kriminalität bestrafen, und es ist richtig, dass sie gemacht werden. Diese Lehre ergibt sich auch aus den „Artikeln a" oder der *Lex Ro-*

gnoni/La Torre: Wir müssen der Entwicklung der kriminellen Macht in der Politik und Gesellschaft unseres Landes zuvorkommen oder wenigstens mit ihr Schritt halten. Wenn wir uns jedoch mit einem formalen System von Gesetzen begnügen, ohne ihm ein gleichrangiges ethisches System an die Seite zu stellen, werden wir unser Ziel verfehlen. In der Ersten Republik trat ein Politiker zurück, wenn der Verdacht aufkam, er sei in kriminelle Machenschaften verwickelt. Auch Staatspräsident Giovanni Leone ist zurückgetreten – ohne dass ihm jemals der Prozess gemacht worden wäre. Damals galten ungeschriebene ethische Regeln, die vorschrieben, dass man bestimmte Dinge nicht tun durfte. Gab ein Repräsentant der Republik Anlass, an seinem Verhalten zu zweifeln, so blieb ihm gar nichts anderes übrig, als zurückzutreten. Heute dagegen denkt man andersherum: Wir haben das strafrechtliche Urteil mit dem ethischen zusammenfallen lassen und dann das ethische Urteil vom strafrechtlichen abhängig gemacht. So haben wir den Gerichten nicht nur eine enorme Macht gegeben, sondern setzen sie auch enorm unter Druck: Denn solange seine Schuld nicht in einem regulären Prozess erwiesen wurde, kann jeder Verbrecher, ob schuldig oder nicht, in einer einflussreichen Stellung bleiben – ohne dass er als Beschuldigter die Notwendigkeit sähe, wegen eines ethisch nicht akzeptablen Verhaltens von seinem Amt zurückzutreten.

Ist also zu erwarten, dass Leute, die heute respektabel und frei von jedem Verdacht sind, zu neuen Mafiosi werden – oder dass der Staat die Mafia letzten Endes besiegt?
Ich schlage vor, in der Politik dieselben Regeln wie in der internationalen Finanzwelt anzuwenden: ungeschriebene Regeln, deren Nichtbeachtung nicht unbedingt eine Straftat darstellen muss – ethische Regeln, wie es sie überall da gibt, wo man in mehr oder weniger großen Gruppen zusammen lebt und ar-

beitet. Auch in der *scientific community* gibt es beispielsweise ethische Regeln, deren Übertretung den Ausschluss aus der Gemeinschaft der Forscher nach sich zieht.

Abschließend möchte ich sagen, dass die Mafia sich weder für die Strafgesetze noch für die Gerichte oder Polizeibeamten interessiert, die sie verfolgen und gegen sie ermitteln. Sie kümmert sich einen Dreck darum! Angst hat die Mafia vor allem vor einem Staat, der sich auf ethische Normen gründet, die von allen geteilt werden. Nur eine Gemeinschaft, die sich auf eine allgemein akzeptierte Ethik gründet, kann die Mafia isolieren und besiegen.

12. Und Palermo? Eine Art Schlusswort

Bis hierher also das, was du über die Mafia denkst. Und jetzt Palermo, unsere Stadt, die Hauptstadt Siziliens, gestern der Ort, wo Mafia und Gegner der Mafia zusammentrafen und gegeneinander kämpften. Welche Rolle wird diese Stadt heute und in Zukunft spielen?

Palermo ist nicht mehr die Hauptstadt der Mafia und wird es vielleicht nie wieder sein.

Palermo war einmal die Hauptstadt des Kampfes gegen die Mafia. Es hat eine Zeit der Auseinandersetzung und der Empörung hinter sich. Heute ist Palermo in Gefahr (und diese Gefahr besteht nicht erst seit Kurzem!), weder die Hauptstadt der Mafia noch die des Kampfes gegen die Mafia zu sein, sondern ganz einfach und in einem modernen Sinn der Firmensitz der neuen Mafia.

Genauso ist es. Und die neuen Protagonisten heißen nicht mehr Badalamenti, Liggio, Riina, Bagarella, Provenzano und auch nicht Lo Piccolo oder Messina Denaro. Sie tragen die Namen von Unternehmensberatern, Technikern, Geschäftsleuten, die man in den „wohlhabenden Salons" Palermos kennt und beneidet, und die Namen von neuen, unbekannten Bossen, die die Eingeweihten kaum flüsternd auszusprechen wagen (Rossi oder Bianchi oder ...).

Diese neuen und in den Salons bekannten Leute und jene neuen und unbekannten besitzen Luxusyachten, die in touristischen Häfen vor Anker liegen, sie konsumieren Partydrogen, die ihnen von Freunden geliefert werden, die Maßanzüge tragen und große Motorräder oder Autos fahren und die völlig anders sind als die elenden, grobschlächtigen Dealer der Vorstädte.

Letztlich wird also wieder ein altes Vorbild nachgeahmt: das amerikanische Modell, das einem Bontate oder einem Inzerillo vorschwebte, aber durch die Machtübernahme der Corleonesi blockiert wurde, kommt nun als etwas „Modernes" und Neues wieder.

Und die staatlichen Institutionen?

Zum Teil sind sie ernsthaft und mit Professionalität damit beschäftigt, eine alte Mafia zu bekämpfen, die noch existiert, aber immer weniger zählt.

Und die Zivilgesellschaft?

Sie wird stark bestimmt durch eine „Abhängigkeit" von der Arbeit der Ordnungskräfte und der Gerichte.

Und so ist Palermo auf dem besten Wege, sich als neuer Firmensitz der neuen Mafia anzubieten. Eine diffuse Illegalität, ohne aufsehenerregende Massaker, ein angehäufter Reichtum als Symbol eines sozialen Status, den man beneidet und den man ebenfalls erreichen möchte. Eine *omertà*, die sich in Eitelkeit verwandelt hat. Und die Politik ist nicht in der Lage, neue Wege der Auseinandersetzung mit den neuen Mafiosi zu beschreiten.

Und während die Mafiosi alten Typs nach wie vor Kaufleute physisch bedrohen, Schutzgeld erpressen und Geld zu Wucherzinsen verleihen, Wählerstimmen kaufen oder durch Erpressung lenken, manipulieren die neuen Mafiosi die institutionelle Macht und das Finanzsystem, ebenso wie Protokolle oder Wahlen.

Gegenüber der neuen, modernen Mafia bedarf es einer neuen und angemessenen Reaktion der Institutionen; wir brauchen eine zivile Empörung, die sich mit Nachdruck einsetzt für eine Kultur der Regeln und ihre allgemeine Anerkennung.

Sicher brauchen wir auch weitere „Artikel a", um die Grenzen und Unzulänglichkeiten der gegenwärtigen Gesetze zu überwinden, so wie es beim Artikel 416a oder 41a gewesen ist.

Es braucht jedoch auch eine Zusammenarbeit quer durch die Gesellschaft: Ein breiter Konsens muss etabliert werden über eine Reihe von ethischen Werten – Werte, die dann ihrerseits einem neuen Gemeinsinn die Form geben.

Glaubst du, dass eine neue Ethik im Aufkeimen ist?
Es etablieren sich mit Macht eine neue ethische Frage, neue Lebensstile – die Gesellschaft verharrt nicht in einer Erwartungshaltung oder „Begeisterung" für die Arbeit der Gerichte. Es gibt Anzeichen für das Aufkeimen einer neuen ethischen Rolle der Zivilgesellschaft: so etwa einige Fälle, in denen von Mafiosi konfisziertes Eigentum sozial und produktiv genutzt wird, bedeutsame, wenn auch erst im Entstehen begriffene Beispiele für die Brandmarkung des Schutzgeldes, für offene Bündnisse von Kaufleuten, die ihre Ablehnung des Schutzgeldes öffentlich aussprechen, sowie Konsumenten, die ebenso offen ihre Absicht erklären, in eben diesen Geschäften einzukaufen. (Dieses Beispiel geht zurück auf die Zivilcourage des Unternehmers Libero Grassi und seine ethisch-unternehmerische Entscheidung gegen das Schutzgeld, eine Entscheidung, die er erst mit Isolation und dann mit seinem Leben bezahlt hat.) Und ich darf auch die Entscheidung des Verbandes der sizilianischen Industrie (*Confindustria Sicilia*) nicht unerwähnt lassen, Unternehmer auszuschließen, die das Schutzgeld zahlen: eine ethisch sehr lobenswerte Antwort auf den Appell mutiger sizilianischer Unternehmer, zuletzt von Rodolfo Guajana und Andrea Vecchio. Ein weiteres Beispiel für die ethische Rolle der Zivilgesellschaft ist die Bildung von Komitees zur Über-

wachung der Wahlen, die helfen wollen, die Regularität und Freiheit der Wahlen zu sichern, und zwar gegen die Kontrolle der politischen Landschaft, die in vollkommener Harmonie von der alten und der neuen Mafia ausgeübt wird: von der alten durch Stimmen, die erpresst und/oder gekauft sind, und von der neuen durch die Manipulation von Wahllokalen, Wahlprotokollen und Stimmzetteln. Angesichts dieser Tendenz zu einem äußerst gefährlichen Kontakt zwischen Mafia und Politik muss man feststellen, dass die Gefahr seitens der ermittelnden Organe erneut unterschätzt wird. Ein weiteres Mal stehen Mafia und Politik in einem geheimen Einverständnis und haben gegenüber dem Staat die Nase vorn.

Palermo ist, wie du sagst, der Firmensitz der neuen Mafia. Währenddessen macht Italien ganz andere Erfahrungen; es sind zwei verschiedene Welten. Und Palermo und Sizilien erscheinen im Verhältnis zu Italien als ein „schwarzes Loch".
Mag sein, dass das so ist.

Die Übel, von denen Sizilien betroffen ist, sind nichts Ungewöhnliches und sie erregen auch keinen Anstoß mehr. Palermo als Hauptstadt der Mafia erregte Anstoß; Palermo als Hauptstadt des Kampfes gegen die Mafia erregte ebenfalls Anstoß. Das heutige Palermo als Sitz der neuen Mafia erregt keinen Anstoß – weil es sich harmonisch einfügt in die Systemkrise des ganzen Landes. Nach Jahren der Korruption und der „sauberen Hände" hat sich heute im ganzen Land das illegale Italien modernisiert, und unser Land ist zum Sitz des Interessenkonflikts geworden.

Ich spreche nicht von Berlusconi, nicht nur von Berlusconi, ich spreche von einer Kultur, einem Lebensstil, der führende Politiker, Unternehmer, Intellektuelle und Künstler aus beiden Lagern ergreift und einander angleicht.

Was verstehst du unter „Interessenkonflikt"?

Der Interessenkonflikt ist sozusagen der Ausweis dieser neuen Kasten; der gemeinsame Nenner aller Illegalitäten, im Norden wie im Süden; und er ist die kulturelle Quintessenz, die es der Mafia ermöglicht, in einem Stall in Corleone ebenso zu gedeihen wie an der Mailänder Börse.

Der Interessenkonflikt ist das neue Bestechungsgeld, das neue Schutzgeld des 3. Jahrtausends.

Wünschst du dir die Bestechung alten Typs zurück?

Ich bin versucht, ein Loblied auf das alte Bestechungsgeld zu schreiben. Es befiel ein einzelnes Geschäft und man konnte sich dagegen schützen: nämlich indem man eine größere Summe zahlte oder indem man sich an einen Staatsanwalt wandte. Der Interessenkonflikt befällt dagegen ein ganzes System und ist in der Regel nicht als Straftat fassbar.

Was kann man dagegen tun, dass – systembedingt – aktive Politiker und ihre Leute bei einer privaten Gesundheitseinrichtung, die mit dem staatlichen Gesundheitssystem vertraglich verflochten ist, Miteigentümer sind und in deren Organen sitzen? Oder bei einem Hotel, das von öffentlich-rechtlichen Körperschaften finanziert wird? Oder in einem Unternehmen, das Aufträge für Waren oder Dienstleistungen bekommt, die aus öffentlichen Mitteln finanziert werden?

Wir haben es buchstäblich mit Perversionen eines normalen Systems des freien Marktes zu tun, die nicht als Straftaten fassbar sind oder jedenfalls nicht bestraft werden können, weil die politische von der bürokratischen Zuständigkeit getrennt ist.

Der Bürokrat unterschreibt, was der Politiker von ihm verlangt ... Und wenn er nicht unterschreibt, dann ermöglicht diese Vetternwirtschaft, dass er durch einen anderen, bereitwilligeren Bürokraten ersetzt wird.

Palermo als Gleichnis Italiens?
Italien als Gleichnis Palermos und umgekehrt. Alles – Palermo
und Italien – hält sich im Guten und im Bösen. Heute im Bösen: in der Gefahr, dass eine Harmonie entsteht zwischen Palermo, dem Sitz der neuen Mafia, und Italien, dem Sitz des Interessenkonflikts.

Anhang

Verbrecherische Bündnisse

In Italien gibt es besondere kriminelle Vereinigungen, die für einige Regionen typisch sind und die man so wohl kaum in anderen Ländern findet. In Kampanien ist die am weitesten verbreitete kriminelle Organisation die *Camorra*; sie verfügt über verschiedene Verzweigungen und gründet sich auf einen genau bestimmten Ehrenkodex. In Kalabrien heißt die organisierte Kriminalität *'Ndrangheta*; und auch sie gründet sich auf präzise bestimmte Normen und Hierarchien. In Apulien ist dann in viel jüngerer Zeit die *Sacra Corona Unita* entstanden, ebenfalls eine kriminelle Vereinigung, die sich an althergebrachten Verhaltensregeln orientiert.

Kriminelle Organisationen mit gleichen Namen und Zielen gibt es auch in verschiedenen europäischen Ländern und in den Vereinigten Staaten. Wahrscheinlich ist ihre Entstehung auf die Migrationsströme aus Süditalien und auf die stets wachsende Mobilität der Menschen zurückzuführen. Sie sind in diesen Ländern gewachsen, dabei aber immer in engem Kontakt mit der jeweiligen Organisation in Italien geblieben, wo sie sich erst mit der Zeit zu Organisationen im eigentlichen Sinne entwickelt haben, jede mit ihren Besonderheiten und einer tiefen Verwurzelung in der jeweiligen Region, und oft durch die Unterstützung von Politikern auf nationaler Ebene. Die bei Weitem bekannteste und am weitesten verbreitete kriminelle Organisation ist die *Mafia*. Sie entstand in Sizilien in der Zeit der großen Landgüter. Anfang des 20. Jahrhunderts, zur Zeit der Emigration, wurde sie nach Übersee exportiert, vor allem in reiche Länder wie die Vereinigten Staaten. Die sizilianische Mafia ist auch unter dem Namen *Cosa Nostra* bekannt: So wurde sie von den italo-amerikanischen Mafiosi bezeichnet.

Die Verbindung Mafia – Sizilien entstand zu Beginn des 20. Jahrhunderts und ist vermutlich darauf zurückzuführen, dass eine erhebliche Anzahl von Sizilianern in die USA auswanderte. Inzwischen ist dieses Begriffspaar so tief im allgemeinen Denken verwurzelt, dass es sich nur noch schwer in seine beiden Bestandteile – die Mafia ist kriminell, Sizilien jedoch legal – zerlegen lässt. Dieser Dualismus wird häufig verallgemeinernd auf alle Sizilianer übertragen, was für diejenigen ziemlich unangenehm ist, die mit dem organisierten Verbrechen der Mafia nichts zu tun haben. Auch die Kalabresen empfinden ein solches Unbehagen wegen der 'Ndrangheta, die Neapolitaner wegen der *Camorra* und auch die Russen und die Chinesen wegen der jeweiligen Mafias. Andererseits haben der italienische Staat seit seinen Anfängen und auch die USA während des Zweiten Weltkriegs dafür gesorgt, dass die Mafia legitimiert, geduldet und anerkannt wurde, als wäre sie eine Institution, mit der man verhandeln und Verträge schließen kann.

Nachdem die Alliierten Nordafrika von der Besetzung durch die italienischen und deutschen Truppen befreit hatten, begannen sie im Mai 1943 mit den militärischen Vorbereitungen für eine Landung in Sizilien und eine Eroberung der Insel. Im folgenden Monat besetzten die Alliierten innerhalb von drei Tagen (11.–13. Juni) die zwischen Sizilien und Tunesien gelegenen Inseln Pantelleria, Linosa und Lampedusa, die so zum Vorposten ihrer Truppen wurden. Die Landung in Sizilien selbst fand am Strand von Licata statt, und zwar in der Nacht vom 9. auf den 10. Juli.

Die „Operation Husky", wie die Besetzung Siziliens genannt wurde, gelang vollkommen und mit nur geringen Verlusten aufseiten der Alliierten, was auch der Unterstützung der Mafia zu verdanken war. Schon das faschistische Regime hatte den Glauben genährt, es habe die Mafia zerschlagen, wobei diese sich tatsächlich nur „eingegraben" hatte und im Verborgenen weiterexistierte. Einige Bosse durften ins Ausland gehen, andere durften in Sizilien bleiben, und zwar unter der Bedingung, nicht offen zu agieren und sich an die Richtlinien der faschistischen Partei zu halten. Aufgrund dieser stillschweigenden Übereinkunft konnte das Regime sich rühmen, die Mafia besiegt zu haben. Die Wirklichkeit sah anders aus: Die sogenannte patrizische Mafia der guten Salons und der adligen und aristokratischen Familien war sehr vital und regierte Sizilien diskret und ohne dem Ansehen des faschistischen Regimes Schaden zuzufügen. Auch die Tätigkeit des Präfekten Mori änderte nichts daran, dass der Apparat und die Verzweigungen der Mafia intakt blieben. Und das waren sie dann auch, als die Alliierten landeten.

Gemeinsam mit dem *Office of Strategic Services* (OSS) und den anderen Unterstützern der Alliierten sorgten die Mafiosi dafür, dass die Landung in Sizilien beinahe ruhig und bemerkenswert sicher verlief. Eine heterogene „fünfte Kolonne", die wie eine Armee im Rücken des Feindes operierte, zeigte den alliierten Truppen mit behelfsmäßigen Fackeln und primitiven Feuerwerkskörpern diejenigen Küstenabschnitte an, wo man am besten anlegen konnte. Noch vor der Landung selbst zerstörte sie die Radio- und Telegrafenstationen und legte das Telefonnetz lahm, so dass sich die Garnisonen der Achsenmächte von der Kommunikation abgeschnitten sahen. Außerdem tötete sie in aller Stille die Wachposten und beseitigte sämtliche von den Deutschen errichteten Absperrungen. Nach der Landung wurde diese eigenartige Armee, die in Zivil operierte und von einigen Mafiabossen geführt wurde, zur Avantgarde der amerikanischen Truppen, die ohne großen Widerstand das zentrale und westliche Sizilien besetzen konnten, während sie im Ostteil der Insel auf erhebliche und vielleicht unerwartete Gegenwehr stießen. In dieser Gegend Siziliens verfügte die Mafia über kein Netzwerk, mit dessen Hilfe sie den Alliierten den Weg ebnen konnte. Am 22. Juli ergriff General Patton Besitz von Palermo. Sein Vorstoß bis zur Hauptstadt Siziliens war ziemlich rasch und ohne großen Widerstand vonstattengegangen.

Im westlichen Sizilien führten die Angehörigen der Mafiaclans auch eine Art psychologischen Krieg, indem sie versuchten, italienische Soldaten dazu zu bewegen, sich zu ergeben und in Sicherheit zu bringen. Dass der Krieg verloren war, war ja inzwischen offensichtlich und ihre Überzeugungsarbeit kostete die Mafiosi keine große Mühe. Die italienischen Soldaten waren schlecht bewaffnet und von den Strapazen des Krieges gezeichnet, sie hatten nicht genug zu essen und desertierten durchaus gern; und die von ihnen zurückgelassenen Waffen füllten nun die Arsenale der Mafiosi weiter auf. Damals herrschte in Sizilien, auch aufgrund der schweren Bombardements, eine chaotische Situation. Es gab keine Institutionen, an die man sich hätte halten können. Die Soldaten der alliierten Armee wurden in allen Dörfern und Städten Siziliens als Befreier aufgenommen und begrüßt. (Diese Szenen der Begeisterung, mit denen sie auf der Insel willkommen geheißen wurden, sollten sich dann in ganz Italien wiederholen.) Es bedurfte fünfwöchiger Kämpfe, bis ganz Sizilien befreit war – frei vom Joch der Nazis und zugleich besetzt von den Alliierten. Ermattet durch die Bombardements und den Hunger hatte die Bevölkerung die Armee enthusiastisch begrüßt. Feindin war sie nun nur noch auf dem Papier. Außer Lebensmitteln brachten die Alliierten auch Medikamente mit. Und als ob das noch nicht gereicht hätte, bemühten sie sich auch um die Wiedereinsetzung einer Regierung, die nach ihrem Willen von den Sizilianern frei gewählt werden sollte. All das gab den Sizilianern die Hoffnung auf eine neue Chance zur politischen Selbstbestimmung, die ihnen fehlte, seit Mussolini die Macht an sich gerissen hatte. Was die Sizilianer (oder jedenfalls die ganz überwiegende Mehrheit) jedoch nicht wussten, war, dass die Garantin dieses relativ friedlichen Sieges der Alliierten in Sizilien die sizilianische Mafia war, und zwar in Zusammenarbeit mit der italo-amerikanischen.

Jeder, der wollte, konnte hingegen von dem Einverständnis zwischen den Alliierten und der Mafia wissen. Die Alliierten machten nämlich keinen Hehl aus dieser Vereinbarung und vergaben, als Gegenleistung für ihre „glückliche" Landung in Sizilien, rasch bedeutende Ämter in den öffentlichen Institutionen an Mafiosi, oft roh und ungebildet und in ganz Sizilien bekannt. Es gab Bürgermeister, Präfekten und verschiedene andere Amtsträger aus den Reihen der Mafia; einige waren bestens bekannt, andere weniger, doch fast alle in mächtigen Positionen waren in Sizilien von den damaligen Mafiabossen vorgeschlagen worden. Man kann sagen, dass die führende Klasse dort nach der Landung der Alliierten vor allem aus Leuten der Mafia bestand; einige Bosse bekamen in jenem Jahr eine Art Legalitäts-Imprimatur von den Militärbehörden einer der mächtigsten Nationen der Welt. Andererseits haben Bosse wie zum Beispiel Calogero Vizzini unstrittig einen großen Beitrag dazu geleistet, dass die Alliierten Sizilien erobern konnten: Die amerikanische Armee suchte ihn in seinem Heimatdorf Villalba auf und benutzte ihn als „Führer" im sizilianischen Binnenland; eine Abteilung alliierter Soldaten führte er bis nach Cerda, ohne dass sie einen einzigen Angriff abzuwehren hatten. Als Gegenleistung wurde er am 27. Juli 1943 von dem US-Oberst Charles Poletti zum Bürgermeister von Villalba ernannt. Außerdem gestattete man ihm und seinen Leuten, zur Verteidigung gegen die Faschisten Waffen zu tragen. So bildete sich eine „Armee" von Mafiosi, die von den Alliierten anerkannt war als ein Faktor der Befreiung und Garant der Freiheit der Sizilianer.

Charles Poletti war vor dem Krieg Vizegouverneur des Staates New York gewesen. Nun war er Oberst Poletti und wurde Militärgouverneur in Italien. Poletti war ein Mann mit einer komplexen Geschichte, den man bereits mit einigen kriminellen Ereignissen in Verbindung gebracht hatte. Bei den Beziehungen und Geschäften der Bosse mit der nationalen und der regionalen Regierung war er dann ein einflussreicher Vermittler, eine „Autorität", die für die Amerikaner wie für die Italiener gleichermaßen unbequem war. Calogero Vizzini redete er respektvoll als „Oberst" an, obwohl er wusste, dass er es mit einem rohen Menschen und Gewohnheitsverbrecher zu tun hatte und dass es keinen besonderen Grund gab, weswegen er Bürgermeister einer Kleinstadt werden sollte. „Don Calò", so nannte man Calogero Vizzini, war ein gefährlicher Mafioso. Sein Vater war Bauer, seine Brüder, Giovanni und Giuseppe, wurden beide Priester. Calogero hatte für geistige Arbeit jedoch nichts übrig, schloss gerade einmal die Grundschule ab und war ein halber Analphabet. Wegen Betrugs, Bestechung und verschiedener Tötungsdelikte wurde er zu zwanzig Jahren verurteilt, dann jedoch freigesprochen, weil einige Freunde ihm solide Alibis verschafft hatten. Nach der faschistischen Machtübernahme wurde er 1931 wegen Verdachts auf enge Verbindungen zur Mafia aus Sizilien verbannt. 1937 kehrte er nach Sizilien zurück. Als er schließlich Bürgermeister wurde, war er bereits ein allseits respektierter Mann. Er starb mit 77 Jahren an Altersschwäche.

Ein ähnliches Ansehen genoss der Mafiaboss Vito Genovese, der für sich damals den Beruf des „Faschistensäuberers" erfand. Viele Bürgermeister und andere Vertreter der neu errichteten Institutionen hatten ähnliche, wenn nicht schlimmere Biografien.

All diese Kontakte und Abmachungen mit den Mafiosi genauso wie die Zusammenarbeit während der Landung der Alliierten und der Besetzung Siziliens waren kein Zufallsprodukt oder spontanes Ereignis, sondern wurden bis ins kleinste Detail geplant, und zwar auf der Konferenz von Casablanca, die verschlüsselt *Operation Symbol* hieß und am 14. Januar 1943 begann. Erst die in Casablanca getroffenen Entscheidungen führten schließlich dazu, dass die Landung der Alliierten in Sizilien ohne große Verluste verlief. Diese Beschlüsse sahen auch eine Art Bündnis mit den Mafiaclans vor – ein verbrecherisches Bündnis. Es war nicht das erste und sollte auch nicht das letzte der zahlreichen „verbrecherischen Bündnisse" bleiben, die die Geschichte der Mafia begleiten; das geht auch aus dem Bericht der Antimafia-Kommission vom 4. Februar 1976 an das Parlament hervor: „Einige Zeit vor der Landung der Briten und Amerikaner in Sizilien wurden zahlreiche Angehörige der amerikanischen Armee auf die Insel geschickt, um Kontakt mit bestimmten Personen aufzunehmen und in der Bevölkerung eine günstige Stimmung gegenüber den Alliierten zu erzeugen. Als die Besetzung Siziliens in Casablanca beschlossen worden war, stellte der *Naval Intelligence Service* eigens eine Einheit auf (die *Target Section*), die den Auftrag erhielt, die hinsichtlich der Landung und der ‚psychologischen Vorbereitung' Siziliens notwendigen Informationen zu sammeln. Auf diese Weise wurde ein dichtes Informationsnetz geschaffen, das wertvolle Verbindungen mit Sizilien herstellte und immer mehr Mitarbeiter und Informanten auf die Insel schickte."

Auch wenn im Bericht der Antimafia-Kommission nie der Ausdruck „Mafioso" auftaucht, machten die Amerikaner selbst kein Geheimnis daraus, dass sie sich zur Vorbereitung der Landung in Sizilien der Mafiosi bedient hatten, auch derjenigen, die bei ihnen im Gefängnis saßen. Einer davon war Lucky Luciano, der zahlreiche Namen von Leuten lieferte, auf die das

Office of Strategic Services (OSS) würde „zählen" können, wenn es die Landungsaktion an den sizilianischen Küsten organisierte. Eine der ersten Aktionen des OSS in Sizilien bestand darin, alle Mafiosi freizulassen, die vom faschistischen Regime inhaftiert worden waren. Diese Mafiosi gehörten dann zusammen mit den Leuten des OSS jener „fünften Kolonne" an, von der schon die Rede war und die im Rücken der Truppen der Achsenmächte operierte.

Einige Wochen nach der alliierten Landung wurde in Sizilien das *Allied Military Government for Occupied Territories (AMGOT)*, also die alliierte Militärregierung, gebildet. Diese Art von provisorischer Regierung war schon vor der Besetzung Siziliens erdacht und geplant worden und sollte die politisch-strategischen Ziele erreichen, die die Operation „Landung in Sizilien" sich gesetzt hatte: das italienische Volk vom faschistischen Regime zu befreien und dafür zu sorgen, dass Italien nicht weiter an der Seite Nazideutschlands Krieg führte. In einer an das italienische Volk adressierten Botschaft umschrieb General Eisenhower die Rolle der britisch-amerikanischen Streitkräfte in dem besetzten oder befreiten (je nachdem, wer die Geschichte schreibt oder liest) Territorium: Es ging an erster Stelle darum, aus Italien wieder ein freies Land zu machen. In der Zwischenzeit sollte die Militärregierung die eroberten Gebiete kontrollieren und nichts dem Zufall überlassen: Sie sollte dafür sorgen, dass das faschistische Regime und die von ihm erlassenen Gesetze beseitigt wurden, und auf eine sofortige Freilassung der politischen Gefangenen hinwirken.

Außer den Leuten des *AMGOT* gab es in Palermo zahlreiche amerikanische und englische Offiziere, die zum *Psychological Warfare Branch (PWB)* und zum *Civil Intelligence Service (CIC)* gehörten. Einige Wochen nach der Befreiung Palermos brachen in Sizilien Aufstände gegen das „savoyische" Königreich und gegen den Faschismus aus. Das erste Manifest, das die Unabhängigkeit Siziliens forderte, war fast ein Jahr zuvor, in der zweiten Hälfte des Jahres 1942, in Palermo öffentlich gemacht worden. In ihm war von einer „zweiten Sizilianischen Vesper" und einer sofortigen Ablösung von Italien die Rede. Unterzeichnet war es von einem bisher unbekannten „Komitee von Anhängern der Unabhängigkeit Siziliens", das vorgab, es werde von dem alten, nach Unabhängigkcit strebenden (bzw. gegen das savoyische Königshaus und gegen einen Einheitsstaat eingestellten) Adel unterstützt. Doch in Wirklichkeit gab es gar kein „Komitee" und Autor des Manifests war der Adlige Lucio Tasca, der darin Ideen und Empfindungen eines Freundeskreises zum Ausdruck brachte, der sich um ihn gebildet hatte; eine wirkliche politische Formation, die bereit gewesen wäre, für die Unabhängigkeit Siziliens zu kämpfen, existierte nicht.

Zu den Aufgaben des *AMGOT* in den eroberten Gebieten gehörte auch die Oberaufsicht über zivile Angelegenheiten, einschließlich der Ernennung von Präfekten und Bürgermeistern. In der Provinz Palermo nahm Oberst Poletti diese Aufgabe wahr und setzte in großer Zahl Bürgermeister nach seinem persönlichen Belieben ein. Und dies waren, wie bereits ausgeführt, eben größtenteils Leute mit Verbindungen zur Mafia, die das faschistische Regime nicht akzeptiert hatten und vom Präfekten Mori verfolgt worden waren.

Heute gibt es in Sizilien nur noch wenige, die sich an den Sommer 1943 erinnern können. Es war keine gute Zeit. Die ständigen Luftangriffe und die Schwierigkeit, etwas zu essen zu bekommen, hatten die Moral der Bevölkerung geschwächt. Man konnte sich schon glücklich schätzen, wenn man jeden Tag an seine Ration Brot kam, eine Ration, die jetzt ohnehin auf wenige Gramm pro Person reduziert worden war. Durch die Landung der Amerikaner verbesserte sich auch die Ernährungslage, wobei das *AMGOT* auch hier wichtige Aufgaben an Mafiosi übertrug: Giuseppe Genco Russo wurde zum Verantwortlichen für die öffentliche Fürsorge ernannt, und Calogero Vizzini erhielt (neben seinem Amt als Bürgermeister von Villalba) die Aufgabe, geeignete Personen für Ämter wie das des Bürgermeisters, Lehrers oder Professors an einer sizilianischen Universität vorzuschlagen. Poletti wählte auch seine engsten Mitarbeiter aus dem Kreis derjenigen aus, die der Boss von Villalba ihm genannt hatte. Damiano Lumia, Calogeros Neffe, bekam eine Dolmetscherstelle, Michele Navarra, der Boss von Corleone, wurde damit beauftragt, die herrenlosen Militärfahrzeuge zu versammeln, und Max Mugnani, der in der Nachkriegszeit Boss der Drogenhändler wurde, bekam die Verwaltung der amerikanischen Apotheken übertragen.

Es ist nicht überflüssig, zu wiederholen, wie sehr das Verhalten der amerikanischen Militär- und Zivilbehörden damals und in den folgenden Jahren die Geschichte Siziliens und Italiens belastet hat. Sie überließen Sizilien ohne jede Skrupel den Mafiosi. Und für die Amerikaner erwies sich diese „Übertragung von Kompetenzen" von einem Rechtsstaat, den Vereinigten Staaten, auf die organisierte Kriminalität als vorteilhaft, vor allem deshalb, weil sie jetzt keine umfangreichen Besatzungstruppen in Sizilien stationieren mussten, aber auch, weil sie so zugleich ihre Verpflichtung gegenüber der sizilianisch-amerikanischen Mafia erfüllen konnten, nämlich der Mafia einen legalen Status zu verleihen.

Hätten die militärischen und politischen Entscheidungsträger nicht selbst gewollt, dass viele sizilianische Städte von der Mafia regiert werden, hätten sie Sizilien auch ohne die Hilfe der Mafia besetzen können, das liegt auf der Hand.

Sizilien verfügte auch damals über gebildete und sehr integre Leute, die das Amt des Bürgermeisters oder andere wichtige öffentliche Ämter würdig hätten ausüben können.

Die Amerikaner hätten eine solche politische Führungsklasse angemessen gegen die absehbaren Angriffe der Mafia schützen müssen – so hätte die Mafia in der sizilianischen Gesellschaft am Ende des Krieges nur noch eine marginale Rolle gespielt und ein neues Sizilien hätte Teil eines neuen italienischen Staates werden können.

Um die Alliierten zu entschuldigen, sagt man oft, sie hätten kaum eine Wahl gehabt: Die Angehörigen der freien akademischen Berufe in Sizilien seien in den Faschismus verstrickt gewesen, sie hätten dort administrative und politische Ämter innegehabt und im Übrigen habe es in Sizilien keine wirksame Partisanenbewegung gegeben. Es stimmt in der Tat, dass es in Sizilien – nicht aus Feigheit, sondern aus rein zeitlichen Gründen – keine Möglichkeit gab, einen Widerstand zu organisieren. Sizilien war die erste Region in Europa überhaupt, die durch die Alliierten befreit wurde – ein Jahr vor der Landung in der Normandie. Es ist hingegen nicht wahr, dass nur die Mafiabosse in Sizilien für Führungspositionen infrage kamen, denn die Alliierten waren in ihrem Handeln auch von den Abmachungen geleitet, die sie vor Kriegsbeginn und während des Krieges mit der sizilianisch-amerikanischen Mafia geschlossen hatten. Man muss jedoch zur Entlastung der Alliierten auch daran erinnern, dass die Mafiosi in Sizilien vor dem Faschismus sehr mächtig gewesen waren. Auch wenn ihr formelles Ansehen unter dem Faschismus, insbesondere durch Mori, stark gelitten hatte, so hatten sie ihren Einfluss auf die Bevölkerung nie verloren.

Nach der Landung der Alliierten merkte man dann, dass der Faschismus die Mafia in Sizilien nicht wirklich besiegt hatte. Wie bereits gesagt, erleichterten die Mafiabosse den Alliierten die Landung (und zwar wesentlich) und sorgten in den Regionen, die ihrer Autorität unterstellt waren – und das waren mehr als die Hälfte der Gemeinden Siziliens –, für soziale Stabilität. Die Alliierten ernannten auch die Präfekten, die Rektoren und die Professoren der Universitäten sowie neue Richter. Mit diesen Schlüsselpositionen sicherten sich die Mafiosi eine enorme Macht, die auf den alten Klientelsystemen, dem Banditentum und der Unterdrückung des Volkes beruhte. Ihr Aufstieg wurde auch dadurch gefördert, dass die Großgrundbesitzer sich mit der Bitte um Schutz gegen die Landbevölkerung an sie wandten, die, erbittert durch den Hunger, die Güter zu besetzen drohte.

Die Gruppe von Angehörigen der freien Berufe aus Palermo, die am 10. Juli 1943, also genau am Tag der Landung der Alliierten in Sizilien, das „Komitee für die Unabhängigkeit Siziliens" gründeten, bestätigt, dass es in Sizilien auch in jenen Jahren Persönlichkeiten von einem gewissen Format gab, die bereit waren, die Zügel der Regierung in die Hand zu nehmen. Andrea Finocchiaro Aprile übernahm die politisch-ideologische Führung der Bewegung und wurde so zum Fundament der sizilianischen Unabhängigkeitsbewegung. Unter der Führung von Santi Randoni wurde in Catania dann die Partei der Separatisten (*Movimento Indipendentista Siciliano, MIS*) gegründet, die zum einheitlichen politischen Instrument all der Separatistengruppen werden wollten, die sich in den verschiedenen Provinzen gebildet hatten. Diese ließen Marschall Harold Alexander, dem Oberkommandierenden der alliierten Streitkräfte in Sizilien, ein Memorandum zukommen, in dem sie auf die „atlantische Erklärung" von 1941 (die das Selbstbestimmungsrecht der Völker für die Zeit nach Beendigung des Krieges proklamierte) Bezug nahmen und den „Antifaschismus" Siziliens proklamierten, und zwar mit der Autorität von etwa vierzig unterzeichnenden angesehenen Persönlichkeiten aus Sizilien. Sie äußerten auch den Wunsch, eine provisorische Regierung zu gründen, und forderten die alliierten Streitkräfte auf, eine Unabhängigkeit Siziliens zu unterstützen. Als ersten Schritt in diese Richtung schlugen sie vor, innerhalb von zwei Monaten eine Volksabstimmung anzusetzen, bei der das erste Staatsoberhaupt Siziliens gewählt werden sollte.

Einige Historiker sind der Meinung, dass die von Finocchiaro Aprile angeführte sizilianische Unabhängigkeitsbewegung auch von den Mafiosi unterstützt wurde, während andere Historiker jede Verbindung zu den Clans ausschließen. Lucio Tasca di Bordonaro, erster Bürger Palermos und ein historischer Anführer der Bewegung, schrieb das Buch *Elogio del latifondo siciliano* (Lob des sizilianischen Landguts), das zusammen mit *La Sicilia ai siciliani* (Sizilien den Sizilianern) von Antonio Canepa aus Catania eine der beiden Säulen der Bewegung darstellt. Dem Bürgermeister von Palermo schlossen sich andere separatistische Bürgermeister an, insbesondere im westlichen Sizilien. Am meisten Unterstützung fand der MIS in Agrigent, Ragusa, Catania, Palermo und Caltanissetta. In der Provinz Caltanissetta lagen auch die Gemeinden, die zum sogenannten Vallone gehören, darunter Villalba, die Stadt von Calogero Vizzini, und Mussomeli, dessen Bürgermeister Giuseppe Genco Russo Vizzini als Mafiaboss nachfolgen sollte.

Man darf die parallelen Wege von Mafia und Separatismus nicht verwechseln. Auch wenn es sicherlich Übereinstimmungen gab, unterschieden sich die Rollen, die Motive und Interessen, die Milieus und auch die Strategien und konkreten Vorgehensweisen deutlich. Der MIS versammelte die Besitzelite, aber auch utopistische linke Intellektuelle, die mit der Unabhängigkeit Siziliens auf ein Ende der Ausbeutung und des Elends hofften. Doch auch der Großteil der Mafiosi, darunter auch Calogero Vizzini, unterstützte die Bewegung, vielleicht gegen den Willen ihrer Gründer. Gemeinsames Ziel all dieser Gruppen war die Loslösung Siziliens von Italien, wobei viele auch die Idee äußerten, Sizilien zu einem Bundesstaat der USA zu machen. Der MIS wurde außerdem vor allem von zahlreichen ehrenwerten Sizilianern getragen und unterstützt, die auch zu einem neuen und demokratischen italienischen Staat in Opposition standen, einem Staat, der zwanzig Jahre lang faschistisch gewesen war und sich nicht gescheut hatte, gewaltsam gegen seine Gegner vorzugehen. Wegen ihrer Gegnerschaft zum Regime Mussolinis waren viele Sizilianer, die mit den Mafiaclans gar nichts zu tun gehabt hatten, zu ihren Verbündeten geworden und wurden vom faschistischen Regime verfolgt. Der MIS war eine Möglichkeit der Befreiung von diesem Regime und fand auch aus diesem (durchaus nicht unbedeutenden) Grund breite Unterstützung im Volk. Seit 1945, nach dem endgültigen Sieg über die Nazis, ließ diese Unterstützung allerdings wieder nach. Dann verlor die separatistische Bewegung auch die Unterstützung der Amerikaner und griff schließlich zum Mittel des bewaffneten Kampfes, um ihre Ziele durchzusetzen.

Der bewaffnete Arm der Bewegung war die „Freiwillige Armee für die Unabhängigkeit Siziliens" (*Esercito Volontario per l'Indipendenza della Sicilia, EVIS*). Zu dieser Armee gehörte auch Salvatore Giuliano, der sich ihr nach einigen Treffen von Vertretern des Separatismus mit seinen Leuten angeschlossen hatte. Man ernannte Giuliano zum Obersten und verlieh ihm in einer ergreifenden Zeremonie die Kriegsflagge des *EVIS*. Während des kurzen separatistischen Feldzuges zeigte er – zusammen mit seinen Gefährten – einen vorbildlichen Einsatz bei seinen Angriffen auf Kasernen, aber auch bei Gefechten auf offenem Felde.

Salvatore Giuliano war kein Mafioso. Er war ein ungebildeter, aber intelligenter junger Mann. Zum Banditen wurde er am 2. September 1943, als Carabinieri und „Feldhüter" (*Guardie campestri*) ihn an einer Straßensperre anhielten und einen Sack Getreide beschlagnahmten, dessen Herkunft er nicht erklären konnte. Als man ihn in die Kaserne bringen wollte, um mehr Klarheit in die Sache zu bringen, ergriff Giuliano die Flucht. Er wurde gestellt und verwundet, schoss jedoch zurück und tötete einen Carabiniere. Von da an lebte er im Untergrund, mit dem Spitznamen „der König von Montelepre". Und obwohl es den Ordnungskräften nie gelang, ihn zu fassen, traf er sich ohne größere Probleme mit Politikern fast aller Parteien. Giuliano war kein Mafioso, doch seine Wege kreuzten sich sehr oft mit denen der Mafia. Er war ein Verbündeter der Mafia, ermordete aber auch Mafiosi: So tötete er zum Beispiel den Mafiaboss von Partinico, und zwar auf dem größten Platz des Ortes. Sein Handeln hatte manchmal auch revolutionäre Züge, was für einige Adlige oder Politiker von Vorteil sein konnte. Seine Bewunderung und Begeisterung für die USA passte in die Nachkriegszeit, in der der Mittelmeerraum und speziell Sizilien politisch und militärisch neu geordnet wurden. Doch Giuliano ließ sich auch für verborgene illegale Interessen instrumentalisieren oder war dabei zumindest Komplize.

Die Ergebnisse der Wahlen von 1947 sorgten in weiten Teilen der politischen Welt für Verwirrung, weil die Linke ganz unerwartet einen erheblichen Stimmenzuwachs verzeichnete. Giuliano und seine Bande waren inzwischen zu einem Mythos geworden, der sie, vielleicht unterstützt durch Meinungen in der Politik, als Halbverrückte erscheinen ließ, die gegen die Linken kämpften. Nur eine solche Vermutung kann erklären, wie Giuliano und seine Bande sich am 1. Mai 1947 zu einem sinnlosen Massaker hinreißen ließen, das sich noch am ehesten durch politische Verwicklungen erklärt sowie durch einen mysteriösen Brief, der Giuliano in aller Heimlichkeit zugestellt und dann von ihm vernichtet wurde. Er hatte den Brief kaum gelesen, als er seinen Leuten sagte, sie sollten schon bald nach Portella della Ginestra gehen, um auf die Kommunisten zu schießen.

An diesem Ort in den Bergen bei Palermo hatten sich am 1. Mai 1947 Landarbeiter versammelt, um den Tag der Arbeit zu feiern und das Ende der Diktatur und die Wiederherstellung der Freiheit festlich zu begehen. Giulianos Bande eröffnete nun überraschend das Feuer auf die Menge. Es gab elf Tote und mehr als fünfzig Verletzte. Der Gewerkschaftsbund *CGIL (Confederazione Generale Italiana del Lavoro)* rief daraufhin den Generalstreik aus und brandmarkte „den Willen der sizilianischen Großgrundbesitzer, die Organisationen der Werktätigen im Blute zu ersticken". Nach Ansicht des damaligen Innenministers Mario Scelba, der vor der Verfassunggebenden Versammlung Rede und Antwort stehen musste, war das Blutbad von Portella della Ginestra jedoch kein politisches Verbrechen. Giuliano selbst widersprach dieser Deutung, indem er 1949, zwei Jahre nach dem Massaker, einen Brief an verschiedene Zeitungen und an die Polizei schickte, in dem er ein politisches Ziel für seinen Angriff auf Unbewaffnete reklamierte. Giulianos Kontakte zu Vertretern der Politik, des Militärs und der Justiz brachen auch nach dem Massaker von Portella della Ginestra nicht ab.

Giuliano wurde 1950 im Alter von gerade einmal 27 Jahren erschossen, nach ca. 500 Morden und vielen Dutzenden von einträglichen Entführungen. Die Geheimnisse und Rätsel, die für uns schon zur Gewohnheit geworden sind und die Geschichte der italienischen Republik bis in unsere Tage begleiten, begannen unmittelbar nach seinem Tod. Über den Tod Giulianos gibt es unterschiedliche Versionen. Dem vom Staat veröffentlichten offiziellen Kommuniqué zufolge starb Giuliano bei einem Feuergefecht mit den Carabinieri; diese Version erwies sich aber schnell als unglaubwürdig, da die Obduktion und das ballistische Gutachten zeigten, dass er im Schlaf erschossen worden war, und zwar mit drei Kugeln. Offenbar feuerte man erst nach seinem Tod weitere Schüsse aus einer Maschinenpistole auf die Leiche ab, um ein Feuergefecht vorzutäuschen. Einer anderen Version zufolge beging den Mord Gaspare Pisciotta, ein führendes Mitglied von Giulianos Bande, der sich auch selbst der Tat bezichtigte. Es gibt jedoch zahlreiche mutmaßliche Schuldige am Tode Giulianos; einer von ihnen ist auch Luciano Liggio.

Gaspare Pisciotta hat im Prozess von Viterbo ausgesagt, er habe mit den Carabinieri zusammengearbeitet, und erklärt: „Wir sind nur ein einziger Leib: Banditen, Polizei und Mafia: wie der Vater, der Sohn und der Heilige Geist." Pisciotta wurde zu einer Gefängnisstrafe verurteilt und kündigte vom Gefängnis Ucciardone in Palermo aus an, er wolle jetzt reinen Tisch machen und sei zu aufsehenerregenden Enthüllungen bereit. Er bat um ein Gespräch mit dem Staatsanwalt Pietro Scaglione und sprach mehrere Stunden mit ihm. Da der protokollführende Sekretär nicht da war, konnte der Staatsanwalt Pisciottas Aussagen nicht rechtsgültig machen und versprach einen zweiten Termin. Dazu kam es jedoch nicht mehr: Pisciotta starb am 9. Februar 1954 im Gefängnis an einem mit Strychnin vergifteten Kaffee.

Man wird wohl nie herausfinden, welche Rolle Salvatore Giuliano in der Geschichte des republikanischen Siziliens und Italiens gespielt hat (oder, wenn man seiner eigenen Sicht der Dinge folgt, welche Rolle ihn jemand hat spielen lassen) – und ebenso wenig, was seine wirklichen Motive waren, in die unbewaffnete Menge zu schießen und elf Unschuldige zu töten. Wir werden vielleicht nie erfahren, wer dafür gesorgt hat, dass diese Bande von Verbrechern und Analphabeten in der öffentlichen Meinung wie eine Gruppe von Intellektuellen erschien, die für die separatistischen Ideen kämpften – und ebenso wenig, wer derjenige war, der einen Banditen politisch dazu benutzte, die sozialen Spannungen in Sizilien zu beruhigen. Und wir werden wohl auch nie erfahren, ob die gerade konstituierte italienische Republik ein „verbrecherisches Bündnis" (und wenn ja: welches) mit der Mafia geschlossen hat, um Giuliano zu beseitigen.

Man könnte noch viele Fragen über Giuliano und das Massaker von Portella della Ginestra stellen, doch wir wissen bereits, dass wir auch auf sie nie sichere Antworten erhalten werden: Die Antimafia-Kommission hat im Februar 1972 einstimmig einen Bericht über die Beziehungen zwischen Mafia und Banditentum verabschiedet (mit 25 Anlagen) und etliche Dokumente für vertraulich erklärt, die während der Ermittlungen der Kommission gesammelt worden waren. Der Bericht sagt über das Massaker: „Warum Giuliano das Massaker von Portella della Ginestra befahl, wird wohl noch lange, vielleicht für immer, ein Geheimnis bleiben. Nach dem gegenwärtigen Stand der Ermittlungen ist es auch nach einer langen und sorgfältigen Untersuchung nicht zweifelsfrei möglich, einer bestimmten Partei oder Persönlichkeit der Politik die direkte oder moralische Verantwortung zuzuweisen. Es gilt jedoch als erwiesen, dass die von den Banditen direkt beschuldigten monarchischen oder christdemokratischen Personen nicht an der Tat beteiligt waren." Der Berichterstatter, Senator Marzio Bernardinetti, machte die fehlende oder unzureichende Kooperation der Behörden für diesen Mangel an Ergebnissen verantwortlich: „Die Arbeit des Ausschusses zur Untersuchung der Beziehungen zwischen Mafia und Banditentum, die er unter so schwierigen Bedingungen durchgeführt hat, hätte zu wesentlich klareren Ergebnissen geführt, wenn alle Behörden das geleistet hätten, was nach ihrer eigenen Auffassung ihre Aufgabe gewesen wäre, und dokumentierte Informationen und Rechtfertigungen ihres eigenen Verhaltens geliefert hätten sowie einen verantwortungsbewussten Beitrag, um die Gründe tiefer zu verstehen, die das Phänomen des Banditentums derart ausdauernd und mühsam gemacht haben."

Seit der Einigung hat es in der Geschichte Italiens immer wieder solche Geheimnisse gegeben. Eines dieser Geheimnisse betrifft Salvatore Giuliano und das Massaker von Portella della Ginestra. Es ist ein Geheimnis, in dem auch geheime Bündnisse zwischen dem Staat und der Mafia zusammenlaufen, die manchmal leicht zu verstehen, aber schwer zu beweisen sind. Anders als andere Formen der organisierten Kriminalität, die in unserem Lande am Werk sind, ist die Mafia manchmal ein verlässlicher Partner des Staates und manchmal ein gefährlicher Gegner. Jedenfalls bildet sie eine Art Staat im Staate, und zwar durch ihre hierarchische innere Struktur und ihre Verzweigungen und Sympathisanten auf allen Ebenen der italienischen Gesellschaft. Oft weiß man dann gar nicht, wo der eine aufhört und der andere anfängt. Das zeigen gerade die Untersuchungskommissionen, die, wenn sie einigermaßen bedeutende „Verbindungen" zwischen Vertretern des Staates und der Mafia finden, sofort alle Beweise unter Verschluss nehmen, die Abmachungen oder ein stillschweigendes Einverständnis zwischen der Mafia und den Institutionen bezeugen. Und vielleicht ist diese fast unsichtbare Existenz im Innern der Institutionen die eigentliche Stärke der Mafia, dank deren es ihr gelingt, die Führung der „öffentlichen Angelegenheit" zugunsten der *Cosa Nostra* („unsere Angelegenheit") zu beeinflussen.

Die „verbrecherischen Bündnisse" und die Geheimnisse, die das Ende des Zweiten Weltkrieges geprägt und die Geburt der Republik Italien bestimmt haben, dürfen nicht in Vergessenheit geraten. Denn auch wenn sie schon so weit zurückliegen, so sind diese Fakten, aber auch die Geheimnisse ein grundlegender Bezugspunkt und Muster für andere „verbrecherische Bündnisse" und andere Geheimnisse, die unser Leben in der Demokratie geprägt haben und weiter prägen.

Eine Art Nachwort

Verwirrte Augen, in denen großes Erstaunen zu lesen war, ein ausgezehrtes Gesicht, ein ernster Gesichtsausdruck: Das waren die wesentlichen Merkmale Bernardo Provenzanos auf den Fernsehbildern, die am Tag seiner Festnahme in der ganzen Welt zu sehen waren. Der Boss, dessen Spuren sich vor über vierzig Jahren verloren hatten, sah nicht so aus, wie die übliche Ikonografie einen Mafioso zeichnet; eher wie ein alter und heruntergekommener Bauer aus dem sizilianischen Binnenland. Niemand wäre auf die Idee gekommen, dass dieser mit Handschellen gefesselte, beinahe wehrlos scheinende Mann im Gewühl der Menge, benommen vom Blitzlichtgewitter und von den auf ihn gerichteten Fernsehkameras, der Urheber so vieler grausamer Morde war.

„Er schießt wie ein Gott", hatte Liggio vor ungefähr vierzig Jahren über ihn gesagt – und hinzugefügt: „Leider ist sein Hirn nicht größer als das eines Huhns." Liggio war allerdings kein besonders guter Psychologe: Wenn er Provenzano aufmerksam in die Augen geschaut hätte, hätte er dort die Zeichen eines starken Charakters, einer angeborenen Schlauheit und einer beachtlichen Intelligenz erkennen können.

Auch während er ins Polizeipräsidium gefahren wurde, stachen aus seinem Gesicht, das im Vorbeihuschen von den Kameras eingefangen wurde, die Augen hervor. In seinem Blick ließen sich – neben einer situativ ganz natürlichen Bestürzung und Verwirrung – eine kalte Strenge erkennen sowie ein neugieriges Interesse für das, was gerade mit ihm geschah: ein neugieriges Interesse, das typisch ist für jemanden, der es gewohnt ist, alles, was um ihn herum geschieht, bis ins kleinste Detail zu analysieren.

Mit der Verhaftung Provenzanos ging eine Epoche in der Geschichte der Mafia zu Ende, eine Zeit des Friedens mit den

Institutionen und mit der Bevölkerung in Sizilien. Nach der Verhaftung Riinas war die Mafia scheinbar verschwunden gewesen, sie hatte sich erneut eingegraben. Es gab Morde, in der Tat nicht sehr viele, oft ohne ein besonderes Muster und wahrscheinlich typisch für bevölkerungsreiche Städte. Statt bekannter Persönlichkeiten waren die Opfer oft Leute mit irgendwelchen Verbindungen zur Unterwelt, aber nicht speziell zur Mafia. Das Wichtigste ist, dass nach den Massakern Riinas keine zivilen Todesopfer mehr zu verzeichnen waren. Mit Bernardo Provenzano an der Spitze ließ die Mafia die normalen Leute in Ruhe und legte sich (scheinbar) auch nicht mit den Institutionen an.

Bis heute kann man nur Vermutungen darüber anstellen, wie die Mafia von ihrem zukünftigen Chef regiert werden wird. Man nimmt an, dass die von Provenzano verfolgte Politik einen *point of no return* markiert und dass, wer seine Stelle einnehmen wird, nichts anderes wird tun können, als auf derselben Bahn weiterzufahren. Zu der Frage nach dem neuen Boss der Bosse gibt es Vermutungen und Hypothesen zuhauf. Soweit darüber vertrauenswürdige Informationen vorliegen, ist das Feld der Kandidaten auf zwei zusammengeschrumpft: Matteo Messina Denaro und Salvatore Lo Piccolo.

Matteo Messina Denaro ist in Castelvetrano geboren, einer Kleinstadt in der Nähe von Trapani. Seit 1994 wird er in Italien und im Ausland gesucht wegen Bildung einer mafiösen Vereinigung, Mord, Massakern, Sachbeschädigung, Besitz und Mitführen explosiver Stoffe, Diebstahl und anderer Vergehen. Wie Provenzano liebt auch er es nicht, fotografiert zu werden. Das letzte Foto von ihm, über das die Polizei verfügt, ist ungefähr zwanzig Jahre alt.

Salvatore Lo Piccolo ist in Palermo geboren. Seit 1998 wird er wegen Mord, Bildung einer mafiösen Vereinigung und Erpressung gesucht. Er hat noch eine Gefängnisstrafe abzubüßen.

Seit dem Jahr 2000 ist die Fahndung nach ihm ausgeweitet worden; er wird jetzt mit internationalem Haftbefehl gesucht. Generell kann man eine Rückkehr der „Untergetauchten" auf die kriminelle Bühne feststellen: von Mafiosi, die hätten verschwinden oder unauffällig bleiben müssen (*canzarsi*, wie man auf Sizilianisch sagt), um nicht erschossen zu werden.

Ob die neuen Bosse und die „Untergetauchten" der sizilianisch-amerikanischen Strategie folgen oder einen neuen Mafiakrieg herbeiführen werden, werden wir an weiteren Mordopfern sehen oder von weiteren *pentiti* erfahren.

So weit der Stand dessen, was wir diskutiert haben. Es gäbe noch sehr vieles zu sagen und zu schreiben, doch es ist praktisch unmöglich, das Thema Mafia in einem einzigen Band abzuhandeln. Diskutiert haben wir die hervorstechendsten Aspekte der Mafia, die üblicherweise als kriminelles Phänomen bezeichnet wird; in welchem Maße die Mafia als Phänomen bezeichnet werden kann, ist aber unklar. Der Terminus „Phänomen" bringt die Außergewöhnlichkeit eines Ereignisses, einer Tatsache, eines historischen Moments zum Ausdruck. Die Mafia dagegen ist in unserer Gesellschaft zu einer endemischen Krankheit geworden.

Sie ist eine Gegenmacht, von der die Medien unter der Rubrik „Meldungen aus dem Inland" fast täglich berichten – fast als wäre die Mafia ein anderes Gesicht der Regierung unseres Landes. Und tatsächlich scheint es so zu sein. Sonst bliebe es unverständlich, wie sich Politiker mit der Mafia verstricken können, Politiker, die repräsentative Positionen in den Institutionen Italiens innegehabt haben und in der italienischen Regierung über Entscheidungsgewalt verfügt haben. Es ist durchaus denkbar, dass Mitglieder der Regierung Abkommen und Übereinkünfte mit der Mafia nicht nur zu ihrem eigenen Vorteil abgeschlossen haben, sondern auch im Namen der italienischen Institutionen und damit sozusagen auf Rechnung aller Italiener, wenn auch ohne deren Wissen. Vielleicht haben wir über Jahre hinweg, bloß in unserer Eigenschaft als Italiener, mit der Mafia in stillschweigendem Einverständnis gestanden, ohne es zu wissen.

Metaphorisch sagt man, die Mafia sei das Krebsgeschwür der Gesellschaft. Und so wie über die Tumore gibt es auch über die Mafia eine umfangreiche Literatur: eine Literatur, die das Wesen und die Geschichte der Mafia in all ihren Nuancen ausleuchtet, insofern die Mafia vor allem die Geschichte von Menschen gegen andere Menschen ist, von Parteiungen gegen andere Parteiungen, von Clans gegen andere Clans, die innerhalb derselben Organisation der Mafia gegeneinander kämpfen und sich gegenseitig die Macht streitig machen. Es ist eine Geschichte, die in vielen Aspekten sehr komplex sowie voller Gewalt und Tragik ist und zahllose, vielfältige Facetten zeigt. Wegen dieser Kehrseiten, die alle wichtig sind, können der Ursprung und die Geschichte der Mafia nicht in einem einzigen Buch beschrieben und besprochen werden. Und vielleicht würden nicht einmal tausend Bücher genügen, um ihre sämtlichen Aspekte zu diskutieren. Daher konnte nicht alles erwähnt werden, was über sie gesagt und geschrieben worden ist.

Es war also unausweichlich, eine Auswahl zu treffen und zu entscheiden, was wir wirklich behandeln und was wir nur streifen wollten. Dies hat unvermeidlich dazu geführt, dass wir dieses oder jenes ausführlicher dargestellt haben. Die Ereignisse, die wir eingehender diskutiert haben, sind also nicht die wichtigsten in einem absoluten Sinne, es sind lediglich diejenigen, die mir am bedeutsamsten erschienen.

Wir haben über die Cosa Nostra *gesprochen. Doch in Italien gibt es noch andere Mafias, noch andere Phänomene, die du als „identitätsgestützte Kriminalität" bezeichnest. Es lohnt sich sicher, am Ende dieses Buches auch noch auf sie hinzuweisen. Die* Camorra *und die* 'Ndrangheta – *haben sie mit der sizilianischen Mafia nichts gemein?*

Es ist ein traditioneller Fehler der Sizilianer, Sizilien für den Mittelpunkt der Welt zu halten, und zwar in jeder Hinsicht: also auch bei der Kriminalität.

Aber es ist nicht so, leider und zum Glück. Außer der sizilianischen Mafia gibt es die chinesische oder japanische, die russische oder kolumbianische, aber auch, um in Italien zu bleiben, die *Camorra* und die *'Ndrangheta*, um nur diese zu nennen und nicht auch die *Sacra Corona Unita* in Apulien und die sogenannte *Stidda* in einigen eng begrenzten Gegenden Siziliens.

Sie alle sind Mafias, Phänomene der organisierten Kriminalität auf der Basis der pervertierten Werte, die die jeweilige Identität mit ausmachen.

Bei allen, wirklich bei allen Mafias (und überhaupt bei all den verschiedenen Formen identitätsgestützter Kriminalität) ist es sinnvoll, auf das Interpretationsmuster des „doppelten Gesichts" zurückzugreifen: das lokale und das globale, das alte und das neue, das der Waffengewalt und das der Börse, das Gesicht des Glaubens und das der Politik.

In der lokalen Dimension unterscheidet sich die *Cosa Nostra* von den beiden anderen (*Camorra* und *'Ndrangheta*).

Die traditionelle *Cosa Nostra* ist ein hierarchisch-vertikales System: Die sizilianische Mafia hat einen Boss der Bosse, ihm sind andere Bosse untergeordnet und jedes Territorium hat wiederum seinen eigenen Boss.

Die traditionelle Camorra hat nicht nur ein einziges Oberhaupt; sie ist ein horizontales System, auch wenn sie territorial organisiert ist. Jedes Territorium hat seinen Boss: Dieses Territorium ist manchmal eine Stadt, in anderen Fällen ein Stadtviertel oder ein Dorf, manchmal auch nur ein Häuserblock. Im Unterschied zur sizilianischen Mafia gibt es bei der Camorra keinen Boss der Bosse, und die Versuche, die gelegentlich in dieser Richtung unternommen worden sind – wie der der *Nuova Camorra Organizzata* (Neue organisierte Camorra) von Raffaele Cutolo –, sind fehlgeschlagen.

Die traditionelle *'Ndrangheta* hat ebenfalls nicht nur ein einziges Oberhaupt, sie ist horizontal nach Territorien gegliedert, und jedes traditionelle Territorium hat seine „Fehde": eine Fehde zwischen zwei Familien oder zwischen zwei Konkurrenten um die Stellung des Bosses, die sich seit Jahrzehnten in einem blutigen und nicht enden wollenden Kampf gegenüberstehen.

Das sind also die drei lokalen Gesichter der traditionellen italienischen Mafias.

Wenn diese Organisationen außerhalb ihres traditionellen Territoriums (ihres physischen Territoriums oder des Territoriums neuer „Geschäftsfelder") operieren, lösen sich die typischen lokalen Unterschiede tendenziell auf.

Während alle drei Organisationen auf der lokalen Ebene ihr eigenes Profil behalten, verblassen ihre Spezifika ein wenig im internationalen Drogenhandel, bei Investitionen an der Börse, im Immobiliengeschäft in Deutschland oder Schweden, und sie beginnen, eine gemeinsame „Sprache" zu sprechen.

Sie sind und bleiben also Sizilianer, Neapolitaner, Kalabresen und modernisieren sich zugleich, alphabetisieren sich sozusagen neu und passen sich an, bis sie zu Bürgern bzw. Kriminellen Europas und der Welt geworden sind.

Die Killer des Massakers im August 2007 in Duisburg, das so viel Aufsehen erregt hat, sind also deiner Meinung nach tatsächlich moderne Weltbürger und „Weltkriminelle"?
Ein weiteres Mal muss man hier das Interpretationsmuster der drei Gesichter anwenden.

Im August 2007 haben einige Kriminelle ihre beeindruckende und moderne Professionalität unter Beweis gestellt:

ein perfekt organisiertes Kommando, modernste automatische Waffen, eine Flucht ohne Hindernisse.

Mir schien es, als sähe ich wieder eine der minutiös geplanten Kommandoaktionen von Terroristen, allerdings mit einem ganz anderen „wertemäßigen" Hintergrund; mir schien, als sähe ich wieder eine der terroristischen Aktionen, die ziemlich weit von San Luca in Kalabrien stattgefunden haben, eine Aktion der Roten Armee Fraktion von Andreas Baader und Ulrike Meinhof oder die genau geplanten, modernen Attentate des 11. September, die ihren Ursprung in einer Realität hatten, die ziemlich weit von New York entfernt ist.

Dieses Gesicht, das der modernen kriminellen Professionalität, scheint zu dem anderen in einem unaufhebbaren Gegensatz zu stehen, aber es ist in Wirklichkeit die eine Seite derselben Medaille, deren andere Seite die Ställe und die ärmlichen Häuser von San Luca sind, dieses kleinen Ortes in Kalabrien, aus dem die Opfer stammen und zu dem auch die Mörder Verbindungen haben (wobei es weniger darauf ankommt, ob sie Kalabresen sind oder möglicherweise Nichtkalabresen, aber trotzdem sicherlich innerhalb des Bereichs kalabresischer krimineller Geschäfte).

Zwei Gesichter also der einen Wirklichkeit.

Die Öffentlichkeit in Deutschland ist jedoch ratlos geblieben – erstaunt, feststellen zu müssen, dass es mitten in einer deutschen Stadt so brutale und dabei unbehelligte Kriminelle gibt, die ihre Wurzeln in einem kleinen, ländlichen Ort in Kalabrien haben.

Was mich wundert, ist, dass so viele Deutsche sich darüber wundern.

Sizilianische, neapolitanische, kalabresische Kriminelle sind seit vielen Jahren präsent im Geschäftsleben, an der Börse, in den Banken in Deutschland: modern und professionell – sie selbst ebenso wie ihre deutschen Strohmänner und Partner – in der Ökonomie ebenso wie im Verbrechen.

Eigentlich brauchte man nicht auf ein Massaker zu warten, um die beiden Gesichter der kalabresischen Mafia wahrzunehmen. Und ebenso braucht man nicht auf andere Massaker zu warten, um die beiden Gesichter der russischen oder sizilianischen, der neapolitanischen oder chinesischen Mafia wahrzunehmen, ob nun in Deutschland oder in irgendeinem anderen Land.

Wir stehen an einem Punkt, an dem man nicht mehr zurück kann. Gibt es keine Hoffnung?
Doch, es gibt, es kann Hoffnung geben – allerdings auch hier unter der Bedingung, dass wir die Gefahr, mit der wir es zu tun haben, ohne Scheuklappen wahrnehmen. Und unter der Bedingung, dass sich die Polizei in den verschiedenen Ländern verbündet, gleichzeitig aber auch Schule und Finanzwelt, Kirche, Politik und Medien.

Die europäische Einheitswährung ist eine wichtige und positive Revolution gewesen. Aber wie alle bedeutenden Veränderungen bringt sie auch bedeutende Risiken mit sich, und zwar an erster Stelle das Risiko, dass Europa dank des Euro zur weltweit größten Waschanlage für schmutziges Geld wird.

Man braucht nicht weiter zu erklären, was es – unter einer kriminellen und globalen Perspektive – bedeutet, wenn es durch den Euro möglich wird, ohne irgendwelche Kontrollen mit schmutzigem Geld aus Sizilien in Berlin einzukaufen oder, ebenfalls ohne Kontrollen, mit schmutzigem Geld aus Deutschland in Paris oder in Sizilien einzukaufen.

Was also tun?
Es ist nötig, ein großes Bündnis zwischen Schule und Finanzwelt zustande zu bringen, zwischen sizilianischen, neapolitanischen und kalabresischen Kindern und den Frankfurter Bankern.

Nur wenn beide (Kinder und Banker) dieselben Bezugswerte, dieselben Träume und dieselben Pläne haben, können wir beide Gesichter der Mafia besiegen: das lokale und das globale, das alte und das neue, das der Waffengewalt und das der Börse, das der Kirche und das der Politik.

Das war die Idee, die das Europaparlament 1998/99 mit dem gemeinsamen europäischen Aktionsplan gegen die organisierte Kriminalität entwickelt hat, dessen offizieller Berichterstatter zu sein ich das Privileg hatte. Dieselbe Idee ist dann auch von der UNO aufgenommen worden, und zwar mit der Konvention gegen die transnationale Kriminalität, die im Dezember 2000 in Palermo unterzeichnet wurde.

Danach hat die internationale Aufmerksamkeit wieder nachgelassen, weil sie nach dem 11. September 2001 abgelenkt und angezogen wurde durch den beginnenden Kampf gegen den Terrorismus islamischen Ursprungs. Vergessen wurde dabei – ich werde nicht müde, das zu wiederholen –, dass auch der Terrorismus islamischen Ursprungs, wie er sich am 11. September manifestiert hat, seine beiden Gesichter hat (lokal und global, alt und neu, Waffengewalt und Börse, Kirche und Politik), ebenso wie jedes andere zeitgenössische Phänomen „identitätsgestützter Kriminalität", sei es sizilianisch oder kolumbianisch, russisch oder chinesisch, christlich oder jüdisch.

Und alle, so unterschiedlich sie auch sein mögen, werden sich schließlich früher oder später treffen, in der globalen und neuen Dimension, in derjenigen der Börse, der Kirche und der Politik.

Palermo, im August 2007

Nachwort zur deutschen Ausgabe

von Leoluca Orlando

In Palermo: die Mafia Bernardo Provenzanos – ein untergetauchter Krimineller, immer unterwegs auf dem Land in Sizilien.
In Wuppertal: das Tanztheater von Pina Bausch – eine große Künstlerin, immer unterwegs in der ganzen Welt.
Und so über Jahrzehnte hinweg.
Dort, in Sizilien, in einem Stall zwischen den Bergen: der amtierende Pate.
Dort, in Deutschland, in einem Theater: eine positive Ikone.
Alles klar. Alles in Ordnung. Ein Wort des Segens für die Deutschen, ein Wort des Fluches für die Sizilianer.

Eines Abends in Palermo, im Wohnzimmer einer Wohnung in der Neustadt: Giovanni Falcone, seine Frau Francesca und ich. Wir – ein Richter, eine Richterin, ein Bürgermeister – hatten viele Probleme zu besprechen. Es war eine Gelegenheit, um in der Ruhe eines perfekt gesicherten Hauses Meinungen auszutauschen und notwendige Maßnahmen für die Büros der Stadtverwaltung, früher sichere Höhlen für die Mafiosi und ihre Kumpanen, vorzubereiten, damit einer der vielen untergetauchten Mafiosi gefasst werden konnte.
Plötzlich sagte Giovanni Falcone im Ton eines heiteren Vorwurfs: „Francesca, was ist los? Hast du Luca noch keinen Kaffee angeboten?" – „Einen Kaffee? So spät?", fragte Francesca erstaunt – die Gefährtin Giovannis in Leben und Tod, einem Tod, der so viele Male angekündigt worden war bis zu jenem schrecklichen 23. Mai 1992, dem schrecklichen Massaker von Capaci. „Eine Tasse Kaffee, jetzt?", frage auch ich mich ... aber ich verstehe, dass ich um eine Tasse Kaffee bitten „muss", und so bleibt

die Frage stumm in meinem Kopf und macht einer Bestätigung, einer klaren Bitte Platz: „Ja, eine Tasse Kaffee. Danke."

„Worauf wartest du noch? Sei so nett, Francesca, und mach Luca einen Kaffee." Mit diesen Worten schließt der heitere Vorwurf.

Kaum ist Francesca hinausgegangen, zieht Giovanni einen doppelt gefalteten Brief aus der Tasche.

„Eine Todesdrohung für uns beide, für dich und für mich. Luca, es ist ernst. Ich habe Francesca unter einem Vorwand weggeschickt, weil ich nicht will, dass sie es erfährt. Es ist eine ernsthafte Drohung. Hier, der Poststempel: Der Brief kommt aus Wuppertal."

Ich war einige Stunden vorher vom Chef meiner Eskorte informiert worden, dass es „Neuigkeiten" gebe und dass die Polizei in höchste Alarmbereitschaft versetzt worden sei. Wie immer in solchen Fällen hatte ich nicht nach weiteren Einzelheiten gefragt. Wer ständig von Leibwächtern umgeben ist, sieht sich am Ende selbst als ein Objekt an – als Objekt böswilliger Aufmerksamkeit vonseiten der Kriminellen und schützender Aufmerksamkeit vonseiten der Ordnungskräfte.

Wir riskierten gemeinsam unser Leben, ich und meine Schutzengel, und jedem fiel dabei seine Rolle zu: mir die Aufgabe, die Mauer der Illegalität, der Angst, der Scham zu durchbrechen, und ihnen die Aufgabe, dafür zu sorgen, dass ich weiterleben konnte.

„Wuppertal?", frage ich leise, während ich den makabren Brief zwischen meinen Händen drehe und ihn lese. „Ja, Wuppertal", sagt Giovanni mit Nachdruck. „Augen auf, Luca", und gleich danach, als er das Geräusch der Schritte Francescas hört, steckt er den kleinen Umschlag, in dem so viel Hass steckt, wieder in die Tasche.

„Da bin ich. Bitte, dein Kaffee!", ruft Francesca, die aus der Küche kommt.

Nachdem das Intermezzo um Wuppertal abgeschlossen ist, kommt das Gespräch, das ich mit meiner Bitte um einen Kaffee selbst unterbrochen hatte, wieder in Gang. Mehr als eine Stunde später verlasse ich das Haus und gehe an dem Baum vorbei, der nur wenig später, sofort nach dem Blutbad von Capaci, der „Falcone-Baum" werden wird: ein Zeichen, das an Angst und an Zivilcourage erinnert, ein Symbol des Stolzes gegen die Schande, ein Monument der Empörung gegen die Resignation.

Und im Dunkel der palermitanischen Nacht, umgeben von Polizisten, die aufmerksam und angespannt sind wie immer, heute noch mehr als sonst, frage ich mich: „Aber was hat denn Wuppertal damit zu tun?"

Es hat damit zu tun, und zwar sehr viel! Das musste ich feststellen, als ich tiefere Einblicke in die Präsenz der Kriminalität in dieser Stadt bekam, was sich wenige Wochen später bestätigte, als ich nach Wuppertal fuhr, um mit Pina Bausch die Inszenierung eines Schauspiels zu besprechen, eines wunderbaren Schauspiels mit dem Titel *Palermo Palermo*. In der Stadt Pinas wurde ich zum Schutz meiner Unversehrtheit von einem Aufgebot deutscher Polizisten eskortiert, das ich nur als eindrucksvoll bezeichnen kann.

In Palermo, Mafia und Tanztheater.

In Wuppertal, Tanztheater und Mafia.

Jahrelang habe ich daran erinnert, habe ich versucht, daran zu erinnern, dass es in Deutschland kriminelle Mafiosi gibt und wie gefährlich sie sind.

Seit Jahren hat das Bundeskriminalamt Zentren der Mafiakriminalität in Wuppertal, Mannheim und Kempten ausgemacht (einer Stadt, die für mich bei meinen Reisen durch Deutschland *off limits* war – ich bin wirklich überall gewesen in diesen Jahren, aber nicht in dieser Stadt).

Schon vor Jahren haben die deutschen und italienischen Ermittler in Erfurt und in Duisburg kriminelle Nester der kalabresischen 'Ndrangheta ausgemacht und auch die Präsenz der neapolitanischen Camorra in Deutschland nachgewiesen. Aber dennoch war die öffentliche Meinung in Deutschland jahrelang überzeugt, in Palermo sei die Mafia und in Wuppertal das Tanztheater. Palermo und Wuppertal schienen zu weit voneinander entfernten, ganz unterschiedlichen Welten zuzugehören, zwischen denen keinerlei Verbindung bestand.

Das Werk Palermo Palermo der sanften und strengen Pina schien der Beweis dafür zu sein, dass es eben keine Verbindung gab. Diese Verbindung (so die in Deutschland verbreitete Meinung) konnte es nur in einem Tanzstück geben – dank der Genialität einer deutschen Künstlerin, die verliebt ist in die Farben und Geräusche einer mediterranen Stadt, und dank der Exzentrizität eines mediterranen Bürgermeisters, der verliebt ist in die deutsche Kultur.

So war es bis zum 15. August 2007.

Doch die sechs Leichen auf der Straße, in der Duisburger Nacht von einem Verbrecherkommando brutal niedergeschossen, haben die deutsche Öffentlichkeit aus dem Schlummer ihrer Sicherheit gerissen. Es war bequem zu denken, das Problem der Mafias betreffe andere Welten, aber sicher nicht die deutsche. Sicher, vielleicht hat der eine oder andere Mafioso einen Freund in einer deutschen Pizzeria – aber Deutschland ist groß, weit weg von der Gefahr und sicher, und dass es solche Freunde gibt, ist nur ein ärgerliches Detail.

Doch es ist eben viel mehr als ein ärgerliches Detail! Die Mafias sind seit Jahrzehnten in Deutschland präsent – und nicht nur die sizilianische Mafia und nicht nur in der einen oder anderen Pizzeria.

Deutschland ist seit Jahren betroffen und zum „Sehnsuchtsort" für illegales Kapital geworden, das von den „identitätsgestützten Kriminalitäten" kontrolliert und/oder produziert wird.

Früher sprach man nur von der sizilianischen Mafia. Nach und nach hat man dann verstanden, dass es die Camorra und die 'Ndrangheta gibt, aber auch die russische, die chinesische und japanische Mafia. Und man hat verstanden, dass mit der Kategorie der „identitätsgestützten Kriminalität" auch viele andere Phänomene neu verstanden werden können, bis hin zu den Terroristen, die kulturelle, ethnische, historische und religiöse Identitäten pervertieren, wie es der islamische Terrorismus tut.

Dieses Kapital, diese Investitionen, diese Geschäfte brauchen etwas ganz anderes und sehr viel mehr als einen rohen Paten, der sich in einem Stall irgendwo auf dem Land in Sizilien versteckt, dessen Familie in einem ebenso pompösen wie gewöhnlichen Haus wohnt, der selbst die sizilianische Sprache auf unkultivierte Weise spricht, der keinen Studienabschluss, ja nicht einmal die Pflichtschulzeit absolviert hat. Und sie brauchen auch etwas ganz anderes und sehr viel mehr als einen *picciotto*, einen kleinen Mafioso, der in einer Pizzeria in Deutschland Pizzen aus dem Ofen holt oder Bier ausschenkt.

Ich habe diesen Todesbrief gebraucht, diese Worte voller Sorge, die Giovanni Falcone aussprach und mir so die Augen öffnete für die kriminellen Verbindungen zwischen Sizilien, Kalabrien, Kampanien, Italien und Deutschland.

Und die deutsche Öffentlichkeit hat diese sechs reglosen, massakrierten Körper gebraucht, damit ihr die Augen für diese Verbindungen geöffnet wurden.

Vor, nach und jenseits dieses Blutbads im August gibt es eine Wahrheit, eine Tatsache, die sich hartnäckig aufdrängt, eine zentnerschwere Last: Seit Jahren ist illegales Kapital in der deutschen Wirtschaft aktiv, und zwar dank ganz unverdächtiger Persönlichkeiten, die bei den Banken und an der Börse ein- und ausgehen und dort hohes Ansehen genießen.

Die Täter und die Opfer der Morde von Duisburg zeigen

nur eines der beiden Gesichter dieses kriminellen Systems: Das eine Gesicht ist das lokale, archaische, das der Waffengewalt, und das andere ist das globale, moderne, das der Finanzwelt.

Zwei Gesichter, eine einzige Realität.

Zwei Gesichter: Niemand kann sich vorstellen, dass irgendeiner von den Mördern oder von den Ermordeten jener Nacht in Duisburg eine Chance hätte, vom Sekretär oder auch nur vom Sekretär des Sekretärs eines der führenden Leute der Finanz- und Unternehmenswelt in Deutschland empfangen zu werden.

Zwei Gesichter: Wir können uns alle vorstellen und auch sicher sein, dass die Mörder und die Ermordeten von Duisburg aber durchaus an der Produktion des illegalen Reichtums beteiligt waren, der nach Präsenz in den „guten Salons" der deutschen Finanz- und Unternehmerkreise strebt.

Über das erste Gesicht, das lokale, archaische, das der Waffengewalt, weiß man inzwischen viel, fast alles. Man weiß es und hat Indizien und Beweise.

Aber es gibt keine ausreichenden Beweise und Indizien und man weiß wenig, ganz sicher zu wenig über die Vertreter der freien Berufe und Unternehmensberater, die Politiker und Unternehmer, die Banker und Computerfachleute, die die fundamentale Rolle der Vermittlung zwischen diesen beiden Gesichtern einnehmen.

Über das andere Gesicht, das globale, moderne, das der Finanzwelt, weiß man sehr sehr wenig, fast gar nichts – in Italien ebenso wie in Deutschland und in anderen Ländern. Man weiß etwas, aber man hat keine Beweise und nicht einmal Indizien.

Wenn sich in Deutschland, ebenso wie in Italien, irgendjemandem die Vermutung aufdrängt, das globale, moderne Gesicht der Finanzwelt sei das Gesicht irgendeiner „einflussreichen" Persönlichkeit, die als über jeden Verdacht erhaben gilt, dann verlangt und fordert Beweise und Indizien, aber lasst euch nicht von eurer eigenen Verwunderung vom Weg abbringen.

Ich schließe also, indem ich noch einmal die Worte Pier Paolo Pasolinis wiederhole, die an den Anfang dieses Buches gestellt sind: „Ich weiß es. Aber ich habe keine Beweise dafür. Ich habe nicht einmal Indizien."

Und ich schließe, indem ich mir wünsche und mich dafür einsetze, dass möglichst bald alle Indizien und Beweise gefunden werden – und das im Interesse Italiens, das meine Heimat ist, und Deutschlands, das ich liebe, und schließlich im Interesse Europas und der gesamten Menschheit.